Ich will mitten unter euch wohnen

| Kinder |
| Gottesdienst |
| Gemeinde |

Eine Buchreihe für die Praxis –
herausgegeben in Verbindung
mit dem Württ. Evang. Landesverband
für Kindergottesdienst

Die Deutsche Bibliothek – CIP-Einheitsaufnahme

Ich will mitten unter euch wohnen: Kirche mit
Kindern: Ermutigungen, Herausforderungen, neue
Impulse / Johannes Blohm; Ulrich Walter (Hrsg.) –
1. Aufl. – Leinfelden-Echterdingen: Verl. Junge
Gemeinde, 1998
   (Kinder – Gottesdienst – Gemeinde)
   ISBN 3-7797-0355-6

© 1998 Verlag Junge Gemeinde Stuttgart
Leinfelden-Echterdingen
1. Auflage
Umschlag und Typografie:
Dieter Kani, Stuttgart
Gesamtherstellung: Ebner Ulm

ISBN 3-7797-0355-6

Dr. Johannes Blohm
Ulrich Walter (Hg.)

Ich will mitten unter euch wohnen

Kirche mit Kindern:
Ermutigungen
Herausforderungen
neue Impulse

VERLAG JUNGE GEMEINDE

Inhalt

6

V. Kreative Bausteine 177

VI. Schlussgottesdienst

Die Kindergottesdienst-Gesamttagung im Bild

Verzeichnis der Lieder

Vorwort

Vor Ihnen liegt der Berichtsband von der Gesamttagung 1998 in Nürnberg. Über 4.200 Mitarbeiterinnen und Mitarbeiter im Kindergottesdienst und in der Arbeit mit Kindern haben sich dort getroffen, miteinander gefeiert, nachgedacht und Zukunftsperspektiven für ihre Arbeit bekommen.

Unter der Verheißung Gottes *»Ich will mitten unter euch wohnen«* haben sie innegehalten und Kraft geschöpft für die Arbeit in den Gemeinden.

Dieser Band bietet nun eine Nachlese der wichtigsten Programmpunkte und Inhalte. Ein *Rückblick*, der gleichzeitig zum *Ausblick* wird.

● Mit den *Impulsen* des Eröffnungsabends und des Abschlussgottesdienstes für die eigene Arbeit in der Kirche mit Kindern.

● Mit den *Herausforderungen* von kompetenten Referentinnen und Referenten aus der Arbeit mit Kindern und darüber hinaus, die Mut machen, den eigenen Standpunkt zu reflektieren und notwendige Veränderungen anzugehen. Besondere Berücksichtigung finden dabei die Schwerpunkte der Gesamttagung:
Die Bibelarbeit und das Referat zum jüdisch-christlichen Dialog
und das öffentliche Signal der Gesamttagung: *»Kinder haben Rechte«*.

● Mit der *Ermutigung* aus den Arbeitsgruppen, gute Erfahrungen aufzunehmen und in der eigenen Arbeit umzusetzen.

● Mit den *kreativen Ideen* zum Ausprobieren und Gestalten in der Kirche mit Kindern.

Es gibt viele Wege, Kindern den Zugang zu den Häusern Gottes zu eröffnen. Unsere gemeinsame Arbeit in der »Kirche mit Kindern« steht unter der Verheißung Gottes, der mitten unter uns wohnen möchte.

Er begegnet uns nach dem Zeugnis der Bibel in vielerlei Gestalt. Als der, der sich Mose vorgestellt hat mit seinem Namen »Ich werde mit dir sein« und als der, der sich in Jesus Christus offenbart hat und bei uns ist alle Tage bis an der Welt Ende. Das ist Gottes offenes Geheimnis!

Unser Dank gilt allen, die uns ihre Beiträge zur Verfügung gestellt haben.

Mit guten Wünschen für eine ertragreiche Nach-Lese grüßen wir Sie
Ihre
Dr. Johannes Blohm und *Ulrich Walter*

Mitten unter uns (I)

Kehrvers: Mit - ten___ un - ter uns will Gott woh - nen, macht
weit eu - er Herz und lasst ihn ein!
Mit - ten___ un - ter uns will Gott woh - nen, und
neu wird un - ser Le - ben sein. 1. Er kommt in
un - ser Haus,___ kei - ne Hüt - te___ ist zu klein, beim
La - chen und beim Fei - ern will er___ bei uns sein.

2. Er ist auf unsern Straßen, im Leid und in der Not,
wo immer wir mit Hungernden teilen das Brot.

3. Er geht auch mit den Menschen ohne Obdach, auf der Flucht,
begegnet uns in jedem, der ein Zuhause sucht.

4. Er zeigt uns neue Wege, die zueinander führn,
wo hier und da sich Himmel und Erde berührn.

Text: Ulrich Walter; Melodie: Roland Weger
Rechte: bei den Autoren

Friedolin reist nach Nürnberg

URD RUST

Ganz aufgeregt war ich, als ich am frühen Morgen des Himmelfahrtstages in den Rucksack kam. Ich durfte mit zur Gesamttagung für Kindergottesdienst. Wisst ihr eigentlich, was eine Gesamttagung ist? Das wusste ich vorher auch nicht, aber jetzt! Es ist jedenfalls eine aufregende Sache – und anstrengend.

Mit dem Bus sind wir in Kaiserslautern losgefahren. Die vielen Kurven durch den Pfälzerwald – da kann es auch einer Maus ganz anders werden! In Landau stiegen noch fröhliche Menschen dazu, und dann ging's ab – in den ersten Stau! Na ja, eigentlich war es eine gute Fahrt. Aber einen Hunger kriegt man da!

Mittags waren wir dann am Messegelände, wo uns der KiGo-Pfarrer Scheuermann begrüßte. Und dann bin ich zum ersten Mal in meinem Leben U-Bahn gefahren, mit Umsteigen! Das war schrecklich interessant – und machte hungrig.

Am Quartier haben wir lange warten müssen. Kein Schlüssel da! Und dann haben viele Leute in riesigen Zimmern ihre Matten nebeneinander gelegt, die Schlafsäcke drauf, die Rucksäcke am Kopfende. Ob die Menschen das schön finden, in so einem Raum zu so vielen auf dem Boden zu schlafen? Also, ich fand ja, es roch doch ziemlich nach Mensch. Und ich hatte einen Hunger! Zum Glück hatte die freundliche Hausmeistersfrau ein Stück Brezel für mich. Und schon ging es weiter auf den Markt der Möglichkeiten. Du liebe Zeit! So ein Gewimmel von Leuten. Und alle haben geguckt, gekauft, gerätselt und ausprobiert.

Nur zu essen gab's nix da, na ja, bis auf ein Bonbon von einem, der Mitleid mit mir hatte.

Wir mussten in die Frankenhalle. Ich hab mich schon auf die U-Bahn gefreut, aber es ging nur eine Treppe tiefer. Komisch, was Menschen so gefällt. So einen riesigen Raum habe ich in meinem ganzen Mäuseleben noch nicht gesehen. Und ganz voll Menschen! Manche hat man ganz weit weg klein gesehen und gleichzeitig riesig groß, als Bild, das sich bewegt, an der

Wand. Und ich weiß jetzt auch, woher all die Menschen kamen, das hat einer gesagt: aus dem Norden, Osten, Süden und Westen von Deutschland, aus anderen Ländern wie der Schweiz und Australien. Nur Österreich haben sie vergessen. Das hat mir später meine Nachbarin aus Wien verraten. Es war so ein bisschen wie ein riesiger KiGo: wir haben gebastelt – lauter Blumen, die ein riesiges Bild wurden. Wir haben gesungen – na ja, die meisten Lieder waren wohl für Erwachsene. Ich habe sie nicht so gut verstanden. Die Musik war ziemlich laut, und alle haben geklatscht und gestampft und sind mal aufgestanden und so. Bei so vielen Leuten ist das schon toll, wenn alle mitmachen. Und es gab so was wie Theater, eine schöne Geschichte von einem Königssohn. Und gebetet haben wir auch. Aber dann hatte ich einen ganz schrecklichen Hunger.

Es war fast Nacht, bis wir endlich essen konnten. Und dann war ich müde. Aber auch Mäuse können nicht gut einschlafen, wenn die lustigen Menschen rundherum immer kichern und lachen. Das war echt wenig Schlaf in der ersten Nacht. Ich habe viele müde Menschen am nächsten Morgen gesehen. Sie standen in Riesenschlangen an für zwei Brötchen und eine Tasse Kaffee. Und dann haben sich wieder alle verteilt. Ich hab' mal gehört, es waren über 4000 KiGo-Leute dort. Ich hab' ja bei 64 aufgehört zu zählen. Die liefen durcheinander wie die Ameisen. Aber ich hatte es gut am zweiten Tag: Im Rucksack mit der U-Bahn in die Stadt. Dort ist die Gustav-Adolf-Gedächtniskirche. Da war es sehr schön. Die Backsteine waren

alle so buckelig an der Wand. Ich weiß jetzt, das war vom Krieg. Da war die Kirche ausgebrannt und die Steine ganz schwarz. Das Schwarze haben sie später abgeklopft. Und dann haben sie die Kirche neu gebaut. Und in der schönen Kirche ging es um Wohngemeinschaft und um Gott. Riesige Figuren haben miteinander geredet. Und eine Stola haben wir bemalt.

Am besten war aber der Lebkuchen, den es da gab. Hmmm, lecker!

Mittags habe ich mir die Stadt aus einem kleinen Rundfahrtwägelchen angeschaut. Es war gerade noch ein Fest, der Spargelmarkt, mit Umzug. Da war vielleicht was los! Dann gab es eine Arbeitsgemeinschaft, wo Erwachsene im Kreis saßen und miteinander redeten. Viele wollten von einem Menschen was wissen – der wollte aber von den vielen was wissen. Es ging um Himmel, neue Erde und Gott und so. Ich hab' fast nur geschlafen, denn bestimmt werden die Großen für die Kleinen was draus machen. Danach habe ich mir vom Rucksack aus noch die Nürnberger Burg angeschaut.

Da war ich wieder munter. Und das Konzert in der großen Kirche St. Sebald war echt toll. Die Kirche hat viele schöne alte Bilder. Und die Musik war von vielen schönen Flöten. Ich glaube, ein Herr Hufeisen hat da gesprochen und geblasen. Am zweiten Abend habe ich schon etwas früher versucht, ein wenig zu schlafen. Und das hat auch wirklich geklappt. Ich war ziemlich gut ausgeschlafen, als wir am nächsten Morgen zur St. Sebald Kirche fuhren. Und da war einer, der so schön Geschichten erzählen konnte. Ich habe alles verstanden – und noch ein bisschen mehr! (Ich glaube, er arbeitet beim Kinderfunk und hieß sehr passend: Jung). Ich weiß jetzt, warum meine Mäuseschuhe nicht mehr ohne meine Füße laufen und was das mit links, zwo, drei, vier zu tun hat. Ich weiß jetzt, dass es für Krieg keinen wirklichen Grund gibt. Man braucht nur Waffen und Mäuse oder andere, die sauber bleiben wollen. Ich weiß jetzt, dass Papagei und Mamagei und Babygei bunt sind, weil sie das Geheimnis weitergesagt haben: Kinder kommen nicht durch Liebesschwüre, nicht durch Kraulen und Raufen, nicht durch Nestbau und Eierlegen, aber durch diese geheimnisvolle Nacht voller Geräusche, die mit dem großen Schrei bei Sonnenaufgang endete. Und ich weiß jetzt, dass Gott eine Maus ist – nur ganz anders, und dass es eigentlich nur die Menschen immer noch genauer wissen wollen. Und woher ich das weiß? Alles das ist das geheime Wissen der Pinguine. Nicht nur für Pinguine!

Nach diesem schönen Morgen war ich bei einer Demo oder so. Oder war es ein Offenes Singen mit Drumherum? Jedenfalls waren viele, viele kleine und große Menschen da. Und die Stadt Nürnberg hat ein Geschenk bekommen. Eine Kinderrechtssäule. (Aber eine Mäuserechtssäule konnte ich nirgends entdecken. Na ja, vielleicht beim nächsten Mal!?) Es ist mir ja immer etwas unheimlich, wenn so viele Menschen beieinander sind. Aber am Nachmittag war dann noch viel mehr los, und trotzdem war es irgendwie schön. Drei Stunden lang haben wir an unserem Tisch auf dem Kreativmarkt gestanden. Es waren wieder sooo viele andere da, die auch KiGo-Ideen zeigten.

Ich habe immer wieder erklärt, wie die Menschen unsere Gebetsketten machen können und warum man damit so gut beten kann. Und die Leute waren ganz fleißig beim Perlen auffädeln. Abends hatte ich gar keine Stimme mehr, und meine Pfoten taten weh vom Faden halten.

Aber da war keine Zeit zum Ausruhen. Ich war im Kabarett. Das muss irgendwas mit vielen Witzen hintereinander sein. Jedenfalls hat Mensch dauernd gelacht und geklatscht. »Weißblaues Beffchen« hieß die Gruppe.

War wohl irgendwie bayrisch und hatte viel mit Kirche zu tun. Es war aber nicht viel Freundliches dabei – deshalb kam auch der KiGo nicht einmal vor. Nur eins war mir aufgefallen: es roch dort wieder mal sehr nach Mensch, fast so wie in unserer Schlafturnhalle. Ich glaube, die Höhle war etwas klein für so viele Menschen.

Am Samstag war ich mäusetotalkaputt. Aber das waren die anderen auch. Die waren abtanzen oder so. Davon konnte mir nur die Evi erzählen. Esther war sofort eingeschlafen.

Früh am Morgen wurde ich davon geweckt, dass alle anfingen einzupacken. Wir sagten der freundlichen Hausmeistersfrau »adieu und danke« und packten noch Menschen- und Mäuseproviant ein. Und dann ging's ab in die große Frankenhalle. Alle waren wieder da und wir feierten einen langen Gottesdienst miteinander. Die Musik war so wie am Anfang, aber manche Lieder hatte ich ja in den letzten Tagen öfter gehört und gesungen. Es ist viel gesagt worden – manches habe ich nicht verstanden. Aber eins weiß ich noch: Kinder sind toll – helft ihnen! Also, das haben da ja schrecklich viele Leute gehört. Eigentlich müssten die Kinder in ganz Deutschland jetzt merken: es ändert sich was. Die Großen haben mehr Zeit, Geld und Liebe für uns. Ob das klappt? Oder waren das nur so leere Menschen-Erwachsenen-Worte?

Immerhin haben die Leute ja aufgeschrieben, was sie tun wollen. Das Beste waren wohl noch die vielen Brötchen, die es zum Abendmahl gab. Die waren gerade richtig – ich hatte nämlich schon wieder Hunger. Speisung der über 4000 – das war schon gut!

Das Ende von menschlichen Veranstaltungen ist immer sehr lang. Erst wird danke, danke, danke gesagt, dann sucht alles sein Gepäck – man geht los – keiner weiß wohin. Schließlich heißt es: Warten! Aber so echt sauer war niemand. Der Bus fuhr ja auch – irgendwann.

Auf Wiedersehen in Duisburg, bei der nächsten Gesamttagung für KiGo in vier Jahren – wenn ich wieder mitkommen darf.

Euer Friedolin

Wohnen will ich mitten unter euch

Text: nach 3. Mose 26,11; Melodie: Siegfried Macht. Rechte beim Autor

Gott, wo du wohnst, steht das Tor zum Leben offen

Aus dem Eröffnungsabend

Ein Märchen nach Motiven aus Matthäus 25,31–40 erzählt und pantomimisch in Szene gesetzt

Der König eines großen Landes war alt geworden. Bevor sein Sohn das Reich erben sollte, wollte er sich noch einmal vergewissern, ob die Menschen in seinem Reich auch nach seinen Geboten handelten. Er hatte stets mit Güte regiert, und er wollte, dass auch die Menschen gütig zueinander sind. Die Armen sollten genug haben für ein Leben in Würde, die Kranken versorgt sein, die Gefangenen anständig behandelt werden, und auch die Fremden sollten mit Gastfreundschaft rechnen dürfen. Es war schließlich für alle genug da, dafür hatte der König gesorgt.

Und so sandte er seinen Sohn, als einfachen Menschen gekleidet, in das Reich. Er verließ das Schloss und zog in das Innere des Landes. Die Sonne brannte heiß, und er bekam Durst. Vor dem Tor einer Stadt setzte er sich an den Brunnen, um zu rasten.

■ Pantomime:
Der Sohn sitzt an einem Brunnen, wischt sich den Schweiß von der Stirn. Frauen kommen zum Brunnen und schöpfen. Sie unterhalten sich und gehen wieder, ohne ihn zu beachten. – Eine andere Frau kommt, schöpft, sieht ihn und reicht ihm einen Krug mit Wasser. Er trinkt.

Es dauerte lange, bis eine Frau ihm einen Krug mit Wasser zum Trinken reichte. Und er trank mit tiefen Schlucken von dem frischen kühlen Wasser, das tat gut.

Darüber war es Abend geworden. Wo sollte er bleiben? Die Nacht würde zu kalt werden, um hier draußen zu schlafen. Viele schon waren an ihm vorbei gegangen, einige hatten ihn mitleidig angeschaut, aber die Augen abgewendet, wenn sich ihre Blicke trafen. Der Königssohn fragte sich »Werden alle Menschen verächtlich an mir vorübergehen?« Spät, als die Sonne schon über der Stadtmauer unterging, kam ein Bauer vom Feld.

Er sah den Königssohn vor dem Tor sitzen, abgerissen und hungrig. »Fremder, komm mit mir, mein Haus ist groß, übernachte bei mir, genug zu essen ist allemal da.«

■ Pantomime:
Der Bauer macht eine einladende Geste, am Tisch der Familie Platz zu nehmen. Brot und Wein werden gereicht, sie essen gemeinsam. – Die Frau des Bauern weist dem Königssohn einen Platz für die Nacht an.

So verging Woche um Woche, es war Herbst geworden. Immer wieder erlebte er solche Gastfreundschaft, manche Nacht aber musste er im Freien verbringen. Bedroht von wilden Tieren, fror er in der bitteren Kälte. Eines Morgens führte ihn sein Weg in eine andere Stadt.

■ PANTOMIME:
Der Sohn betritt die Bühne und schleppt sich mühsam zum Hospital.

Dort traf er vor einem Hospital eine junge Frau. Diese sah, dass seine Füße wund waren vom langen Wandern, und seine Kleider waren dünn und zerrissen.

■ PANTOMIME:
Die Frau führt ihn zu einem Stuhl. Sie wäscht und verbindet ihm die Wunden an den Füßen.

So nahm die Frau ihn mit, wusch und verband ihm die Wunden. Dabei erzählte sie ihm ihr Leid: »So viele kranke Menschen gibt es hier, doch kaum einer kümmert sich um sie. Ich brauche Hilfe, aber die meisten Menschen hier haben ein Herz aus Stein und denken nur an ihr Geld. Nur wenige wissen, wem sie ihren Reichtum zu verdanken haben.«

Beim Abschied gab sie dem Sohn die Adresse eines vornehmen Herren: »Geh zu ihm, er hat ein gutes Herz und wird dich versorgen, damit du vor der Kälte geschützt bist.«

■ PANTOMIME:
Die Frau weist dem Sohn den Weg zu einem Haus. Ein vornehmer Herr empfängt den Sohn freundlich und bekleidet ihn mit einem warmen Mantel und ein paar festen Schuhen. Der Sohn geht.

Nun sollte es dem Königssohn schlimm ergehen. Sein vornehmer Mantel passte so gar nicht zu seinem sonstigen Äußeren. Auf dem Markt drehten sich die Leute nach ihm um und tuschelten. Schließlich wurde der Königssohn gefangengenommen. Man verdächtigte ihn, einen reichen Kaufmann bestohlen zu haben.

■ PANTOMIME:
Zwei Wachen nehmen den Königssohn gefangen und sperren ihn ein.

Wachen ergriffen ihn und sperrten ihn in den Turm.

■ PANTOMIME:
Durch ein vergittertes Fenster kann man den Sohn in einer Gefängniszelle sehen.

Der Winter schickte seine ersten Vorboten, es wurde stürmisch und bitterkalt. Auf dem Schloss wartete man auf den Sohn. Der König sorgte sich und schickte seine Herolde aus, um ihn zu suchen.

■ PANTOMIME:
Die Herolde betreten die Bühne und fragen die anderen Mitspieler nach dem Sohn des Königs, bis sie von der Frau im Hospital einen Hinweis bekommen.

Diese gelangten schließlich in die Stadt. Überall fragten sie nach dem Sohn des

Königs. Das hörte auch die Frau im Hospital und erzählte den Herolden vom Schicksal des Königssohnes.

So kam es, dass er wieder freigelassen wurde.

■ PANTOMIME:
Die Herolde begleiten den Sohn aus dem Gefängnis.

Ein paar Jahre später war es dann soweit: Der Prinz wurde zum König gekrönt. Als Zeichen seiner Dankbarkeit feierte er ein großes Festmahl. Seine Gäste jedoch suchte er selbst aus. Seine Herolde zogen los, um sie zu holen.

■ PANTOMIME:
Der Königssohn wird mit den Insignien seiner königlichen Macht (Mantel, Krone und Zepter) ausgestattet und steht am Kopf einer schön gedeckten Tafel (weißes Tuch, ein großer Strauß Blumen, Obstschale, Krug, Weingläser o. ä.).
Die Herolde holen nach und nach die Frau vom Brunnen, den Bauern und seine Frau, die Frau aus dem Hospital sowie den vornehmen Herrn an die Tafel.
Diese stellen sich hinter die Stühle, schauen fragend zum Königssohn und zeigen auf sich.

Als die Gäste von seinen Boten geholt wurden, waren sie alle sehr verwundert und sprachen: »Warum gerade ich?«

■ PANTOMIME:
Der Königssohn erhebt sein Glas und begrüßt die Gäste.

Da trat der neue König vor seine Gäste, erhob sein Glas und sprach:
»Seid willkommen an meiner Festtafel.
Ich war durstig, und ihr habt meinen Durst gestillt.
Ich war hungrig, und ihr gabt mir zu essen.
Ich war nackt, und ihr habt mich bekleidet.
Ich war krank und gefangen, und ihr habt mich besucht.
Ich war fremd, und ihr gabt mir Herberge.«
Wieder schauten sich die Gäste ratlos an: »Wann haben wir dich hungrig und durstig, nackt und krank, gefangen oder fremd gesehen?«

■ PANTOMIME:
Verwundert schauen die Gäste einander an, auf ein Zeichen des Königs setzen sie sich an die Festtafel.

Da antwortete der König:
»Ich wollte als ein Geringer unter euch wohnen, und es ist mir schlecht ergangen.
Ich war mitten unter euch, aber ihr habt mich nicht erkannt.
Doch ihr habt euch meiner angenommen, ganz selbstverständlich, und habt getan, was notwendig war. Und was immer ihr einem dieser meiner geringsten Geschwister tut, das tut ihr mir.«

(Text von Ulrich Walter, in Szene gesetzt von Martin Schwenk und Andrea Walter.)

Schlussgebet

(Liturg tritt an den Altar und spricht:)
Am Ende dieses ersten Tages wollen wir beten und zwischen den einzelnen Abschnitten das Kyrie singen.
Gütiger Gott, dir danken wir und bitten dich:

Kyrie, Kyrie, eleison (EG 178.12)
(Während des Sprechens wird die Melodie des Kyrie leise unterlegt.)
Viele von uns haben heute einen weiten Weg hinter sich gebracht. Wir danken dir, dass wir wohlbehalten angekommen sind.
(Ein Spieler steckt 2 Sonnenblumen in die Vase.)
Wir bitten dich für alle Menschen, die von Unfällen betroffen sind. Stehe ihnen bei in den Stunden der Angst, gib ihnen Menschen an die Seite, die mit einer Geste oder einem guten Wort deutlich machen, dass du bei ihnen bist.
(Ein Spieler stellt eine Kerze in die Schale.)

Kyrie, Kyrie, eleison

Manchmal können wir vor lauter Angst keinen Fuß mehr vor den anderen setzen. Wir danken dir für alle Menschen, die uns beigestanden haben.
(Ein Spieler steckt 2 Blumen in die Vase.)
Wir bitten dich, für Menschen um uns herum, deren Lebensraum eng geworden ist, führe sie aus der Angst ins Weite und gib uns Augen, ihre Angst zu sehen und sie zu begleiten.
(Ein Spieler stellt eine Kerze in die Schale.)

Kyrie, Kyrie, eleison

Wir danken dir für die vielen Möglichkeiten und Mittel, die wir zur Verfügung haben, um auf dieser Tagung
— miteinander nachzudenken,
— ins Gespräch zu kommen,
— zu feiern und Kraft zu schöpfen.
(Ein Spieler steckt 2 Blumen in die Vase.)
Wir bitten dich für alle Menschen in unserem Land und überall in der Welt, die an jedem Tag um ihr tägliches Brot bangen müssen, lehre uns das Teilen, damit alle Menschen in Würde leben können.
(Ein Spieler stellt eine Kerze in die Schale.)

Kyrie, Kyrie, eleison

Für alle Gäste der Gesamttagung haben wir eine Unterkunft gefunden. Liebe Menschen waren bereit, ihr Haus mit uns zu teilen. Dafür danken wir dir.
(Ein Spieler steckt 2 Blumen in die Vase.)

Wir bitten dich für alle, die kein Dach über dem Kopf haben, lass uns erkennen, dass du gerade in diesen Menschen unter uns wohnst und erkannt werden willst.
(Ein Spieler stellt eine Kerze in die Schale.)

Kyrie, Kyrie, eleison

Niemand in unserem Land bleibt unversorgt, wenn er krank geworden ist. Wir danken dir für die medizinische Versorgung.
(Ein Spieler steckt 2 Blumen in die Vase.)
Doch das ist nicht selbstverständlich für viele Menschen auf der Erde. Wir bitten dich für alle Menschen, die unter unwürdigen sozialen Verhältnissen leben müssen und keine ärztliche Hilfe bekommen.
(Ein Spieler stellt eine Kerze in die Schale.)

Kyrie, Kyrie, eleison

Wir danken dir dafür, dass wir uns für unsere Rechte und die Rechte unserer Kinder einsetzen können, ohne Angst haben zu müssen, Repressalien ausgesetzt zu sein.
(Ein Spieler steckt 2 Blumen in die Vase.)
Wir bitten dich um Freiheit für alle Menschen, die aufgrund ihrer Rasse, Hautfarbe oder politischen Meinung gefangen gehalten werden.
(Ein Spieler stellt eine Kerze in die Schale.)

Kyrie, Kyrie, eleison

Wir danken dir für deine Gegenwart in unseren Gottesdiensten mit Kindern, du lässt uns spüren, dass du mitten unter uns wohnen willst.
(Ein Spieler steckt 2 Blumen in die Vase.)
Wir bitten dich, sei mitten unter uns, wenn wir in den nächsten Tagen einander begegnen. Schenke uns deinen Geist der Wahrheit und der Klarheit und eine Atmosphäre des Vertrauens und der gegenseitigen Wertschätzung.
(Ein Spieler stellt eine Kerze in die Schale.)

Kyrie, Kyrie, eleison

All unsere Gedanken, Bitten und Hoffnung legen wir nun in das Gebet unseres Herrn und sprechen gemeinsam:

Vaterunser

Gott, wo du wohnst

Kehrvers: Gott, wo du wohnst, steht das Tor zum Le-ben of-fen.

Gott, wo du ein-kehrst, ist Frie-den da. Auf dein Ver-

spre-chen wol-len wir hof-fen; in Je-sus Chris-tus bist

Zwischenspiel:

du uns ganz nah.

1. Komm zu uns, Gott, und öff-ne uns den Him-mel,

auf dei-ne Ge-gen-wart wol-len wir trau-en.

2. Komm zu uns, Gott, mit deinem reichen Segen,
damit auf Erden neu das Leben werde.

3. Komm zu uns, Gott, verleih uns neue Kräfte,
entfach in uns das Feuer deines Geistes.

Text: Ulrich Walter; Melodie: Roland Weger
Rechte: bei den Autoren

Mitten unter uns (II)

Kehrvers: Mit - ten — un - ter — uns, mit - ten — un - ter — uns

will un - ser Gott — le - ben, zieht — bei den Men - schen

ein! Mit - ten — un - ter — uns, mit - ten — un - ter —

uns nimmt Gott — sei - ne Woh - nung, um —

uns ganz — nah zu sein! 1. Gott zieht ein, Gott zieht ein,

kann das — wirk - lich Wahr - heit sein? Lebt mit uns —

Tür an Tür, ist sich — nicht zu schad da - für!

2. Gott zieht ein, Gott zieht ein, will ein guter Nachbar sein.
Steht uns bei jederzeit, hilft uns auch in unserm Leid.

3. Gott zieht ein, Gott zieht ein, will auch mit uns fröhlich sein.
Feiert gern, tanzt und lacht, hat uns Brot und Wein gebracht.

4. Gott zieht ein, Gott zieht ein, will ein Friedensstifter sein.
Zeigt uns Wege, wie es geht, dass man sich nach Streit versteht.

5. Gott zieht ein, Gott zieht ein, lässt uns Menschen nicht allein.
Seine Nähe tut uns gut, schenkt uns neue Kraft und Mut.

Text: Uta Laakmann
Melodie: Claus von Weiß
Rechte: bei den Autoren

I Herausforderungen, Ermutigungen und neue Impulse für die Kirche mit Kindern

Die Referate

Christus ist zu mir gekommen

Als Mitarbeiterin und Mitarbeiter im Kindergottesdienst Hoffnung schöpfen und im Glauben wachsen

Lydia Laucht

Vorbemerkung

Das Referat geht vier Schritte: Erfahren – Erinnern – Erklären – Ermutigen. Diese vier großen »E« beschreiben einen geistlichen Erkenntnisweg, der zum Handeln führt:
A. Ich begegne/erfahre Christus.
B. Ich erinnere Zusammenhänge.
C. Ich erkläre und deute dies in meine jetzige Situation (= kläre, was das für mich bedeutet).
D. Ich ermutige andere mitzudenken, mitzuglauben und mitzuhandeln.

A. Erfahren

Christus ist zu mir gekommen
in meine Trauer,
in meine Zweifel,
in mein Haus,
in meine Hoffnung –
das will ich erzählen in der Person der Marta von Betanien.

Methode: freie Erzählung der Marta – Geschichte in Johannes 11 – mit Schwerpunkt auf ihrem Bekenntnis zu Jesus.
(Vorlage in: Lydia Laucht, »Heute will ich zu dir kommen. Gottesdienste, die Kinder trösten und ermutigen«, Verlag Junge Gemeinde, Leinfelden-Echterdingen 1994, S. 64 f.)
Nach der Erzählung: Lied »Christ ist erstanden«, EG 99; LJ 76

Weiterführung

Marta hat **erfahren**: Jesus Christus stellt sich Tod und Traurigkeit entgegen und siegt. Marta erinnert sich: Jesus wirft mir meine Schwäche nicht vor. Jesus ermutigt mich zu ungewöhnlichem Verhalten (vgl. Lukas 10, 38–42 »setz dich, hör zu, bevor du selbst aktiv wirst!«). Marta **erklärt/sie bekennt**: Du bist der Christus, der Sohn Gottes. Marta ist **ermutigt und sie ermutigt andere**.

Die Legende erzählt, dass Marta, Maria und Lazarus nach Südfrankreich flohen, als die Christen aus Jerusalem vertrieben wurden. In Südfrankreich leitete Marta ein Frauenkloster, sie heilte Kranke und taufte. Es wird erzählt, dass sie in der Gegend von Avignon einen Drachen besiegte, indem sie ihn mit einem Gürtel band und bezwang. In Nürnberg steht in der Lorenzkirche der Marta-Altar, der die Geschichte dieser Apostolin zeigt.

Wir sind Marta begegnet. Das ist unser erster Schritt, das erste »E«. Wir haben mit ihr erfahren: Christus ist zu mir gekommen in meine Trauer, in meine Zweifel, in mein Haus, an das Grab meines Bruders und auch in meine Sehnsucht nach Heil.

B. Erinnern

Sich mit dem Herzen an Christus erinnern, das heißt beten. Christus wieder in meinem Inneren Raum geben – in mein Herz geben, lateinisch: recordatio – ins Herz geben, erinnern.

Wie geht das? Marta sagte: Jesus, komm schnell!

Ein Tischgebet lautet: Komm, Herr Jesus, sei unser Gast.

Erinnern heißt also auch einladen:»Komm, Christus! Ich erinnere dich, deine Liebe, deinen Tod, dein Leben. Komm, Christus!«

1. Räume eröffnen

Wenn ich eine Einladung ausspreche, öffne ich einen Raum für den Eingeladenen, die Eingeladene. Ich bereite diesen Raum vor, schmücke ihn, decke den Tisch etc.

Ich habe in meinem Arbeitszimmer eine »Heilige Ecke«. Dort steht eine Ikone, zur Zeit eine Himmelfahrts-Ikone, und davor ein grünender Buchenzweig. Zum Zeichen der Einladung an Jesus zünde ich eine Kerze an – und bin ganz still. Manchmal sage ich nur »ach Gott« oder meinen Konfirmationsspruch »Jesus Christus gestern, heute und derselbe auch in Ewigkeit«. Dann schließt Gott meinen Herzensraum auf. Gott spricht zu mir, erinnert mich, erfüllt mich mit Trost und Hoffnung. Manchmal lese ich in der Bibel. Meistens spreche ich dann mit Christus, nenne die Namen derer, denen ich am Tag begegnen werde – und bitte um Segen für sie. Manchmal danke ich für das Leben, die Menschen. Oft bete ich für Verzweifelte, bete um Frieden in bestimmten Ländern.

Mir ist wichtig, mir einmal am Tag Zeit zu nehmen, Christus bewusst einzuladen zu mir, in mein Zimmer, in mein Herz.

2. Vorbilder im Glauben

Sich an Christus erinnern heißt auch, sich an die Menschen erinnern, durch die wir von Christus erfahren haben. Heute morgen haben wir von Marta von Betanien erfahren. Christus ist zu mir gekommen . . .

Wir haben jetzt 7 Minuten Zeit zu erinnern, miteinander zu sprechen: Wer hat mir geholfen, eröffnet, Christus kennenzulernen, zu erfahren? Wer ist mir Vorbild im Glauben?

Ton der Klangschale leitet die Murmelphase ein und beendet sie nach 7 Minuten.
(Kann in jedem Mitarbeiterkreis auch so gemacht werden.)

3. Über den Glauben sprechen

Sie haben jetzt von Menschen gesprochen, die Ihnen Vorbilder im Glauben sind. Sie haben damit auch von Ihrem Glauben gesprochen. Das ist ein weiterer Schritt der Erinnerung: von jemand/von etwas sprechen, etwas Wesentliches »mit-teilen«.

Das ist wichtig zu üben. In unserer Gesellschaft ist Glauben Privatsache geworden, »man spricht nicht darüber . . .«. Und damit gerät der Glaube ins Abseits, wird manchmal sogar zur Peinlichkeit.

Ich ermutige Sie, von Ihrem Glauben zu sprechen, anderen Ihre Hoffnung, Ihr Vertrauen »mit-zuteilen«, auch im Alltag. Das wird Sie selbst stärken und gewiss machen und auch Ihr Gegenüber bereichern. Und manchmal ist es ja auch so, dass wir verblüfft feststellen: die oder der ist auch Christ – und wir haben nicht voneinander gewusst, weil wir uns nicht trauten, davon zu sprechen.

Und was ist, wenn ich zweifle? Wenn ich das nicht zusammen bekomme – mit dem Leiden in der Welt und meiner Trauer und meiner Schuld, wenn ich nicht von meinem Glauben sprechen kann, weil ich an Christus zweifle, nicht glauben kann, dass er für mich lebt?

Ich ermutige Sie, von ihrem Zweifel zu sprechen, ganz ehrlich – im Gespräch mit ihrer Freundin, ihrem Freund oder im Kindergottesdienst-Team. Oder sprechen Sie mit ihrer Pfarrerin, ihrem Pfarrer – die sind dem Beichtgeheimnis verpflichtet. Manchmal geschieht die Begegnung mit Christus ganz anders als wir immer gedacht haben.

4. Jesus sagt: »Ich habe euch erwählt, nicht ihr habt mich erwählt.« (Joh. 15, 16)

Nicht wir müssen etwas tun für Christus, sondern Jesus Christus tut etwas für uns. Er hat uns schon lange erwählt zu seinen Jüngerinnen und Jüngern. Das ist die Voraussetzung, der Zuspruch, das Geschenk. Diese Erwählung, diese Berufung ist nicht die Belohnung eines Bekenntnisses oder die Folge einer Bekehrung. Die Erwählung durch Christus hat aber eine Konsequenz!

Jesus sagt: »Ich habe bestimmt, dass ihr *hingeht* und Frucht bringt.« (Joh. 15, 16 b) Was ist mit dieser Frucht gemeint?

1. Das Gebet
2. Die Liebe:

»Wenn ihr den Vater bittet in meinem Namen, wird er es euch geben, und das ist mein Gebot, dass ihr euch untereinander liebt, wie ich euch liebe.« (Vers 12)

Sich mit dem Herzen an Christus erinnern, der Erwählung vertrauen, das heißt beten. Zu Gott rufen im Namen Jesu, das heißt beten. Im Namen Jesu in Verantwortung für die Welt handeln, »hingehen«, das heißt beten. Beten und Handeln sind wie Einatmen und Ausatmen in der Gegenwart Gottes. Ora et labora – so lautet die Lebensregel des Benediktinerordens seit 1500 Jahren.

Ich möchte nach diesem Schritt innehalten mit einem Gebetssatz von Johnson Gnanabaranam: »Mein Jesus, viele freuten sich, weil sie dich suchten und fanden. Ich freue mich, weil du mich gesucht und gefunden hast.«

C. Erklären – Deuten

Nach dem »Er-innern« ist das Deuten wichtig, das Erklären, das Sich-Erklären und den anderen erklären . . .

Jesus sagt: Ich habe euch erwählt . . .

Wer ist Jesus Christus für mich?

Wir haben sieben Minuten Zeit nachzudenken und uns mit der Nachbarin / dem Nachbarn auszutauschen: Wer ist Jesus Christus für mich? Oder: Was ist mir wichtig, wenn ich an Jesus Christus denke?
Klang von der Klangschale – Murmelphase – Klang beendet die Murmelphase. Einige Teilnehmer/innen sagen Stichworte laut.

Christus mitten im Leben!

»Ein kleiner Mensch erblickt das Licht der Welt«, sagen wir bei der Geburt eines Kindes. Das heißt soviel wie: das Licht umhüllt dich jetzt – nicht mehr die dunkle Geborgenheit der Gebärmutter, der Schutz der Nacht. Leben heißt somit: sich dem Licht aussetzen, aber auch die Schatten sehen müssen. Licht und Feuer erhellen und verwandeln. Licht und Feuer verbrennen und zerstören auch. Nur das andere Urelement, das Wasser, kann das Feuer löschen. Und nur im Zusammenspiel von Wasser und Licht sind die ersten Moleküle, die ersten Lebenselemente entstanden.

Wasser und Licht sind die Kräfte der Wandlung: Körner werden gemahlen und mit Wasser vermengt zu Teig und im Feuer gebacken zu Brot. Wasser und Licht lassen die Grünkraft, das Chlorophyll entstehen, dass die Pflanzen grün werden im Frühjahr nach der Dunkelheit des Winters. Leben keimt in der Dunkelheit, im Tod.

Jesus sagt: »Ich bin das Leben«, ich bin mitten in eurem Leben das wahre Leben. In mir sind Leben und Tod aufgehoben und umhüllt, beide Seiten, die helle und die dunkle Seite sind aufgehoben. Das ist das göttliche Leben, das Gottsein Jesu: durch Leben und Tod hindurch ist er der Bürge für das Leben der Menschen, die in der Spannung von Geburt und Tod leben. Jesus Christus ist das Leben – auch im Tod.

Das hat der Evangelist Johannes in sieben Kernsätzen erklärt. Ich werde sie jeweils nennen und deuten und die für uns daraus erwachsende Ermutigung formulieren.

Also: HÖREN wir mit unseren Ohren! Hören ist das Erste und Letzte im Leben. Wenn alle anderen Sinne noch nicht erwacht sind oder schon abgestorben sind, bleiben das Hören mit den Ohren und das Hören mit dem Herzen. Hören wir also die Botschaft Jesu: »Ich bin die Auferstehung und das Leben. Glaubt, ihr lebt, auch wenn ihr sterben müsst, ihr lebt auch im Sterben.« (Joh. 11, 25)
Diesen Satz Jesu entfaltet Johannes in den sechs weiteren Kernsätzen, die ich jetzt entfalten werde:

1. Jesus sagt: »*Ich bin das Licht der Welt.*« *(Joh. 8, 12)*

Vom Licht sprachen wir schon. Das Licht SEHEN wir zunächst mit unseren Augen. Wir spüren es auch als Wärme oder Kälte auf der Haut, nehmen es in uns auf. Ohne Licht, ohne die Sonne gibt es kein Leben auf der Erde. Wir sollten es heilig halten. Denn wenn Menschen die Grenzen des Heilsamen überschreiten, wird Leben zerstört. Mit einer Atomexplosion, die heller ist als die Sonne, überschreiten Menschen die Grenze, die Gott gesetzt hat. Durch die Zerstörung des natürlichen Filters, der Ozonschicht, überschreiten wir die Grenze, die heilsam ist für uns, wir brechen ein in den Raum des Göttlichen.

Mit dem Tod und der Auferstehung Jesu ist uns diese Grenze gezeigt – er ist der Mittler zwischen Gott und uns Menschen. Er sagt: »Wer mir nachfolgt, wird nicht wandeln in der Finsternis, sondern wird das Licht des Lebens haben.« (Joh. 8, 12). Das Licht des Lebens, das Lebenslicht ist ja auch das Erinnerungszeichen für die Taufe.

Leider gibt es keinen Kernsatz im Johannesevangelium, der sich auf das Riechen bezieht. Aber in Johannes 12,3 wird vom Duft des Öls gesprochen, mit dem Maria von Betanien Jesu Füße salbt.

2. Jesus sagt: »*Ich bin das Brot des Lebens.*« *(Joh. 6,35)*

Brot ist durch Verwandlungen zu Brot geworden. Davon sprachen wir schon. Wasser und Feuer wirken zusammen und aus gemahlenen Körnern wird Brot. Brot ist nur heilsam, wenn es gegessen wird, wenn wir es durch den MUND in uns aufnehmen. Brot verschimmeln zu lassen, wegzuwerfen, ist der Anfang der Überschreitung der Grenze. Diese Grenzüberschreitung geht weiter in der Verweigerung, das von Gott geschaffene Brot zu teilen mit denen, die Hunger haben. Jesus, das Brot des Lebens, teilt selbst das Brot – zunächst für 5000 hungrige Menschen, dann als Zeichen der Erinnerung an ihn selbst mit seinen Jüngerinnen und Jüngern: Das ist mein Leib, ein Teil von mir, esst, teilt – zu meinem Gedächtnis, so sagt er.

So feiern wir Abendmahl, nehmen das Brot des Lebens, Christus, in uns auf. Er sagt: »Ich bin das Brot des Lebens, wer zu mir kommt, den wird nicht hungern, und wer an mich glaubt, den wird nimmermehr dürsten.« (Joh. 6, 35)

Johannes hat nicht den Satz, der dazugehört, überliefert: »Ich bin das Wasser des Lebens.« Dieses Wort erinnert uns natürlich auch an die Taufe.

3. Jesus sagt: »*Ich bin der gute Hirte, niemand wird meine Schafe aus meiner Hand reißen.*« *(Joh. 10, 11.28 b)*

Zum Hirten gehört die Fürsorge, die Verantwortung für die Schafe. Die wird sichtbar und spürbar durch seine »Hand-lung«, seine HÄNDE: mit den Händen werden die Schafe beschützt vor Feinden, mit den Händen werden sie über Hindernisse gehoben, mit den Händen werden sie gestreichelt. Jesus, der gute Schäfer, spricht auch die Grenzüberschreitung an: »Ein Dieb kommt, um zu stehlen, zu schlachten, umzubringen . . . ein schlechter Schäfer kümmert sich nicht um die Schafe, flieht vor dem Wolf.«

Jesus ist der gute Hirte. Seine Hände schützen das Leben, bewahren vor Verlassenheit. Das ist der SEGEN Jesu. Der Segen, den wir durch die Hände eines anderen spüren, den wir durch unsere Hände andere spüren lassen, der Segen hat einen Namen: Jesus Christus.

4. Jesus sagt: »*Ich bin die Tür.*« *(Joh. 10, 9)*

und

5. Jesus sagt: »*Ich bin der Weg.*« *(Joh. 14, 6)*

Tür und Weg fordern auf zu einer Bewegung, machen uns BEINE, rufen uns auf die FÜSSE, dass wir nicht starr bleiben. Sie zeigen auch die Richtung an und fordern uns auf zur Entscheidung für die richtige Richtung. Diese Richtung wird durch Jesus selbst vorgegeben. Er ist die Tür zur Seligkeit, der Weg des Lebens, der Weg in das Leben im Gottesreich – hier in meinem Alltag.

Was bedeutet das? Sich öffnen für Gottes Liebe und den Ruf Jesu: Bleibt in meiner Liebe.

6. Jesus sagt: »*Ich bin der Weinstock, ihr seid die Reben, bleibt in mir!*« *(Joh. 15, 5)*

Christus mitten in meinem Leben. Christus ist zu mir gekommen in mein Lebendigsein:

meine Ohren hören seine Worte,
meine Nase riecht den Duft des Salböls,
mein Mund schmeckt das Brot des Lebens,
meine Hände geben seinen Segen weiter,
meine Füße gehen den Weg des Friedens.

Das ermutigt uns zum Bleiben in Christus, in der Liebe. Dazu noch einige Gedanken im folgenden vierten Teil.

D. Ermutigt sein – ermutigen

Wir sind ermutigt zum Glauben durch die Zeichen der Gegenwart Gottes, die Lebenselemente als Zeichen der Liebe Christi.

Wir sind ermutigt zum Glauben – durch Vorbilder im Glauben.

Wir sind ermutigt zum Glauben durch Jesus selbst, der sagt: Nicht ihr habt mich erwählt, sondern ich habe euch erwählt.

Wo erfahren wir das?

1. Im eigenen Beten und Bibel lesen, im Hören auf Gottes Stimme, im Zuspruch der Vergebung und der Ermutigung zu neuen Wegen.

2. In der Gemeinschaft der Christinnen und Christen: im Kindergottesdienst-Team begegnen wir Christus in den Texten, die von ihm erzählen. In den anderen Mitarbeiter/innen, die seine Zeuginnen und Zeugen sind (darum ist gemeinsame Vorbereitung so wichtig!). Und schließlich in der Gemeinschaft beim Gottesdienst.

Sie werden vielleicht bemerkt haben, dass die Ich-bin-Worte Jesu auch die Elemente eines Gottesdienstes zeigen:

— Das LICHT der Kerzen erinnert uns daran, Jesus einzuladen in unsere Gemeinschaft (Gruß am Anfang).
— Die BIBEL erinnert uns an das Hören der Botschaft: »Ich bin die Auferstehung . . .«
— Das BROT, das wir schmecken, erinnert uns an Jesus selbst, das Brot des Lebens.
— Das lebendige WASSER ist die Erinnerung an unsere Taufe.
— Die HÄNDE, die wir spüren beim Segen, erinnern uns an den guten Hirten.
— Unsere FÜSSE gehen den Weg, den Jesus zeigt (Fürbitten).
— Unser HERZ bleibt in der Liebe, das heißt »Frucht bringen«.
Darum werden Gottesdienste mit Kindern mit allen Sinnen gefeiert.

3. Das ist mit »Frucht bringen« gemeint:

Wir behalten die Liebe und die Gegenwart Jesu nicht für uns, sondern wir teilen sie z.B. mit den Kindern, mit denen wir Gottesdienst feiern. »Nicht ihr habt mich erwählt, sondern ich habe euch erwählt«, sagt Jesus, »und ich habe bestimmt, dass ihr Frucht bringt.« (Joh. 15, 16)

4. Unsere Zeit ist Christus-Zeit

Das sagen wir ja bei jeder Zeitangabe. 1998 Jahre nach der Geburt Jesu Christi, so messen wir unsere Zeit. Im Horizont dieser Qualifizierung der Zeit werden Ängste vor der Zukunft kleiner. Nicht die Katastrophen sind die Herren über meine Zeit, über die Welt- und Lebenszeit, sondern Christus. Er ist gekommen, um Gerechtigkeit aufzurichten. Er wird wiederkommen, um dies ans Ziel zu führen. Das macht uns gelassen am Ende dieses 2. Jahrtausends mit Christus – auch im Blick auf das 3. Jahrtausend, das bald beginnt.

Ich ermutige Sie, sich mit dem Herzen an Christus zu erinnern:

— Ihren Tageslauf Christus anzubefehlen, vom Morgen bis zum Abend und durch die Nacht.
— Ihren Jahreslauf Christus anzubefehlen von einem Geburtstag zum anderen, von einem Tauftag zum anderen: Gott sei Dank!
— Den Jahreszeitenlauf Christus anzubefehlen: Frühling – Sommer – Herbst – Winter. Das »Gott sei Dank« führt uns zum verantwortlichen Leben im natürlichen Lauf des Sonnen- und des Mondjahres.
— Ihren Lebenslauf Christus anzubefehlen, von der Geburt bis zum Tod und ins ewige Leben.
— Und im Weltenlauf die Zeit Christus-Zeit sein zu lassen, also: den Segen zu empfangen und weiterzugeben.
So werden Sie ermutigt sein, auch ihre Freundinnen und Freunde, auch die Kindergottesdienst-Kinder, auch ihre Kolleginnen zu ermutigen. Gott segne Sie!

Kinder! Welch ein Leben in den Häusern Gottes!

Von der lebendigen Vielfalt der Gottesdienste mit Kindern
Konzepte und notwendige Entwicklungen

ULRICH WALTER

Einleitung

Ein Ausrufezeichen im Titel eines Referates, das klingt nach Provokation! Wer sorgt da wieder mal für Unruhe? In den Häusern Gottes kommt es ab und zu vor: Ob nach Ostern im Tempel von Jerusalem, wo einer dort ein Loblied singt, der doch eigentlich gelähmt vor der schönen Pforte sitzen sollte. Oder ob es die Kinder sind, die nach dem Einzug Jesu in Jerusalem gemeinsam mit den Blinden und Gelähmten im Tempel ihr Hosianna auf den Messias, den Sohn Davids, singen. Natürlich sollen sie mundtot gemacht werden, denn das gehört sich schließlich nicht in Gottes Haus. Aber Jesus erfüllt die Erwartungen nicht, sondern sagt: »Gewiss wissen die Kinder, was sie da rufen, habt ihr denn nie gelesen, was in der Schrift steht? Du, Gott, sorgst dafür, dass die Unmündigen und kleinen Kinder dich preisen!«

Kinder! Damals und heute hatten und haben sie ein untrügliches Gefühl dafür, dass es dort, wo Jesus ist, um ihr Wohlergehen geht.

Kindergottesdienst –
Lebendige Vielfalt der Gottesdienste mit Kindern

Der Kindergottesdienst ist das Pfund, mit dem wir wuchern wollen, das wir nicht länger vergraben werden!

Niemand ahnte zu Beginn der Geschichte der Sonntagsschule vor zweihundert Jahren, was dort in den englischen Industriestädten begann. Nun kommt die Zeit, in der wir als Engagierte im Kindergottesdienst wieder gefragt sind. Wir brauchen keine teure Technologie, wir arbeiten zu mehr als 80 % mit ehrenamtlichen Mitarbeiterinnen und Mitarbeitern, und wir tun etwas, was bei vielen Eltern gefragt ist: Wir bieten Kindern Begleitung und Orientierung in religiösen Fragen in einer Zeit, die fast werte-los erscheint.

In einer Gesellschaft, die es sich bei aller Konsumorientierung leisten kann, dass jedes sechste Kind unter der Armutsgrenze leben muss.

Es kann doch nicht sein, dass der Kindergottesdienst immer noch ein Schattendasein führt, obwohl kaum eine Synode vergeht, in der nicht irgendein schwergewichtiges Wort vom Wert der Kinder verabschiedet wird, und wir auf der anderen Seite in einer zweihundertjährigen Tradition emanzipativer Verkündigungsarbeit von ehrenamtlichen Menschen, vor allem Frauen, stehen, ohne die unsere Kirche in ihrer Finanzkrise ganz schön alt aussieht.

Ich möchte unser Thema in drei sich durchdringenden Kreisen darstellen:

1. KREIS: **Kinder! – Die Chancen**
Die Kinder – Ihr Leben – Neue Chancen in Gottes Häusern

2. KREIS: **. . . in den Häusern Gottes – Die Aufgabe**
Lösungswege und notwendige Entwicklungen – Die Begleitung der Kinder – Orientierung als Bildungsaufgabe der Gemeinde – Notwendige Voraussetzungen – Leitungsfragen

3. KREIS: **Welch ein Leben . . . – Ausblick**
Lebendige Vielfalt – Kindergottesdienst in einem lebendigen Liturgiehaus – seine Auswirkungen auf das Leben der Gemeinde

Dies alles ist von der Grundannahme des sogenannten Perspektivenwechsels bestimmt, wie er bei der Synode der EKD in Halle 1994 definiert wurde. Dort ist es zu einer neuen Sicht der Stellung von Kindern im Blick auf die Strukturen in der Gemeinde gekommen. Bisher galt es, die Kinder in die gewohnten Formen der Gemeinde einzugewöhnen. Nun wird versucht, den Kindern ihren eigenen Platz einzuräumen und auf diese Weise die Gemeinden in einen Prozess der Veränderung zu bringen.

1. KINDER! Welch ein Leben in den Häusern Gottes – *Chancen*

Ist das nun als Ermutigung oder eher als Stoßseufzer zu verstehen? Viel gäbe es zu sagen über veränderte Lebenswelten der Kinder, über eine »kinderentwöhnte« Gesellschaft, in der zwei Drittel nicht mehr in Kontakt mit Kindern stehen, über Kirchengemeinden, die ihre Kinder weiterhin bewusst oder unbewusst ausgrenzen.

Kinder heute, ein großes Thema mit vielen düsteren Prognosen. Es stimmt, was Walter Wilken, der Bundesgeschäftsführer des Deutschen Kinderschutzbundes sagt: »Wir leben in einem Kinder entwöhnten Land.«

Und dennoch verstehe ich mein Thema als einen Ausruf des Erstaunens und der Ermutigung.

Die Kinder! Ihre Lebenswelt wahrnehmen und ernst nehmen

1. Ich möchte ihre Freuden teilen, wenn z. B. meine Tochter mir freudestrahlend einen Maikäfer vom Kindergartenspaziergang mitbringt.

2. Ich möchte ihre Sorgen teilen, wenn z. B. mein Sohn mir einen Zeitungsartikel vorliest, in dem ein Junge in seinem Alter in einer Gaststätte vergeblich um Hilfe bittet, weil er von einem fremden Mann verfolgt wird. Ich verstehe seine Angst: wer wird mir helfen?

Die Kinder! Ihre Suche nach Begleitung und Orientierung wahrnehmen und ernst nehmen

Der Kindergottesdienst steht auch für eine deutliche Arbeit mit Kindern. Es geht nicht um individualistische Wohlfühlnischen, die den Alltag der Kinder vergessen, sondern um Orientierung. Kinder brauchen hilfreiche Regeln und Rituale für das Zusammenleben, und sie suchen nach Menschen, die sich dafür mit Konsequenz und Liebe einsetzen.

Kinder sind ein großes Geschenk, eine Gabe und eine Aufgabe, die die Verantwortung der Erwachsenen herausfordert. Viele soziologische und praktisch-theologische Artikel beschäftigen sich mit der Frage: Wie finden Menschen heute überhaupt eine eigene Identität?

Es gibt meines Wissens keine Arbeit, die mit gleicher Ernsthaftigkeit fragt, wie die Kinder dieser suchenden Erwachsenen zu ihrer Identität gelangen. An dieser Stelle ist unsere Kirche, also wir Mitarbeiterinnen und Mitarbeiter im Kindergottesdienst gefragt! Wir erleben täglich, was es bedeutet, in einer Welt zu leben, in der wir uns ständig entscheiden müssen: Gehen wir zur Kirche oder zum Kinobrunch, ins Sonnenstudio, zum Reiten oder Fußballspielen? Fahre ich mit beim Fahrradausflug, oder gehe ich bummeln im neuen Einkaufszentrum?

Und die Kinder? Haben sie nicht die gleichen Fragen und Probleme? Wer hilft ihnen bei dem ständigen Entscheidungsdruck? Ich bin davon überzeugt, dass wir sie ständig überfordern. Viele Eltern haben keine Standfestigkeit mehr und gehen den bequemen Weg: Du musst es ja selbst wissen!

Es gibt nicht mehr das eine große Denk- oder Glaubenssystem, das die ganze Welt zusammenhält, auch nicht in der Kirche. Aber es gibt die kleinen lebenswichtigen Geschichten, die uns und unseren Kindern in der jeweiligen Situation helfen, zu sich selbst zu finden. Die große Bilderflut, die uns umgibt, bedarf eines Gegengewichtes an Bildern, die sich tief auf der »Fotoplatte« der Seele unserer Kinder einprägen können. Dann können sie auch besser mit den vielen anderen Bildern umgehen und sind ihrer angst- und wunscherzeugenden Wirkung nicht mehr ganz so hilflos ausgeliefert.

Die Kinder! Ihre Fragen und Antworten wahrnehmen und ernst nehmen

Es geht darum, Jungen und Mädchen als Partner und Partnerinnen im Glauben zu akzeptieren. Da ist es gut, auf ihre Fragen zu hören. Die EKD-Umfrage »Fremde – Heimat – Kirche« hat gezeigt, dass viele Erwachsene sich neu mit Fragen der Religion beschäftigen, wenn sie eigene Kinder haben. Reden wir doch schon heute mit den Kindern! So haben sie später etwas, an dem sie anknüpfen können! Hören wir ihnen zu, denn »alle wirklich wichtigen Fragen sind solche, die auch ein Kind versteht.« So schreibt M. Kundera in »Die unerträgliche Leichtigkeit des Seins.«

Kinder hören hinter die Worte und fragen uns dann ganz unvermittelt: »Wo geht der Schmerz hin, wenn er weggeht?« Oder sie fragen nach der Wirklichkeit: »Ist der Jan wirklich mein Freund? Hat Mutti mich wirklich lieb?«

Aus diesen Fragen spricht ein starkes Bedürfnis nach Geborgenheit, nicht nur des Gefühls, sondern auch des Denkens. Kinder brauchen die Gewissheit, dass sie einen festen Ort in der Welt haben, einen Standpunkt auch für gesichertes Denken.

Die Kinder beunruhigt die Vorstellung, dass sie sich täuschen könnten, und dass das, was sie wahrnehmen, nicht die ganze Wirklichkeit sein könnte: »Ist alles vielleicht nur ein Traum? In meinen Träumen leben die Menschen doch auch?« Mit dieser Frage hat sich schon vor langer Zeit Plato auseinandergesetzt. Heute sind wir in der neuen Situation, dass wir Wirklichkeiten künstlich schaffen, virtual reality, und wir müssen die Kinder einladen, aus dem Reich der Bildschirme zu kommen.

Mit ihren Fragen kommen Kinder schließlich zu erstaunlichen Antworten. Auf den Satz, Gott habe alles geschaffen, antwortet Günther: » Wie merkwürdig, dann hat er auch sich selbst geschaffen.« Ein Gedanke Augustins, dass Gott Ursache seiner selbst sei.

Die Kinder! Was sie von uns brauchen

Kinder brauchen Anerkennung, Geborgenheit und Vertrauen. Kinder sind auf Orientierung angewiesen. Sie möchten sich in der Welt zurechtfinden und suchen einen verlässlichen Platz für sich selbst und für ihre Familie, aber auch für die Tiere, die Pflanzen und die anderen Dinge der Schöpfung. Dabei helfen ihnen Regeln und Rituale, ihrer Zeit und ihrem Lebensraum Struktur zu geben.

Kinder wollen in ihren Fragen nach dem Woher und Wohin ermutigt werden und suchen nach verlässlicher und authentischer Begleitung. Sie brauchen Erwachsene, die sich ihrer mit Liebe annehmen und sie in ihrer Suche nach Weltdeutung und ihrem Fragen nach Gott begleiten.

Kinder brauchen Raum und Zeit zum Kind sein, für ihr zweckfreies Spiel, die Erprobung ihrer Sinne und die Entfaltung ihrer Phantasie.

Kinder brauchen Wertschätzung, Zuwendung und die Gewissheit: Ich bin angenommen und ernst genommen.

Kinder brauchen ein Zuhause, wo sie einen Platz in der Gemeinschaft finden, kulturelle Identität ausbilden und geistig wachsen können.

Kinder wollen ihre Umwelt entdecken und begreifen. Sie staunen über die Geheimnisse des Lebens, manches weckt in ihnen auch Angst und Gefühle der Ohnmacht.

Kinder wollen spüren: Ich bin Gottes geliebtes Kind, ich stehe unter seinem Segen. Für unser Thema bedeutet das: Sie brauchen Geschichten, in denen sie die Zusage Gottes hören: Gut, dass du da bist, mein Kind, du bist wichtig an deinem Platz!

Und sie brauchen geeignete Zeiten und Räume eines Gottesdienstes, in denen sie das ganzheitlich und angemessen feiern können! Es gibt nicht mehr die große Vollversammlung der Gemeinde am Sonntag in der Kirche. Aber es gibt das Angebot, am Sonntag, dem 7. Schöpfungstag und Tag der Auferstehung, alles aus der Hand zu legen oder aus dem Kopf zu bekommen, was sich in den Tagen der Woche an Hetze, Stress, Unfrieden und Zerrissenheit angesammelt hat; das Angebot, auf Gottes Wort zu hören, seine Gegenwart zu feiern und sich von ihm stärken zu lassen.

Es gibt nicht mehr den vorgezeichneten Lebensentwurf von der Wiege bis zur Bahre. Ich weiß nicht, wo meine 15, 12 und 6 Jahre alten Kinder einmal ihren Platz in der Gesellschaft finden. Und werden sie überhaupt gebraucht? Kindergottesdienst mit den Kindern von heute feiern heißt dann auch: Mut machen, die verborgenen Fähigkeiten zu leben und zu gestalten! Und das nicht in der Konkurrenz der Schule, sondern ganz zweckfrei und gemeinsam, nicht nach Leistungsfähigkeit und Gruppenzugehörigkeit getrennt.

2. Kinder! Welch ein Leben IN DEN HÄUSERN GOTTES – *Aufgaben, Lösungswege und notwendige Entwicklungen*

Wie können wir das Leben in den Häusern Gottes gestalten, damit die Kinder ihren angemessenen Platz dort finden?

Häuser Gottes, ohne Kinder sind sie für mich unvorstellbar. Und ich zitiere hier gern Martin Luther:»Wenn du ein Kind siehst, hast du Gott auf frischer Tat erwischt.«

Das Haus ist für Kinder ein wichtiges Symbol. Es schenkt Geborgenheit auf dem Weg ins Leben. Das Haus, die Wohnung, das ist die ganze Welt, die es zu entdecken gilt, und von der aus neue Wege in die Fremde führen. Hier bedarf es zuerst des Grundvertrauens. Aber es ist auch ein offenes Haus. Gottes Haus ist offen für Kinder, die erwachsen werden wollen, indem sie das Vertraute verlassen und sich hinaus wagen.

Das Haus Gottes ist auch die Ökumene, der ganze bewohnte Erdkreis. Hier können wir miteinander Neues und Fremdes kennenlernen und auch dort Gott entdecken. Der Verantwortung gegenüber den Kindern ist ein hoher Anspruch – im Blick auf Lösungswege und notwendige Entwicklungen – angemessen:

In meiner Vorstellung von der »Kirche mit Kindern« stehen die Kinder in der Mitte. Jesus hat sie dort hingestellt. Und in dieser Mitte sind sie angenommen und ernst genommen.

Dort möchte ich die Begegnung mit dem lebendigen Gott und mit den Kindern feiern, ganzheitlich, sinnenreich und mitnichten ohne Verstand. Eingeladen sind die Kinder, um Gottes Wort zu hören und zu antworten mit dem, was sie können und haben, um Gottes Gegenwart zu feiern und Heimat zu finden in seinem Haus. Die Angebote der religiösen Begleitung der Gemeinde und das Gesamtkonzept des Gottesdienstes der Gemeinde laden zu einem lebendigen Miteinander ein.

Neue Herausforderungen für die »Kirche mit Kindern«

Die Ergebnisse der Untersuchung »FREMDE – HEIMAT – KIRCHE« zeigen, dass es, gegen den Trend, nicht um schnell vorzeigbare Erfolgsbilanzen der Arbeit gehen kann. Kurzfristige Projekte mit hohen Zahlen erregen Aufsehen in der örtlichen und kirchlichen Presse und scheinen darum auch effizienter. Aber: Umfragen sagen etwas anderes. Eine Umfrage des »Deutschen Sonntagsblatt« zum Thema »Was junge Menschen glauben« zeigt deutlich: »Regelmäßiger Kirchgang ist wichtig für den Glauben. Nur die regelmäßigen und häufigen Gottesdienstbesucher halten auch in Pubertät und Jugend konsequent am Kirchgang fest.« (DS Nr. 5, 30.1.98)

Wir können also offensiv vertreten: Kindergottesdienst am Sonntagmorgen ist mitnichten eine abständige Veranstaltung. Wir brauchen keine Angst zu haben, unattraktiv zu sein, nur weil wir scheinbar unzeitgemäß, aber im Sinne der Kinder verantwortlich, an verbindlichen und regelmäßig stattfindenden Formen der Feier des Glaubens festhalten und von authentischer Vermittlung biblischer Inhalte viel erwarten.

Aus diesen Gründen muss der Kindergottesdienst zusammen mit der anderen Arbeit mit Kindern in der Gemeinde offensiv das neue Paradigma »Kirche mit Kindern« vertreten. Kirche mit Kindern als ein Ort ganzheitlichen Lernens und Feierns des Glaubens. Dort sind Kinder als Partner und Subjekte des Handelns anerkannt, sie erhalten Raum, Zeit und Begleitung, um ihr Leben im Lichte Jesu Christi zu entdecken. Das schließt die Veränderung bisheriger gemeindlicher Strukturen ein.

Die Herausforderung der Gegenwart erfordert dabei auch von den Kirchen- und Gemeindeleitungen eine klare Position. Die Zeit ist endgültig vorbei, wo gesagt werden konnte: »Macht ihr mal im Kindergottesdienst, ihr werdet es schon schaffen, aber fragt nicht nach Geld und Einsatz von uns.«

Wir brauchen Klarheit darüber, mit wem wir Kindergottesdienst feiern und was uns zur Verfügung steht. Dabei helfen die folgenden *Fragen zur Erhebung:*

— Wie viele Kinder (auch aufgeschlüsselt nach Alter) gibt es in der Gemeinde?
— Wo wohnen sie, können sie allein zum Kindergottesdienst kommen?
— Wie ist ihre soziale Situation?
— Welche anderen Angebote der Freizeitgestaltung gibt es in der Gemeinde?
— Was wissen wir von den Erwartungen der Kinder, aber auch ihrer Eltern
    im Blick auf die Kirchengemeinde,
    im Blick auf religiöse Begleitung,
    im Blick auf den Kindergottesdienst?
— Was können wir Mitarbeiterinnen und Mitarbeiter leisten, in welchem Umfang, mit welchen Fähigkeiten und mit welchem Bedarf an inhaltlicher Begleitung?
— Wen sollen wir an unserer Arbeit beteiligen?

Konkret wird das sehr unterschiedlich von Gemeinde zu Gemeinde aussehen.

Was brauchen unsere Kinder? Nach einer Zeit des Booms im Freizeit- und Konsumbereich bahnt sich hier eine Trendwende an. Prof. Horst W. Opaschowski hat ermittelt, dass in der Entwicklung einer neuen Zweiklassen-Gesellschaft unter anderem die Familien zu den »Sparkonsumenten« gehören werden, denen bewusst ist, »dass Bärenhunger wieder genauso wichtig ist wie ihr Lebenshunger«.

Vielleicht gilt dann auch für unsere Angebote nicht länger: Was nichts kostet, ist auch nichts wert.

Wir haben den Kindern tatsächlich Gutes zu bieten. Wenn wir uns dann nicht besserwisserisch als diejenigen hinstellen, die schon immer gewusst haben, dass das nicht gut geht, sondern wenn wir in guter Weise tun, was wir können, nämlich zeitgemäß Kirche mit Kindern zu gestalten, dann bin ich für die nächsten Jahre eher optimistisch, was die Reaktion auf unsere Angebote im Bereich Kirche mit Kindern angeht.

Kindergottesdienst einladend und verantwortlich gestalten

Im Schaubild (siehe nächste Seite) sind die vier Säulen festgehalten, auf denen das Haus »Kirche mit Kindern« steht.

»Kirche mit Kindern« – das neue Paradigma in der Leitung durchsetzen

Verantwortlich gestalteter Kindergottesdienst braucht die Zustimmung der Gemeindeleitung. Das hat nichts mit hierarchischem Denken zu tun, sondern nimmt die Steuerungmechanismen einer Ortsgemeinde ernst. Oberste Frage ist dabei für mich: Was braucht der Kindergottesdienst, damit wir unsere Arbeit gut tun können? Wer kann was? Kompetenzen wollen entdeckt, gefördert und eingefordert werden. Welche Verantwortung kann im Blick auf Mitarbeit, Zusammenarbeit, Begleitung und Unterstützung gewährt und delegiert werden.

An dieser Stelle ist es wichtig, sich der Unterstützung durch die Gemeindeleitung zu vergewissern, und dazu gehören auch die »Fremdwörter« Informationsfluss und Transparenz.

Wenn wir uns im Gespräch mit der Gemeindeleitung für den Kindergottesdienst einsetzen, haben wir gute Argumente auf unserer Seite. In FREMDE – HEIMAT – KIRCHE, Seite 356 ist unter dem Abschnitt »Die Bedeutung frühkindlicher christlicher Beheimatung« zu lesen:

»Mit nachlassender Kirchenbindung der Eltern und der damit verbundenen Abschwächung der religiösen Prägekraft der Familie wird die religiöse Beheimatung in der Kindheit zur eminent kirchlichen Aufgabe.«

Ich erinnere auch noch einmal an das Zitat aus dem »Deutschen Sonntagsblatt«: Regelmäßiger Kirchgang ist wichtig für den Glauben.

Die unlösbaren Dinge benennen

Zu der Umsetzung einer Vision gehört auch, dass wir nicht verschweigen, was uns schwerfällt und was vielleicht im Moment unlösbar ist.

Es sind tatsächlich viel weniger Kinder, die wir einladen können, absolut, und noch viel schwerwiegender, im Prozentanteil der Gemeindeglieder. Die Altersspanne der Kinder, die zu uns in den Kindergottesdienst kommen, ist entwicklungspsychologisch eine kaum zu meisternde Herausforderung.

Die verplante Zeit der Kinder hat beängstigende Ausmaße angenommen; nehmen wir ihnen auch noch einen Teil der Zeit, die sie eigentlich zum Spielen brauchen, Zeit, einfach so dazusein? Egal, wofür wir uns entscheiden, immer sind

Die Kinder	Die liturgische Gestaltung	Die Verkündigung im Hören und Antworten	Die Verknüpfung mit dem Leben der Gemeinde
Ihre Lebenswelt wahr- und ernstnehmen: 1. Ihre Freuden 2. Ihre Sorgen	Die Erfahrungen der Kinder kommen vor in Lob und Klage, Bitte und Dank Gestaltung der lit. Spannungspole: – Wiederholung und Neues – Stille und Bewegung, Gesten, Musik und Singen	Erzählen biblischer Geschichten als Angebote zum Leben	Miteinander Glauben – Leben – Lernen Beteiligung an generations-übergreifenden Angeboten und Gottesdiensten Seelsorge Gemeinde als Anwältin der Kinder
Ihre Suche nach Begleitung und Orientierung wahr- und ernst nehmen	Gemeinschaft teilen angemessene Gestaltung der Zeiten und Räume des Gottesdienstes verläßliche Rhythmen »heilsame Unterbrechung« des Alltages	Identifikationsmöglichkeiten Begegnung von biblischer Botschaft und Lebenssituation der Kinder	Mitarbeiterinnen und Mitarbeiter als wichtige Wegbegleitung Gemeinde als religiöse Heimat erleben
Ihre Fragen und Antworten wahr- und ernst nehmen	Beteiligung der Kinder in einem ganzheitlichen und sinnenreichen Gottesdienst	Raum und Zeit zum Antworten - ganzheitlich und kreativ	Kindergottesdienst als unverzichtbarer Anteil im Konzept: »Gottesdienstes der Gemeinde« in Kontakt mit Christenlehre, Kindergarten, Religionsunterricht, Kirchlicher Unterricht, Kindergruppen, Kinderbibelwochen, -tage. Familienbildung: Eltern-Kind-Gruppen und Elternarbeit
Jungen und Mädchen als Partnerinnen und Partner im Glauben wahr- und ernst nehmen – Jesus hat sie in die Mitte gestellt	Gemeinsame Erfahrungen in generationen-übergreifenden Gottesdiensten Teilnahme an der Feier des Abendmahls. Tauferinnerung	Miteinander Glauben erfahren Horizonterweiterung	

wir nur ein Angebot auf der großen Palette der Freizeitgesellschaft. Der Sonntag ist nicht mehr unangefochten der Tag des Herrn, auch nicht bei den theologischen und pädagogischen Mitarbeiterinnen und Mitarbeitern der Kirche.

»Kirche mit Kindern« gestalten – Zusammenfassung der Fragen auf dem Weg

— Wissen wir genug über »unsere« Kinder, ihre Lebenswelten und ihre und ihrer Eltern Erwartungen an uns?

— Welchen Stellenwert hat der Sonntag?
— Welche zeitlichen Rhythmen sind Kindern angemessen und dem Gottesdienst mit ihnen zuträglich?
— Welche Altersabgrenzung ist sinnvoll?
— Was können und wollen wir Mitarbeiterinnen und Mitarbeiter leisten?
— Welche Unterstützung brauchen wir von der Leitung der Gemeinde, damit wir unsere Aufgaben gut erfüllen können?
— Welche Vernetzung zwischen kontinuierlichen Kindergottesdienstangeboten und punktuellen Projekten ist sinnvoll?
— Haben wir Mut, scheinbar unzeitgemäße Entscheidungen zu treffen?

Ich denke, diesen Mut brauchen wir. Denn die Arbeit in der »Kirche mit Kindern« bedarf der Kontinuität und der Verbindlichkeit, und nicht der Beliebigkeit nach dem Motto: Wo ich mich morgen amüsiere, darüber denke ich heute noch nicht nach.»Kirche mit Kindern« braucht den langen Atem, und nicht das Schielen auf den schnellen Effekt.

Wir stehen im Kindergottesdienst mit den anderen Angeboten der Gemeinde ein für die »gefährliche Erinnerung« an Jesus Christus. Sie verhält sich vielen Trends und Moden gegenüber sperrig. Aber ich sehe darin eine Chance, neu gehört zu werden. Wir brauchen nicht auf jeden Zug aufzuspringen. Es geht um die Erinnerung an den, der da ist, der da war und der da kommt!

3. Kinder! WELCH EIN LEBEN in den Häusern Gottes – *Ausblick auf verantwortlich gestaltete Vielfalt*

Kindergottesdienst in einem lebendigen Liturgiehaus (siehe Skizze Seite 38)

Fast möchte ich mit Paulus sagen: Es ist alles erlaubt, aber nicht alles führt zum Guten. Eine lebendige Vielfalt gibt uns die Chance, für den jeweiligen Ort, für die jeweilige Lebenssituation der Kinder und die jeweilige Gemeinde verantwortlich Kindergottesdienst zu planen und durchzuführen.

Mut zum Kindergottesdienst am Sonntag

Zunächst ist zu betonen, dass in mehr als zwei Drittel aller Gemeinden der Kindergottesdienst bzw. die Kinderkirche sonntäglich stattfindet. Umfragen haben gezeigt, dass sich wiederum mehr als 75% dieser Gottesdienste an einen wöchentlichen Rhythmus halten. Dies hat gute Gründe, die in letzter Zeit wieder deutlicher betont werden. Es geht auch um die Stellung des Sonntages überhaupt.

Neue Wege in der Kindergottesdienstarbeit machen vor dem Nachdenken über den Sinn des Kindergottesdienstes am Sonntag nicht halt. Viele konzeptionelle Erwägungen scheinen dafür zu sprechen, einen anderen Zeitpunkt in der Woche zu suchen. Interessanterweise stellte sich diese Frage bei den anderen Gottesdiensten der Gemeinde nicht.

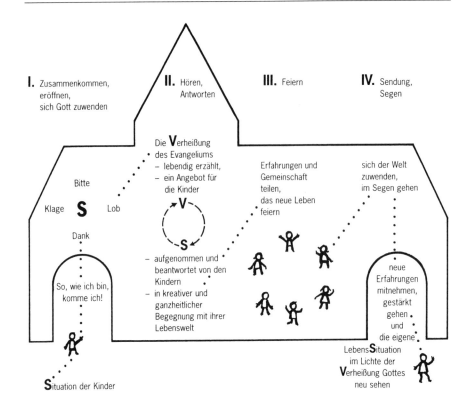

Ich möchte darum hier auf die Bedeutung des Sonntages in unserer Gesellschaft eingehen. Kann es sein, dass im Sinne einer doppelten Bildungsverantwortung der Gemeinde der Kindergottesdienst nicht nur die Aufgabe hat, christlichen Glauben zu tradieren und für die Kinder die Feier dieses Glaubens zu ermöglichen, sondern dass er auch Anteil hat an der Gestaltung einer »Kultur des Sonntages«, die in unserer Gesellschaft auf dem Spiel steht? Der Sonntag hat mit seinen Elementen der Ruhe und des zwecklosen Daseins in Unterbrechung des Arbeitsalltags mit seinen auferlegten Rhythmen eine wichtige Funktion in unserer Gesellschaft, und das über den christlichen Glauben und seine Institutionen hinaus. An dieser Stelle lernen Kinder Verhaltensmuster, die für ihr späteres Leben prägend sind. Ich stimme einer These A. Grötzingers zu (in: »Die Kirche – ist sie noch zu retten?«, S. 97):

● *»Der wirksamste Beitrag, den die christlichen Kirchen zu einer Kultur des Feiertages in einer multikulturellen Gesellschaft leisten können, ist die Erhellung des authentischen Erhaltes des christlichen Sonntages, aus dem die anderen christlichen Feiertage leben«.*

In den Überlegungen zur Feier des Jahres 2000 schreibt der Ratsvorsitzende der EKD, Präses Manfred Kock:

● *»Wie notwendig der Wechsel von Feiertag und Alltag für den Lebensrhythmus des Einzelnen wie auch für den Pulsschlag der gesamten Gesellschaft ist, soll gerade auf der Schwelle zum neuen Jahrtausend wieder stärker bewusst und für die Menschen erfahrbar werden.«*

Die Diskussion über den Kindergottesdienst am Sonntag kann aber nicht ausschließlich geführt werden, sondern muss Überlegungen einbeziehen, Zeiträume in der Woche und am Wochenende als Oasen für die Kinder, als Unterbrechung ihres Alltags, zu gestalten.

Aber die Fragen bleiben: Was verliert der Sonntag ohne den Kindergottesdienst? Was verlieren die Kinder ohne ein Angebot eines Gottesdienstes für sie am Sonntag?

Formen des Kindergottesdienstes im Überblick

Da ist erstens der selbständige Kindergottesdienst, der nach dem Erwachsenengottesdienst stattfindet. Zweitens der, der parallel zum Erwachsenengottesdienst gestaltet wird. Er muss meist auf die Beteiligung von Pfarrerinnen, Pfarrern und Kirchenmusikern verzichten, und findet fast nie in der Kirche statt.

Aber es gibt drittens – auch im Westen immer häufiger, und traditionell in den Gebieten des ehemaligen Bundes der Kirchen der DDR – den Kindergottesdienst, der parallel mit dem Erwachsenengottesdienst mit einer gemeinsamen Anfangsliturgie beginnt.

Hier haben sich viele Variationen herausgebildet, die ein Zusammenspiel mit den Gottesdiensten der Gemeinde ermöglichen. Ein Gottesdienst mit einem gemeinsamen Anfang, bei dem die Kinder wirklich ernst gemeint sind als Partner im Glauben, wird auch in der Eingangsliturgie neue Wege gehen müssen.

Ein Kindergottesdienst, der parallel stattfindet, aber sich hier und da einbringt in den Gottesdienst der Erwachsenen, um in einer generationenübergreifenden Feier miteinander Gottesdienst zu gestalten und dabei auch gemeinsam das Abendmahl zu feiern, kann hier erneuernd wirken.

Hier und da werden auch erste Versuche mit differenzierten Angeboten gemacht, wie sie uns aus dem Kindergottesdienst mit den Altersgruppen selbstverständlich geläufig sind. Da gibt es dann ein Angebot, eine Predigt zu hören, im Kirchenraum findet eine kreative Ausgestaltung des Predigttextes statt, in einem weiteren Raum eine Gesprächsrunde, in einem anderen eine große Malaktion. Danach sammeln sich alle Gruppen wieder in der Kirche, tauschen ihre Erfahrungen aus und sind gemeinsam Gäste am Tisch Jesu Christi.

Variationen im zeitlichen Rhythmus des Kindergottesdienstes

In welchem Rhythmus soll Kindergottesdienst stattfinden? Hier ist auf die zeitlichen Möglichkeiten und auf die Bereitschaft der Mitarbeiterinnen und Mitarbeiter zu schauen. Gerade in Gemeinden mit mehreren Predigtstätten und einer Pfarrstelle ist ein sonntäglich gestalteter Gottesdienst an jeder Predigtstätte nicht immer möglich. Bei allen Planungen ist folgende Frage wichtig: Welche Rhythmen sind Kindern verständlich zu machen, ohne dass sie zu jeder Veranstaltung persönlich eingeladen werden müssen? Oder wollen wir zu jedem Kindergottesdienst einladen? Diese beiden Fragen stellen sich, egal, ob der Gottesdienst am Sonntag oder auch im Verlaufe des Wochenendes oder in der Woche stattfindet. Der neue Plan für den Kindergottesdienst macht in vielen Einheiten bereits Vorschläge von Schwerpunkten, wie die vorgeschlagenen Reihen in 14tägigen oder monatlichen Veranstaltungen durchgeführt werden können. Dazu gibt es weitere Arbeitshilfen für diese Veranstaltungen.

Variationen in der zeitlichen Ausdehnung

14tägig oder monatlich stattfindende Kindergottesdienste werden meist über einen Zeitraum von 1–2 Stunden gefeiert. Da gibt es Kinderbibelnachmittage am Freitag oder Samstag, den kunterbunten Sonntagmorgen, Kinderbibeltage oder mit einem Frühstück ausgestattete Kindergottesdienste, die dann Kindermorgen oder ähnlich heißen.

Die darüber veröffentlichten Erfahrungen zeigen, dass diese Veranstaltungen im Blick auf eine höhere Beteiligung der Kinder zu einem Erfolg führen, wenn die Vorüberlegungen gut und richtig waren. Hier ergeben sich Chancen, in zeitlicher Ausdehnung an einem Text vertiefend die Phase des Hörens und Antwortens zu gestalten. Die Möglichkeiten, miteinander zu feiern und zu essen, werden genutzt, und nebenbei ergibt sich für die Eltern eine verlässliche längere Zeit ohne ihre Kinder.

Ich möchte aber auch nicht verschweigen, dass einige dieser Versuche von Veranstaltungen während der Woche wieder abgebrochen werden mussten, weil die erwartete höhere Beteiligung durch die Verlegung vom Sonntag auf einen Wochentag ausblieb. In diesen Fällen ist es erfahrungsgemäß sehr schwierig, einen neuen Anfang am Sonntag zu bekommen.

Der Kindergottesdienst und die Möglichkeiten der Abgrenzung und Ergänzung

Die große Spannbreite des Alters der Kinder von 3–13 Jahren hat in den letzten Jahren zu einer konzentrierten Beachtung zunächst der Jüngsten (3–7jährigen) und danach der Älteren (10–13jährigen) geführt. Meines Erachtens muss hier und da auch über Abgrenzungen deutlicher gesprochen werden. Der Kindergottesdienst braucht Entlastung durch familienbegleitende Angebote für Gottesdienste der Jüngsten mit ihren Eltern. Ebenso gibt es aber auch Ansätze für Gottesdienste, die speziell auf die Zielgruppe der 10–13jährigen ausgerichtet sind. Die Ausstrahlungskraft des Kindergottesdienstes auch auf Eltern hat dazu geführt, dass immer jüngere Kinder den Kindergottesdienst besuchen.

Ein großer Anteil der Kinder sind im Vorschulalter. Dies führte zusammen mit Anfragen an Ausarbeitung für diese Altersgruppe zu einer Entwicklung, die es älteren Kindern schwer macht, im Kindergottesdienst Heimat zu finden. Die 11–13jährigen, die sich mehr und mehr als Jugendliche definieren, werden in ihrer abwehrenden Haltung durch die Schwerpunktsetzung bei den Jüngsten bestätigt. An dieser Stelle bedarf es neuer Anstrengungen, diese Altersgruppe zu integrieren. Die Jungen und Mädchen dieses Alters haben andere Fragen und wollen eher innerlich beteiligt sein. Hierzu ist ihnen im Rahmen der Gruppenaufteilung besondere Gelegenheit zu geben. Bei der Eingliederung von Jungen und Mädchen im Katechumenalter in den Kindergottesdienst sind auch die Verantwortlichen für den kirchlichen Unterricht mehr als bisher gefordert.

Außerdem muss der Kindergottesdienst auch das Angebot von Gottesdiensten für Kleinkinder und ihre Eltern, häufig Krabbelgottesdienste genannt, deutlich als Entlastung ernst nehmen, eine Altersbegrenzung nach unten muss zumindest als Empfehlung ausgesprochen werden.

Der Kindergottesdienst will und kann das fehlende Angebot der Begleitung von Familien auf Dauer allein nicht ersetzen. Er verliert dann die Kinder, die aufgrund ihrer Entwicklungsphase eigenständig im Kreise der Gleichaltrigen sein wollen. Also zeigt sich hier eine weitere Herausforderung im Blick auf die Integration des Kindergottesdienstes in das Gesamtkonzept der Gemeinde.

Kontinuierlicher Kindergottesdienst und Kinderbibelwochen bzw. Kinderbibeltage als Projektangebote

Kontinuierlicher Kindergottesdienst und das punktuelle Angebot von Kinderbibelwochen und Kinderbibeltagen bieten anderen Kindern Chancen zur Teilnahme. Sie sind an verschiedenen Kinderwelten orientiert und können dennoch mit Gewinn zusammen arbeiten. Auch der Kindergottesdienst braucht längerfristig verschiedene Angebote für verschiedene Intensitäten an Beteiligung am Gemeindeleben. Schon länger gehören projektorientierte Angebote wie Kinderbibelwochen bzw. -tage und Kinderkirchentage zum Bestandteil der Arbeit des Kindergottesdienstes. Die Erfahrungen zeigen, dass sich hier gute Kooperationen mit den anderen Bereichen der Arbeit mit Kindern ergeben. Hier wachsen Ansätze, die den Kindergottesdienst zum Gottesdienst der Gemeinde der Kinder werden lassen. Neue Gemeinschaft wird im Kindergottesdienst möglich, wenn die Kinder sich bereits aus anderen Bezügen kennen. Angebote aus anderen Gruppen wie z. B. Kindergarten, Christenlehre oder Kindergruppe können in den Kindergottesdienst einfließen.

Die Kinder haben als getaufte Gemeindeglieder Anspruch auf einen Gottesdienst, der ihrem Bedarf gerecht wird, dies ist sogar in vielen Kirchenordnungen so festgehalten. Dazu kommen als sinnvolle Ergänzung die Projekte, die immer auch ein Höhepunkt für das Erleben der Kinder sind.

Aussichten

Die Kinder haben ein Recht auf ihren Platz in der Mitte der Gemeinde. Sie brauchen ebenso wie die Erwachsenen eigene Räume, aber auch gemeinsam gestaltete Zeiten und Räume. Und sie brauchen die unbedingte Teilhabe an dem, was die Mitte der Kirche ist, an Wort und Sakrament. Es ist nicht länger hinzunehmen, dass den Kindern im Gottesdienst das sinnlich Wahrnehmbare, das

Abendmahl verwehrt wird, während sie an der Wortverkündigung ohne Bedenken teilnehmen können, die doch in einem hohen Maß ein Verstehen des Wortes voraussetzt.

Es ist Aufgabe der Leitungen der Kirchen und der Gemeinden, Kindern Räume und Zeiten zu eröffnen, damit das neue Paradigma »Kirche mit Kindern« ein lebendiges Modell für die Kirche von morgen wird.

Mitarbeiterinnen und Mitarbeiter im Kindergottesdienst haben die Chancen und die Aufgabe, an dieser Gestaltung mitzuarbeiten und das Leben in der Gemeinde mit den Kindern lebendig werden zu lassen. Es gibt viele Wege, Kindern den Zugang zu den Häusern Gottes zu eröffnen.

Solches Tun steht unter der Verheißung Gottes, der mitten unter uns wohnt. Er begegnet nach dem Zeugnis der Bibel in vielerlei Gestalt. Er begegnet als der, der sich Mose vorgestellt hat mit seinem Namen: Ich werde mit dir sein. Und der sich in Jesus Christus offenbart hat als der, der bei uns ist alle Tage bis an der Welt Ende. Das ist Gottes offenes Geheimnis!

So begegnen wir ihm in den geringsten Geschwistern ebenso wie in der Zuwendung und Hilfe des Samariters und nicht zuletzt in dem Kinde, das Jesus in die Mitte stellt und sagt: »Wer ein Kind aufnimmt in meinem Namen, der nimmt mich auf, aber wer mich aufnimmt, der nimmt den auf, der mich gesandt hat.«

Ohne die Kinder hat diese Kirche keine Zukunft, und ohne Kinder lebt sie schon jetzt an der Gegenwart vorbei. Darum fängt das Leben in den Häusern Gottes nicht mit den Kindern an, aber ohne sie ist es armselig und traurig.

»Es muss feste Bräuche geben…«

Den Gottesdienst mit Kindern als lebendige Feier des Glaubens angemessen und verantwortlich gestalten

Prof. Dr. CHRISTIAN GRETHLEIN

Meine letzte Kindergottesdienst-Jahrestagung besuchte ich 1971. Sie fand in Braunschweig statt und stellte – wie Fachkundige im Nachhinein konstatierten – eine deutliche Zäsur dar. Es wurde auf dieser Zusammenkunft deutlich,»*dass der Kindergottesdienst nicht nur ein wenig aktualisiert, sondern einer gründlichen Überarbeitung und Neukonzipierung unterzogen werden musste*«.[1] Die traditionelle Orientierung an der Hinführung zum Gemeindegottesdienst erschien – angesichts zurückgehender Besucherzahlen und der neuen Konkurrenz des Sonntagvormittagfernsehens – nicht mehr sinnvoll, die»Lernkatechetik«, also die Behandlung einer biblische Perikope an jedem Sonntag, nicht mehr attraktiv.[2] Demgegenüber rückte die Frage nach der Kindgemäßheit – wieder[3] – in den Mittelpunkt der Bemühungen um den Kindergottesdienst. Und dies ist auch heute noch ein wichtiges Thema. 1971 bemühte man sich, die»Erfahrungen und Fragen des Kindes«[4] stärker aufzunehmen.»Bräuche« kamen dabei aber nicht in den Blick. Sie erschienen eher kindertümelnd als modernen Kindern angemessen; zudem standen sie unter dem Verdacht, repressive Anpassung und psychologische Regression zu fördern. Doch erwies sich schnell das von Überlegungen zum Religionsunterricht an weiterführenden Schulen übernommene problemorientierte Konzept als für den Kindergottesdienst nur teilweise geeignet.

Inzwischen hilft hier eine interessante Entwicklung in der Praktischen Theologie weiter. Mittlerweile ist das Ritualthema, vor allem in der Liturgik[5] und auch der Religionspädagogik[6], wieder hoffähig geworden und gilt auch in der Pädagogik als zumindest bedenkenswert. Bräuche gehen aber kommunikativ gesehen auf die Fähigkeit zur und das Bedürfnis nach Ritualisierung zurück. Sie sind sozusagen das Endprodukt von Ritualisierungen als Formen der gemeinschaftlichen, geordneten Form symbolischer Kommunikation.

Die Prozesse, die hier ablaufen, lassen sich z.b. gut an der Ausbreitung des Adventskranzes nachvollziehen. Was wohl ursprünglich im Rauhen Haus Johann Hinrich Wicherns als Versuch begann, die Integrationsschwierigkeiten seiner Zöglinge mittels des Symbols der Kerze in der Vorweihnachtszeit zu bearbeiten, und was die Jugendbewegung modifiziert weiterführte, wurde schnell zu einem in Deutschland üblichen Brauch.

Gerade für die Arbeit im Kindergottesdienst kann eine Besinnung auf die Möglichkeiten von Bräuchen für die gottesdienstliche Feier dazu dienen, traditionelle konzeptionelle Gegensätze konstruktiv zu überwinden und auch handlungsorientierend neue Horizonte eröffnen. Vor allem hilft sie, in einer kindgemäßen Weise das Problem zu bearbeiten, dass explizit religiöse Praxis außerhalb des Kindergottesdienstes nur noch wenigen Kindern begegnet, kognitive Belehrungen diese Lücke nicht schließen können, aber nach wie vor mit dem christlichen Glauben zumindest entstehungsmäßig zusammenhängende Bräuche und Riten im alltäglichen Leben begegnen und praktiziert werden.

Ich will auf die Chancen der verstärkten Berücksichtigung von Bräuchen für die gottesdienstliche Feier (nicht nur) mit Kindern in drei Schritten hinweisen. Ein erster Teil erinnert kurz an die Geschichte des Kindergottesdienstes mit ihrer Spannung zwischen primär pädagogischem und liturgischem Verständnis. Sie kann durch einen Rückbezug auf Bräuche überwunden werden. Der zweite Teil meiner Überlegungen soll aus soziologischer Perspektive zeigen, inwiefern neuere gesellschaftliche Wandlungen eine stärkere Beachtung der rituellen Dimension erfordern. Abschließend werde ich dann auf diesem Hintergrund die psychologische Bedeutung von Ritualen und dann auch Bräuchen entfalten.

1. Kindergottesdienst zwischen liturgischem und pädagogischem Anspruch

Schon seit Beginn des deutschen Kindergottesdienstes im letzten Drittel des 19. Jahrhunderts konkurrieren stärker pädagogisch orientierte mit mehr liturgisch ausgerichteten Bestimmungen der Aufgabe des Kindergottesdienstes.

Anfangs war der Kindergottesdienst, der ursprüngliche Name »Sonntagsschule« weist deutlich darauf hin, eine primär pädagogische Veranstaltung, nicht zuletzt um in Not geratenen Kindern zu helfen. Bis heute werden die Kinder, sofern ihre Zahl es erlaubt, in Gruppen aufgeteilt, eine pädagogische Methode, die sich sonst in Liturgien nicht findet.

Die durch Vertreter der amerikanischen Sonntagsschulbewegung angeregte Einbürgerung der Sonntagsschule in Deutschland führte aber – nicht zuletzt aus Misstrauen gegen das Laien-Engagement – zu einer stärkeren liturgischen Prägung, eben dem Kindergottesdienst. Erst im Dritten Reich und der dort von den Nazis ausgelösten Krise des schulischen Religionsunterrichts, besann man sich wieder mehr auf die pädagogischen (bzw. besser: katechetischen) Chancen dieser gemeindlichen Veranstaltung. Doch gleich nach dem Zusammenbruch des Nazi-Regimes begann man mit einem exklusiv an der Ordnung der Erwachsenengottesdienste ausgerichteten Neuaufbau des Kindergottesdienstes. Kindergottesdienst hatte hier primär die Funktion, die Kinder auf die Teilnahme am sog. Hauptgottesdienst vorzubereiten.

Spätestens die mit dem Traditionsabbruch zusammenhängende allgemeine Gottesdienstkrise der evangelischen Kirchen Ende der sechziger Jahre machte dieses Konzept unpraktikabel. Auf der bereits erwähnten Braunschweiger Gesamttagung 1971 setzte man dagegen – entsprechend der allgemeinen Entwicklung in der Religionspädagogik – einen problemorientierten Ansatz. Aber – wie wir heute fast dreißig Jahre später feststellen können – erwies sich auch dieses Konzept als zu einseitig, sachlich gesprochen zu wenig an den Kindern orientiert.

Nicht zuletzt die Bedeutung von Ritualen, also gemeinschaftlich, nach feststehenden Regeln vollzogene Handlungen symbolischer Kommunikation, und die aus ihnen entstandenen Bräuche fanden hier zu wenig Beachtung. Das Kirchenjahr hatte z.b. in diesem Konzept lediglich eine problembezogene Funktion für die Gliederung der Zeit, insofern nur die hinter ihm stehenden anthropologischen Grundfragen aufgenommen wurden. So subsumierte der erste Themenplan 1974 die Vorschläge zu Gottesdiensten im Weihnachtsfestkreis unter »Leben in Erwartung und Geborgenheit«[7]. Die damit verbundenen Bräuche fanden keine Berücksichtigung. Entwicklungen in Kindheit, Religion und Gemeinde lassen aber die hiermit bezeichnete Dimension menschlichen Ausdrucks als immer bedeutsamer für kindliche, ja allgemeine Religionspraxis erscheinen.

Dies gilt nicht nur für jahreszeitlich gebundene Rituale. Ebenso bedarf auch die Strukturierung des einzelnen Gottesdienstes bestimmter, immer wiederkehrender und so vom Kind als vertraut erlebter Handlungsabläufe. Es sind also sowohl jahreszeitlich bezogene Bräuche als auch im einzelnen Gottesdienst immer wiederkehrende Vollzüge zu beachten und zu pflegen.

2. Neue Anforderungen an den Kindergottesdienst

Mit dem unübersehbaren gesellschaftlichen Wandel der letzten Jahre zusammenhängende Wandlungen in Kindheit, Religion und Gemeinden erfordern eine Neubestimmung des Kindergottesdienstes, die Bräuche bzw. Rituale in ihrer liturgischen, pädagogischen und psychologischen Bedeutung ernst nimmt. Um dies deutlich zu machen, weise ich im Folgenden auf einige Veränderungen hin, die sich in den letzten Jahren verstärkt vollziehen und – auch – im Kindergottesdienst eine stärkere Berücksichtigung der rituellen Dimension nahelegen. Dabei stehen zum Teil die jahreszeitlichen Bräuche und zum Teil die den Gottesdienst strukturierenden Rituale im Hintergrund.

Schon kleine Kinder wechseln heute teilweise täglich mehrmals den Ort. *»Zum einen zog der Straßen-, Wohnungs- und Städtebau ab den sechziger Jahren eine Spezialisierung und Funktionalisierung von Orten nach sich, die zugleich den Lebensraum von Kindern beschränkte und zur ›Verinselung des individuellen Lebensraums‹ führte. . . . Zum anderen nimmt (entsprechend der häufigeren Erwerbstätigkeit beider Eltern, C.G.) die Unterbringung von Kindern in nichtfamilialen Institutionen zur Betreuung, Erziehung und Unterrichtung zu.«*[8]. Dies stellt erhebliche Anforderungen an Anpassungs- und Orientierungsvermögen der Kinder. Von daher ist es vor allem für jüngere Kinder wichtig, dass ihnen das Ankommen am jeweiligen Ort erleichtert wird und sie die Möglichkeit bekommen, an Vertrautem anzuknüpfen. Geregelte Handlungsabläufe, also Rituale, sind hierzu wichtig.

Eng mit eben skizzierten Veränderungen der Kindheit hängt ein weiteres Problem zusammen. Kinder sind in den professionellen Betreuungsverhältnissen, die zunehmend ihr Leben prägen, sog. asymmetrischen Kommunikationsstrukturen ausgesetzt; das heißt, ihre Empfindungen und Ansprüche unterscheiden sich gravierend von denen der jeweiligen Betreuungspersonen. Während für diese die Beschäftigung mit den Kindern meist primär unter beruflicher Perspektive steht, möchten die Kinder ganzheitliche, nicht in Berufs- und Privatleben unterteilte Beziehungen pflegen. Die darin liegenden Spannungen kommen vielleicht am deutlichsten im unterschiedlichen Zeitempfinden zum Ausdruck. Während z.b. für die Erzieherin im Kindergarten zu einer bestimmten Uhrzeit die Schicht endet und sie selbstverständlich ihren Arbeitsplatz verlassen will, möchte ein Kind gerne mit ihr weiterspielen. Die lineare Zeitstruktur, die Leben in bestimmte meßbare Sequenzen einteilt, ist ihm noch nicht begreifbar.[9] Die vom Kind ersehnte Geborgenheit wird so immer wieder gebrochen.

Dieses Problem gilt auch für den Kindergottesdienst. Das vielerorts übliche Sich-Abwechseln der Mitarbeiterinnen und Mitarbeiter stellt besonders für kleinere Kinder eine nicht zu unterschätzende Belastung dar. Hier können vertraute Bräuche einen gewissen Ersatz schaffen. Dabei ist allerdings wichtig, dass diese nicht nur wegen der Kinder begangen, sondern auch von den Erwachsenen als bedeutungsvoll erlebt und vollzogen werden.

Religionssoziologen diagnostizieren kritisch eine »Verkirchlichung« des Christentums.[10] Demnach kommen christliche Vorstellungen o.ä. immer ausschließlicher nur noch im kirchlichen Rahmen vor. Christliche Religion droht in ein gesellschaftliches Abseits zu verschwinden.

Ein wichtiges Widerlager hiergegen sind christliche Symbole und Bräuche. So prägen z.b. die christlichen Festzeiten, der Weihnachts- und der Osterfestkreis, über die Schulferien weithin die Strukturierung des Jahres. Sogar in der DDR gelang es nicht – trotz mancher, im Nachhinein teilweise komisch wirkender Versuche inhaltlicher Umdeutungen –, dies grundsätzlich zu verändern. Allerdings drohen Werbung und Konsumindustrie, die Festinhalte zu verfälschen. Von daher bieten christliche Bräuche und Symbole durchaus Verbindungsmöglichkeiten zwischen Gottesdienst und Alltag, erfordern aber zum Teil auch eine deutliche inhaltliche Profilierung im Gottesdienst und sorgfältige Pflege.

In den letzten zwanzig Jahren glich sich das Teilnahmeverhalten am Gottesdienst der Kinder dem der Erwachsenen an. Auch Kinder besuchen den Gottesdienst immer unregelmäßiger. Dies erschwert erheblich das Einleben in die liturgische Form. Deshalb ist eine klare, elementare rituelle Gestaltung von großer Wichtigkeit. Erst dadurch kann das Kind den Gottesdienst als einen vertrauten Raum empfinden, der etwas von der Geborgenheit widerspiegelt, die Gott uns in der Taufe schenkt. Komplizierte liturgische Abläufe sind deshalb zu meiden, leicht nachvollziehbare, von den Kindern mit ihrem Alltag und ihrem Denken leicht verknüpfbare Ritualisierungen zu fördern.

Schließlich sei noch auf ein Grundproblem heutigen Gemeindeaufbaus hingewiesen, das auch den Kindergottesdienst betrifft, die sog. Versäulung der einzelnen gemeindlichen Arbeitsbereiche. Häufig stehen einzelne Aktivitäten der Gemeinde unverbunden nebeneinander.

Speziell für den Kindergottesdienst bieten sich Verbindungen etwa zum Kindergarten, zur Christenlehre, zum Grundschulreligionsunterricht oder zur sonstigen Kinderarbeit an. Jahreszeitliche Bräuche, etwa auf Weihnachten oder Ostern bezogen, können hier – konkret je nach den besonderen Möglichkeiten des jeweiligen Lernortes gestaltet – aufeinander abgestimmt werden. Dadurch spüren Kinder, die nicht nur den Kindergottesdienst, sondern z.B. auch den evangelischen Kindergarten oder die Christenlehre besuchen, die sachliche Verbindung dieser Veranstaltungen in anschaulicher, von ihnen direkt nachvollziehbarer Weise. Aber auch bestimmte Rituale, wie z.B. gemeinsames Schweigen in bestimmter konzentrierender Körperhaltung, können bei entsprechender Absprache zwischen den für die einzelnen Angebote in Gemeinde (und Schule) Verantwortlichen die liturgische Bildung der Kinder fördern.

Nachdem ich hoffentlich im Vorhergehenden auf die mögliche Bedeutung von Bräuchen und Ritualen gerade angesichts der gegenwärtigen Situation aufmerksam machen konnte, möchte ich im Weiteren aus psychologischer Sicht auf die grundlegenden Möglichkeiten und die Bedeutung von Ritualen hinweisen. Dieser Betrachtungsweise kommt bei einem Kindergottesdienst, der sich – entsprechend der genannten Neuorientierung von 1971 – primär am Kind und seinem Erleben orientieren will, besondere Bedeutung zu.

3. Möglichkeiten und Bedeutung von Ritualen

Psychologisch können wenigstens drei wichtige Funktionen von Ritualen genannt werden:

■　1. Wissenssoziologen machen darauf aufmerksam, dass die Weitergabe besonders wichtigen Wissens oft nicht allein durch verbale Hinweise möglich ist. Sie bedarf der rituellen Gestaltung. So ist z.B. die Abfolge der Zahlen im Rechenunterricht gut verbal zu demonstrieren. Das Wissen darum, dass ich in dieser Welt geborgen bin, übersteigt aber das nur verbal Formulierbare. Deshalb reicht es z.B. am Beginn christlichen Lebens nicht, dass irgendjemand zu dem Kind (oder Erwachsenen) sagt: »Du gehörst jetzt dazu.« Schon von Anfang der Kirche an erschien hierzu ein vielgestaltiges Ritual, die Taufe, notwendig. Und wer im Kindergottesdienst sorgfältig gestaltete Taufen feiert, kann anhand der immer neuen Deutungen dieses Geschehens durch die Kinder erfahren, welcher Reichtum in diesem Ritual steckt.

Sehr eindrücklich wurde mir in diesem Zusammenhang die Schilderung eines Kirchenbesuchs mit Fünf- und Sechsjährigen zur Vorbereitung der Teilnahme an einer Taufe. Die begleitende Erwachsene erzählt:

> »Als wir unseren ersten Gang zur Kirche machten, . . . bewunderten die Kinder die Taufschale. Ein Kind war besonders fasziniert von der Vergoldung der Schale, die durch das Wasser hindurch schimmerte. Da fuhr einem Kind die Bemerkung heraus: ›Das Baby bekommt wohl von dem Gold etwas ab.‹ . . . Da fragten die Fünfjährigen zurück, wie das denn mit ihnen sei, dann hätten sie ja auch Glanz ab-

gekriegt. Dem konnte ich nur zustimmen. Wir verabredeten deshalb, dass wir uns für die folgende Tauffeier als kleine Taufgemeinde von Christen für diesen Täufling schmücken wollten. Alle Kinder bastelten sich aus Goldpapier einen Reifen mit Goldsternen, um so kundzutun, dass auch sie Kinder seien, die schon vom christlichen Glanz erhalten hatten und die sich bemühen wollten, diesen Glanz weiter in die Welt zu tragen.«[11]

Die ritualisierte Form der Aufnahme in die Kirche, die Taufe, hatte sich in dieser Gemeinde in einer Taufschale niedergeschlagen, deren besondere Aussage (»Ihr seid unendlich wertvoll«) erst von Kindern entdeckt wurde. Es war nur notwendig, für die Kinder eine Begegnungsmöglichkeit mit diesem Ausdruck früherer Gemeindefrömmigkeit zu arrangieren.

Weil wir es im Gottesdienst in hohem Maß mit solchem wichtigem Wissen zu tun haben, das unsere Worte übersteigt, sind wir auf Rituale bzw. deren Niederschlag in Bräuchen bzw. auch in baulichen Formen angewiesen. So finden die zentralen Aussagen der christlichen Heilsgeschichte nicht von ungefähr Niederschlag im Kirchenjahr mit seinen Bräuchen. Sie bedürfen einer ständigen Wiederholung und Vertiefung, die nur durch Worte nicht erreichbar ist. Deshalb ist es auch unmöglich, genau den Inhalt der verschiedenen Bräuche zu verbalisieren. Kinder beweisen hier immer wieder große Phantasie und stellen selbst Zusammenhänge zwischen dem christlichen Inhalt und ihrem Leben her.

Allerdings liegt in dieser Besonderheit von Ritualen auch eine große Gefahr. Weil ihr Inhalt nicht klar verbalisierbar ist, besteht die Gefahr, dass sie inhaltsleer werden, ihre Symbole zu Klischees erstarren. Deshalb bedürfen sie immer wieder der expliziten Thematisierung, weniger um ihren Inhalt genau zu beschreiben, als vielmehr um von neuem Deutungsprozesse anzuregen. Bei regelmäßigen Tauferinnerungsfeiern wird man deshalb biblische Taufgeschichten, wie die Erzählung von Jesu Taufe oder vom Kämmerer aus dem Morgenland, mit den Kindern aufnehmen, oder Bibeltexte behandeln, in denen Elemente wie Handauflegung oder Wasser eine tragende Rolle spielen.

Entsprechend der Unregelmäßigkeit der Gottesdienstteilnahme vieler Kinder und umgekehrt der Bedeutung der genannten Rituale ist es eine wichtige Überlegung, wie eine Verbindung des gottesdienstlichen Handelns zum Alltag der Kinder in Familie und Kindergarten oder Schule hergestellt werden kann. Hierbei kommt es auf die sorgfältige Auswahl und die konsequente Erinnerung an. Vor allem in der Weihnachtszeit lässt sich gut an bestehende Bräuche wie Adventskranz oder -kalender anknüpfen. Im Kindergottesdienst hierüber Erfahrenes kann – vielleicht unterstützt durch einen Handzettel o.ä. – auch das Zusammensein in der Familie während dieser besonderen Zeit bereichern.

■ 2. Sozialpsychologen machen weiter auf den stabilisierenden Charakter von Ritualen und Bräuchen aufmerksam. In Situationen der Verunsicherung kann man sich in ein Ritual zurückziehen, das dann quasi von selbst funktioniert. Dieser stabilisierenden Funktion entspricht, dass Rituale häufig in Übergangssituationen begangen werden, z.B. bei der Geburt, der Geschlechtsreife, der Partner-

Die Programm-Kommission (v.l.n.r.):
Ulrike Puchta, Dr. Johannes Blohm, Gerlinde Tröbs, Brigitte Messerschmidt,
Ulrich Walter, Ulrike Sippel, Ariane Vermeil, Alfred Mengel

Organisatoren und Verbandsvorstände (v.l.n.r.):
Dr. Johannes Blohm (Landespfarrer f. Kindergottesdienst i. Bayern u. Leiter des Organisationsbüros zur GT),
Ulrich Walter (Theologischer Sekretär des Gesamtverbandes und Leiter der Programm-Kommission),
Alfred Mengel (Vorsitzender des Gesamtverbandes für Kindergottesdienst in der EKD)
und Martin Schwenk (Vorsitzender des Landesverbandes für Evang. Kindergottesdienstarbeit in Bayern)

Ankommen im Nürnberger Messezentrum

Einkaufen im Gesamttagungs-Shop

„Herzlich willkommen ...

... bei der Gesamttagung!"
Felix, Wilma und Christian begrüßen die Teilnehmenden

„Ihr habt mir zu trinken gegeben, als ich durstig war."

„Ihr habt mich aufgenommen, als ich heimatlos war."

„Ihr habt mir neue Kleider gegeben,
als meine völlig zerfetzt waren."

Aus über 4200 Papierblumen haben alle
das Logo im Riesenformat entstehen lassen.

„Hinter den Worten schürfen" -
Rabbiner Jonathan Magonet im
Dialog mit dem Bibeltext

„Beat und Off-Beat"- Eine Bibelarbeit mit Klängen und Rhythmen

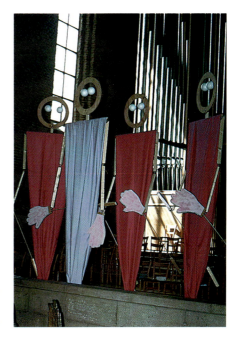

„Suche: Wohngemeinschaft !
Biete: Lebensraum ! Gott" -
Eine liturgische Bibelarbeit

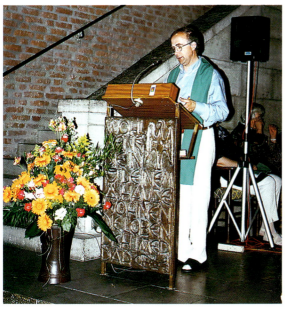

Meditativer Tanz

In Szene gesetzt, Elemente aus dem Mitmachtheater für den Kindergottesdienst

wahl oder dem Tod. Aber auch beim Begehen weniger einschneidender Übergangsereignisse sind Rituale hilfreich. Sogar im privaten Leben helfen wir uns an vielen kleinen Übergängen im Alltag mit immer wiederkehrenden Handlungsvollzügen. Das berühmte »Mit-dem-linken-Fuß-Aufstehen« besagt nichts anderes, als dass solche privaten Gewohnheiten am Morgen irgendwie durcheinander gekommen sind, der Übergang vom Schlaf zum morgendlichen Alltag nicht so reibungslos verlief wie sonst.

Wie vorhin schon kurz erwähnt, bedürfen Kinder auf Grund ihrer anderen zeitlichen Orientierung in erheblich höherem Maß solcher Gewohnheiten bzw. Rituale als Erwachsene. Zumindest kleineren Kindern fehlt die Orientierungsgröße der durch die Armbanduhr vermittelten linearen Zeit. Und auch Grundschulkinder sind schnell bereit, diese Zeit zu vergessen.

Diese Distanz von Kindern zu der unser Leben bestimmenden Zeitstruktur ist zugleich für liturgische Vollzüge eine große Chance. Denn – wie ein Blick in die Bibel zeigt – kennen auch die Menschen, von denen Altes und Neues Testament berichten, die lineare, inhaltlich abstrakte Zeit nicht. Ihr Zeitverständnis ist nicht formal, sondern inhaltlich bestimmt, wie das Zeitverständnis unserer Kinder. Deshalb kommt es im Kindergottesdienst darauf an, den Kindern ein von sonstigen zeitlichen Zwängen unbeschwertes Feiern zu ermöglichen. Dazu ist eine Übergangsphase unerlässlich. Wo möglich, kann dies in der Form einer Prozession, etwa im gemeinsamen Gehen zum Kindergottesdienst, geschehen. Hierbei werden Kinder und Mitarbeiterinnen schon manches entdecken, was im Gottesdienst wieder aufgenommen werden kann. Oder das Betreten des gottesdienstlichen Raums kann zu einem solchen Übergangsritual gestaltet werden. Es ist schade, dass in vielen Gemeinden der Kindergottesdienst nicht in der Kirche, sondern in Nebenräumen stattfindet. Kinder haben ja noch ein sehr unmittelbares Raumgefühl und können den Raum gewordenen Erfahrungen früherer Generationen mit Gott schnell auf die Spur kommen. So berichtet z.B. eine Lehrerin von einer Kirchenbesichtigung mit Sechsjährigen:

> »Ich lenke die Blicke der Kinder auf den Fußboden. Wir sehen geschwungene weiße Linien im schwarzen Boden. Ich bitte die Kinder, sich einzeln hintereinander auf die Linien zu verteilen. Sie stehen in zwei Reihen parallel. Nun sollen sie dem Verlauf der Linie, auf der sie stehen, folgen. Durch Kopfnicken gebe ich das Zeichen loszugehen und bestimme so den Abstand. Zunächst gehen sie los, geben sich ohne vorbereitende Hinweise in den geschwungenen Verlauf der Linien, einige breiten im Verlauf ihres Weges die Arme aus, werden schneller, werden wieder langsamer, als die Linienführung enger wird und treffen sich am Altarkreuz, hinter dem Altar, wo die Linien zusammenkommen. Die Kinder äußern sich: das sei wie auf einer Welle gewesen, ein Gefühl wie schweben, von einer Welle getragen werden, so, als fließe hier ein Wasser. ›Ich habe gesehen, dass ihr unterwegs zu laufen begonnen habt, zum Schluss seid ihr aber wieder langsamer geworden.‹ Sie bestätigen mir, das ›Wasser‹ sei ja auch nur noch ein kleiner Bach gewesen, an der Quelle sei es immer nur ganz wenig und fließe auch nicht schneller. Ich verweise auf das Kreuz, von dem das Wasser ausgeht; das Kreuz also als Quelle zum Leben. Wir sind zur Quelle gekommen.«[12]

Offensichtlich ist es hier gelungen, den Übergang in die Kirche so zu gestalten, dass die Architektur dabei hilft, Kinder das Besondere des gottesdienstlichen Raums erleben zu lassen. Ich könnte mir gut vorstellen, dass in dieser Kirche aus der eben geschilderten Entdeckung ein Anfangsritual des Kindergottesdienstes wird. Kinder gehen – im Kindergottesdienst – zur Quelle ihres Lebens. Dabei wird man auf die mögliche Bedeutung von Räumen für die Gestaltung von Ritualen aufmerksam. Andere Kirchengebäude enthalten andere Chancen; sie müssen nur – gemeinsam mit den Kindern – entdeckt werden. Von daher erscheint es mir auch zunehmend problematisch, dass – etwa bei gleichzeitigem Erwachsenen- und Kindergottesdienst – die Kinder quasi automatisch in Nebenräume ausweichen müssen. Ein Vertrautwerden mit »ihrer« Kirche wird dadurch verhindert.

Allerdings können auch solche Gestaltungen von Übergängen problematisch werden, sie können nicht nur erstarren, sondern auch zu »Kindereien« verkommen. Deshalb ist sehr sorgfältig zu überlegen, ob und wie solche Rituale vor allem älteren Kindern nahegebracht werden können. In dem genannten Beispiel wäre dies für Kinder im sog. realistischen Alter, also Zehn- bis Zwölfjährige, durch Informationen zur Baugeschichte der Kirche möglich. Etwa mit der Impulsfrage: Was dachten sich wohl die Baumeister und Handwerker beim Einritzen der Linien in den Fußboden?

■ 3. Schließlich sind aber – wie z.B. schon E. Durkheim feststellte – nicht alle Rituale den beiden genannten Funktionen der Weitergabe besonderen Wissens bzw. der Stabilisierung von Übergängen zuzuordnen. Es gibt in der Kulturgeschichte der Menschheit immer wieder Rituale, die nur »Spaß« machen, aber keiner tieferen Funktion dienen. Der Psychologe E. Erikson half bei der Erklärung dieses Phänomens, indem er das Ritualisierungsvermögen der Menschen von ihrer Fähigkeit zu spielen herleitete. Es gehört offensichtlich zur Grundkonstitution des Menschen, dass er mit seiner Phantasie bestimmten Objekten symbolische Bedeutung zueignen kann und diese in einer imaginierten Szene zur Darstellung bringt, ohne damit unmittelbar etwas zu bezwecken. Ja, offensichtlich ist solches Spielen für die Identitätsbildung des Menschen von großer Bedeutung. »*Was wir als ›kindliches Spiel‹ bezeichnen, ist oft das Bemühen eines Kindes, einen Sinn in der Welt zu sehen, ihrer Herr zu werden, mit ihr und mit sich selber ins Reine zu kommen.*«[13] *Hier geht es letztlich darum, »die Vergangenheit zu versöhnen und der Zukunft Gestalt zu geben«.*[14]

Ich vermute, dass sich die Herkunft, auf jeden Fall aber die Ausgestaltung mancher Bräuche, für die Historiker vergeblich genaue Wurzeln und Quellen suchen, durch die Spieltheorie Eriksons erklären lässt. Das bedeutet natürlich nicht, dass sie inhaltslos sind. Vielmehr bieten sie die Möglichkeit zu mannigfaltigen Interpretationen, bei denen ohne Verfälschungen die eigene Situation der Interpretierenden mit eingetragen werden kann.

Diese sozialpsychologischen Beobachtungen machen deutlich: Ein Gottesdienst, der sich an Kinder wendet, muss in hohem Maß Bräuche aufnehmen und

Ritualen Raum geben. So eröffnet er den Kindern schließlich Räume, damit sie ihrer Entwicklung gemäß in Kommunikation mit anderen und mit Gott treten können. Zugleich – und dies scheint mir das Verheißungsvolle und Schöne am Dienst im Kindergottesdienst zu sein – ziehen sie auch die, die sie dabei begleiten, mit in diese Bewegung hinein.

Anmerkungen

1) C. Berg, »Gottesdienst mit Kindern. Von der Sonntagsschule zum Kindergottesdienst«, Gütersloh 1987, S. 149

2) F. Bargheer, »Neue Kindergottesdienstformen in evangelischen Gemeinden. Hintergründe und Zusammenhänge«, in: W. Longardt, »Neue Kindergottesdienstformen«, Gütersloh, Freiburg 1973, S. 10

3) Siehe z. B. schon D. Vorwerk, »Kindergottesdienst und Kinderseelenkunde«, Schwerin 1911

4) So der Ratsvorsitzende der EKD, Landesbischof Helmut Claß, in seinem Geleitwort zum ersten »Themenplan für den Kindergottesdienst« (1974)

5) Siehe z. B. H.-G. Heimbrock, Gottesdienst: »Spielraum des Lebens. Sozial- und kulturwissenschaftliche Analysen zum Ritual in praktisch-theologischem Interesse«, Kampen, Weinheim 1993

6) Siehe z. B. die einzelnen Beiträge in: M. Wermke (Hg.), »Rituale und Inszenierungen in Schule und Unterricht«, Münster 1997

7) Gesamtverband für Kindergottesdienst in der Evang. Kirche in Deutschland (Hg.), Themenplan für den Kindergottesdienst. Stuttgart 1974, S. 7

8) Chr. Grethlein, »Religionspädagogik«, Berlin, New York 1998, S. 266

9) Nach J. Piaget ist in der Regel ein Kind erst mit etwa sechs Jahren von seinen Verstandesfähigkeiten her gesehen in der Lage, sich an der Uhrzeit zu orientieren.

10) Siehe dazu vor allem das 3. Kapitel in: F.-X. Kaufmann, »Kirche begreifen. Analysen zur gesellschaftlichen Verfasstheit des Christentums«, Freiburg 1979

11) G. Strufe, »Mit Kindern eine Brücke zur Gemeinde bauen«, in: H. B. Kaufmann, »Nachbarschaft von Schule und Gemeinde«, Gütersloh 1990, S. 125f

12) D. Perschmann, »Kirche von ihrem Grund her erleben. Ein Versuch mit einem 1. Schuljahr«, in: ru Zeitschrift für die Praxis des Religionsunterrichts 24 (1994) S. 98

13) R. Coles, »Erik H. Erikson. Leben und Werk«, München 1974, S. 148

14) Ebenda S. 149

Hand aufs Herz – in Symbolen Gott begegnen

Wie in Symbolen der alltäglichen Lebenswelt Erfahrungen des christlichen Glaubens ihren Ausdruck finden können

Prof. Dr. FRIEDER HARZ

1. Einführung

Mit dem Logo der Tagung sind wir schon mitten drin in unserem Thema. Das Symbol des Feuers erinnert an die Geschichte vom brennenden Dornbusch, in der Gott dem Mose versprochen hat: Ich begleite dich auf deinem Weg zum Pharao. Eine Vielfalt von Dingen und Zeichen erinnert an Mitteilungen für uns. Das Schiff an die Sturmstillungsgeschichte, das Zeichen des Kreuzes an Jesu Leiden und Sterben, der Anker daran, dass der Glaube uns festen Halt geben kann. »Gott, du bist mein Fels und meine Burg!« heißt es in einem Psalm, »Gott ist Schirm und Schild« in einem anderen. Aber sind diese Zeichen und Gegenstände schon von sich aus Symbole des Glaubens? Wenn ich einen Schirm sehe, denke ich nicht gleich an Gott, auch nicht, wenn ich in ein Boot steige. Ob Gegenstände unserer Alltagswelt als Symbole dem christlichen Glauben Ausdruck geben, liegt offensichtlich nicht in den Dingen selbst, sondern darin, welche Bedeutung sie für uns bekommen. Symbole sind nicht einfach schon da, sondern sie müssen erst dazu werden. Symbolkraft liegt in der Bedeutung, die Bilder und Gegenstände für uns gewinnen. Auf diese Weise werden sie auch erst zu Wegweisern des christlichen Glaubens.

Brauchen wir überhaupt Symbole des Glaubens? Gerade evangelische Frömmigkeit war lange Zeit von großer Nüchternheit bestimmt. Während bei uns Symbole oft rar waren, haben sie anderswo große Verbreitung und Bedeutung gefunden. Wiederkehrende Bilder schaffen Orientierung. Als Wegweiser in die Innenwelt sind Symbole sehr gefragt, in Märchen werden sie wiederentdeckt. Und dabei stoßen wir auch auf religiöse Bezüge, die sich von kirchlichen Traditionen abgelöst haben.

In der Werbung vermitteln Symbole sehr geschickt tiefwirkende Botschaften. Die Werbung macht es uns vor, wie Gegenstände zu Symbolen werden, die allerdings nicht auf Gott, sondern auf den heilsbringenden Konsum verweisen. Gegenstände werden auch zu Symbolen, indem sie Menschen Sicherheit suggerieren. So meinte ein Schüler einmal: Ich trage immer den He-Man in meiner Tasche. Wenn ich Angst habe, halte ich ihn fest. Dann kann mir nichts passieren. Bilder und Dinge gewinnen also Symbolcharakter, indem sie an tief verborgene Sehnsüchte rühren, die Sehnsucht nach Leben, nach Vergewisserung, nach Zugehörigkeit, nach Echtheit. Nur davon zu reden, ist offensichtlich zu wenig. Symbole sind wie ein Resonanzboden, auf dem ursprüngliche Lebensbedürfnisse zum Klingen kommen.

Auch unsere Botschaft des Glaubens braucht Symbole, damit deutlich wird, was in ihr steckt, wie sehr sie auf die existentiellen Fragen unseres Daseins eingeht. Unsere Aufgabe ist es, im Zusammenhang mit der Botschaft von Gott Symbole zu gewinnen, die zu einer guten, verlässlichen Sprache für unseren Glauben werden können. Es gilt genauer hinzusehen, was Symbole sind und was sie leisten, damit wir möglichst gut und sicher erfassen, was sie uns im Kindergottesdienst bringen können. Mit unterschiedlichen Erklärungsmodellen versuchen wir, uns näher an das Geheimnis der Symbole heranzutasten und dabei jeweils folgende praktische Fragen zu bedenken:

— Was heißt das für die Gestaltung der Liturgie im Kindergottesdienst?
— Was heißt das für das Erzählen biblischer Geschichten?
— Was heißt das auch für unsere persönliche Zuwendung zu einzelnen Kindern?

2. Symbolik des Vertrauens

Ein erster Ansatz zeigt uns, wie schon am Beginn des Lebens erste Symbole entstehen. Das kleine Kind empfängt sein Leben aus dem vertrauensvollen Gegenüber zur verlässlichen Bezugsperson. In seinem Genährt- und Versorgtwerden erlebt es Urvertrauen.

Aber auch andere Erfahrungen gibt es: dass Hunger momentan nicht gestillt wird, dass die Bezugsperson nicht da ist. Das Kind erfährt Welt also in der Spannung von vertrauensvoller Zuwendung und schmerzlicher Entbehrung. Früh schon entwickelt das kleine Kind ein Verfahren, um mit dem Verlassenwerden von der Bezugsperson besser fertig zu werden, um sich am erlebten Vertrauen festzumachen. In solchen Situationen sucht es Zuflucht bei ganz bestimmten Gegenständen, etwas Weichem, Fellartigem, wie wir es von Teddybären, Schlaf- und Schmusetieren her kennen. Offenbar lassen sich Erfahrungen der Geborgenheit, wie sie in der frühen ungeschiedenen Einheit mit der mütterlichen Bezugsperson entstanden, auch an ganz bestimmten Gegenständen festmachen. Sie begleiten das Kind auf dem Übergang von der erlebten Nähe der Bezugsperson in die bedrängenden Erfahrungen der Trennung hinein. Auf symbolische Weise also bleiben die früher gewonnenen Vertrauenserfahrungen lebendig. Gegenstände werden gleichsam aufgeladen mit großer existentieller Bedeutung.

Auch andere Dinge und Verhaltensweisen lassen sich als solche Symbole des Vertrauens deuten. Töne und Klänge haben beruhigende Wirkung, sie helfen beim Einschlafen, sind auch Symbol des Vertrauens gegen die Angst vor dem Alleinsein. Die Situation des Abendgebets lässt sich in diesem Zusammenhang verstehen. Die vertrauensvolle Atmosphäre des Abschiednehmens vom Tag ist solch ein Vertrauenszeichen, welches das Kind in den Schlaf, in die Dunkelheit der

Nacht hinein begleitet. Solche Symbole haben in einem weiteren Sinne auch im späteren Leben noch ihre Wirkung. Alle möglichen Gegenstände kommen so in den Blick, die emotional stark aufgeladen sind, die man gerne um sich haben möchte: Erinnerungsstücke, die einem lieb und wert sind; Geschenke von geliebten Menschen; Schmuck aus der Familientradition; der gute Spruch, den man sich an die Pinnwand heftet; Bibelworte, die einen begleiten; der 23. Psalm vielleicht; Geschichten, in denen es um erfahrenes Vertrauen geht. In solchen Gegenständen und Verhaltensweisen können umfassende Vertrauenserfahrungen gleichsam aufbewahrt werden. Überraschend mag die große Weite der möglichen Gegenstände sein, alles kann prinzipiell zum Symbol werden: Gegenstände, Rituale, Musik, Texte. Entscheidend ist, was für das einzelne individuelle Subjekt zum Symbol wird, was sich für es zum Symbol verdichtet.

Was bedeutet das für unsere Arbeit? Es gilt, solche Symbolik zu gewinnen, ihr Erleben anzuregen und zu fördern, damit Menschen sie mit Gott in Verbindung bringen, damit sie mit Gott das Vertrauen, die Lebensfreude, den Mut zum Leben, aber auch das Überwinden von Enttäuschungen verbinden können.

1. Gottesdienst

Im Gottesdienst kann manches zu Symbolen werden: Der Kirchenraum, der den Besucher einfängt, Geborgenheit schenkt als auch Weite vermittelt, eine besondere Atmosphäre ausstrahlt (in welche Räume wird der Kindergottesdienst oft abgeschoben!); Orgelmusik, die in enger Verbindung zu diesem Raum steht oder auch Gitarrenmusik, die in der kleinen Runde Atmosphäre schafft; gemeinschaftliche Rituale, die untereinander und mit Gott verbinden; Beten, Singen, Gesten, Bewegung, Licht, auch Dinge zum in die Hand nehmen. In der Atmosphäre der Geborgenheit können sie Dichte gewinnen und zum Symbol werden. Wiedererkennbare Worte und Lieder schaffen Vertrautheit.

Was heißt es z.B., sich den Raum vertraut zu machen, durch Gehen, Singen, Sitzen? Wie können Elemente der Liturgie so gestaltet werden, dass die Kinder sich darauf freuen?

2. Geschichten

Auch Geschichten können zu Symbolen werden. Aus Märchen etwa holen sich die Kinder Botschaften für das Leben. In vielerlei Variationen lauten sie: Auch wenn die handelnde Person anfangs mit Erfahrungen des Allein- und Verlassenseins, der Geringschätzung, der Aussichtslosigkeit zu kämpfen hat, so steht am Ende immer die Fülle des Lebens, das wiedergefundene Vertrauen in die Welt. Tief tauchen die Kinder mit ihrem Mitfühlen in die Hauptperson der Geschichte ein. Sie selbst sind diese Person. Aus dem Kreis der angebotenen Erzählungen finden sie ihre Lieblingsgeschichten, die sie nicht oft genug hören können. In großer emotionaler Dichte wird immer wieder der Weg von der Herausforderung zum neuen Vertrauen gegangen. Die Geschichte wird zum Unterpfand dafür, dass dieser Weg ans Ziel kommt, sie wird zum Symbol für das Gelingen des Lebens.

Wie können wir diese Merkmale von Geschichten in unser Erzählen von Gott aufnehmen? Wie können wir in ihnen Kinder zu einem Weg einladen, auf dem sie die Bewegung von der Gefährdung zur Befreiung mitvollziehen, mit eigenen Gefühlen eintauchen, das Erzählte zu ihrer Geschichte machen können? Und welche Symbole können aus dem dichten Erleben der Geschichten heraus entstehen? In welche Symbole hinein können sich Geschichten vergegenständlichen? Der Stecken ist dann eben nicht mehr nur ein Stück Holz, sondern er ist mit der Abrahamsgeschichte zum Symbol für Gottes Begleitung geworden.

3. Zuwendung zum einzelnen Kind

Von den Kasualien wie Taufe und Konfirmation wissen wir, wie sie die Beteiligten ganz unmittelbar ansprechen können. Den einzelnen werden ganz persönlich Symbole für ihr Leben angeboten. Das Entzünden der Taufkerze; die Handauflegung; das persönlich zugesprochene Bibelwort. Im Kindergarten spielt das Feiern des einzelnen Kindes an seinem Festtag, begleitet von Symbolen der Wertschätzung, meist eine große Rolle.

Wie können wir solcher persönlich zugedachten Symbolik im Kindergottesdienst Raum geben – im Feiern persönlicher Geburts- und/oder Tauftage; im Entwickeln kleinerer ritueller Formen, welche die Kinder als ihr persönliches Symbol annehmen können?

3. Der Weg vom Gegenstand zum Symbol

Hubertus Halbfas sieht Symbole nicht so unmittelbar wirksam, sondern er beschreibt in seiner *Symboldidaktik* einen Weg, auf dem man vom Symbolgegenstand zu einer tieferen Symbolbedeutung gelangen kann. Er greift dabei auf einen Schatz an Bildern zurück, die sich für diesen Weg besonders gut eignen, an dem unterschiedliche Dimensionen von Bedeutung erschlossen werden können.

Die erste Dimension ist die des Faktischen. Ein Baum ist ein Baum, ein Haus besteht aus Mauern und Dach, das Brot wird in seinem Werdegang vom Ernten bis zum Backen bedacht usw. So beginnt für ihn das Gewinnen von Symbolen.

Die zweite Ebene ist die des doppelten Sinns: Wir geben Anstöße, über den tieferen Sinn nachzudenken. Der Baum steht für unser Wachsen und Gedeihen, für Selbständigkeit; das Haus steht für Geborgenheit und Heimat; das Brot steht für all das, was wir zum Leben haben und brauchen.

Die dritte Ebene ist die der existentiellen Auseinandersetzung: Jetzt geht es um das tiefe Sich-Einlassen des je einzelnen auf das Symbol, das Hineinnehmen in die eigene Lebensgeschichte. Mit dem Symbol werden eigene Krisen, Befreiungen und Hoffnungen in Verbindung gebracht.

Wir bekommen auf diese Weise Zugang zu einem Reservoir überlieferter Symbole, u.a. aus der Natur, die uns zum Schauen und Nachsinnen einladen. Zum Symbol werden sie, indem Menschen sich mit ihnen auf den Weg machen, Zeit für sie haben, um vom bloß Äußeren weiterzukommen zur Bedeutung für uns. Was bedeutet das für unsere Praxis?

1. Liturgie und Symbole

Liturgie und Symbole brauchen einander. Symbole brauchen eine Atmosphäre der Nachdenklichkeit, des Meditativen, damit der Weg nach innen geschehen kann. Und Liturgie braucht den roten Faden, konzentrierende Bündelung, damit die einzelnen gottesdienstlichen Elemente nicht bloß nebeneinander stehen. Symbol und Liturgie zielen auf Erfahrungen von Ganzheit, Heilsein, Leben. Ich halte es für lohnend, den Spannungsbogen des Gottesdienstes und den Erschließungsweg des Symbols zusammenzusehen, den gottesdienstlichen Weg unter einem bestimmten Symbol zu gehen, so dass sich gleichermaßen gottesdienstlicher Spannungsbogen und Symbol entfalten können. Das beginnt sicherlich mit dem Besehen eines Gegenstands, bzw. dem Austausch von Erfahrungen über ihn, und dann weiten wir den Blick auf das hin, für das er auch stehen kann.

Im *Kyrie* für das, was unser Leben wie das anderer bedroht, einengt, schwer macht. Symbole haben immer auch ihre Schattenseite. Das Haus etwa steht für Geborgenheit wie für Einengung. Im Gottesdienst hat dies seinen Platz.

Im *Gloria* wird der Blick frei für das, was Gott uns zusagt. Die Seite des Heilseins wird an unserem Symbol sichtbar.

Die *Auslegung* könnte Raum geben, sich auf je individuelle Weise weiter tätig auf das Symbol einzulassen, den eigenen Weg mit dem Symbol weiterzugehen, in Geschichten, Bildern, Bewegung usw., um es so in seiner tieferen Bedeutung ins eigene Leben hineinzunehmen.

Im *Gebet* richten wir unseren Dank und unsere Bitten angesichts der bedachten Defizite und Hoffnungen an Gott und nehmen schließlich die Erfahrung mit, dass die uns im Symbol aufgegangenen Hoffnungen und Erwartungen auf Gott auch als Zusagen begleiten.

2. Geschichten

Auch Geschichten und Symbole passen gut zueinander. In den biblischen Erzählungen ging es uns doch um die Erfahrungen des Bedrängenden und des Befreienden, des Dunklen und des Lichts, der Bedrohung und Rettung. Indem wir im Erzählen zugleich einen Weg mit dem Symbol gehen, können die Zuhörenden sowohl ihm wie der Tiefendimension der Erzählung nachspüren.

Ich denke beispielsweise bei der Geschichte vom Gichtbrüchigen in Markus 2 an die Wände, die den Gelähmten von der Außenwelt abtrennen. Erzählend können wir mitgehen, was die Wände für ihn bedeuten: Eingesperrt-Sein, Ausgegrenzt-Sein usw. Und das Loch in der Wand wird zum Gegenbild der Hoffnung, das sich jetzt verbindet mit den Zeichen der Zuwendung durch Jesus, der Symbolik seiner Gesten, seiner Hand.

Es lohnt sich, biblische Geschichten daraufhin zu befragen, ob sich die Erfahrungen von Enge und Weite, Angst und Befreiung, der Weg vom einen zum anderen, in Symbolen festmachen lassen, die die Zuhörenden in sich bewegen, mit denen sie nahe bei den Personen der Geschichte sein und mit ihnen mitgehen können.

3. Zuwendung zu einzelnen Kindern

Persönliche Zuwendung zu einzelnen Kindern: Symbole eignen sich auch dazu, sie einzelnen mit auf den Weg zu geben. Wir überlegen in der Vorbereitung, welches Symbol uns für ein Kind als besonders geeignet erscheint; wir überlegen, wie wir es gestalten und einbringen. Wir vollziehen dann miteinander den Weg vom ersten zum zweiten Symbolsinn. Die tiefere Bedeutung des Symbols gibt uns viele Wünsche frei, die wir dem Kind mitgeben, bis hin zum Zuspruch von Gottes Segen. Das Nachdenken über Symbole im Mitarbeiterkreis öffnet sich auf das Nachdenken über unsere Kinder, auf das, was wir einzelnen Kindern wünschen, wie wir dies mit unseren Worten und Gesten sagen wollen.

4. Symbole verweisen auf anderes

Bei den bisherigen Überlegungen kam eine wichtige Frage noch zu kurz: Inwiefern stehen die Symbole des Vertrauens schon für Gottes Zuwendung zu uns? Müsste zwischen ihnen und der Botschaft von Gottes Nähe nicht noch genauer unterschieden werden? Das Wort Symbol stammt aus dem Griechischen und meint »zusammenwerfen, zusammenpassen«. Diese Sichtweise des Symbols geht davon aus, dass im Symbol zweierlei miteinander verbunden wird: der *Symbolgegenstand* und seine *Bedeutung*. Das bringt uns eine unverzichtbare Weiterführung der bisherigen Ansätze. Das, woraufhin die Symbole letztlich verweisen, kann nicht nur allgemein das Grundvertrauen, der Mut zum Leben sein, sondern es muss benennbar sein als die Beziehung zu dem Gott, der sich uns geoffenbart hat.

Neben dem Erleben des Symbols tritt die Aufgabe der genau benennenden Deutung in den Blick. Das Symbol hat die Beziehung zum Gott der Bibel noch nicht von vornherein in sich, sondern diese Beziehung muss gestiftet, mit dem Symbol in Zusammenhang gebracht werden. Aber wie können wir Symbole deuten, ohne das an und mit ihnen Erlebte zu beeinträchtigen, zu »zerreden«? Wie können wir Symbole feiern und mit ihnen zugleich auch zum Nachdenken über den Gott der Bibel kommen? Wie können das Bildhafte und das Worthafte zusammenfinden? Wird das Symbol nicht entwertet, wenn wir ihm zusätzlich noch deutend »hinterhergehen«?

Im *Erleben* der Symbole begeben wir uns auf den Weg unserer Suche nach uns selbst, nach dem, was uns letztlich hält. Und die Symbole gewinnen *Deutung*, *Bedeutung*, weil Gottes Sich-Offenbaren, wie es uns biblisch überliefert ist, nicht an den Symbolen vorbeigeht, sondern in ihnen zu Wort kommt. Es geht dann in unserem pädagogischen Tun darum, im Umgang mit den Symbolen die geeigneten Stellen zu finden, an denen die biblischen Erfahrungen mit Gott aufklingen können. Es geht um Entdeckungen, wo in einem Symbol unser Suchen nach Sinn und Ganzheit, und zugleich Gottes zusprechende Antwort zusammenfinden. Diese Entdeckungsreise führt uns in die Bibel hinein, überall dorthin, wo in ihr Symbole zu Wort kommen und sich entfalten. Präzisierendes Deuten ist also in diesem Sinne nicht etwas, das dem Symbolerleben Abbruch tut, sondern etwas, das im Symbol selbst noch einen neuen Horizont aufschließt, eine neue Dimension eröffnet.

Anschaulich hat Peter Biehl dies anhand der johanneischen Ich-bin-Worte Jesu beschrieben. »Christus ist das Licht« singen wir in der Osternacht. Das Licht entfaltet seine symbolische Kraft, führt uns den Weg von aussen nach innen, lässt uns die Sehnsucht nach Licht spüren, die Spannung zwischen Dunkelheit und Licht in uns ahnen – und dann tritt noch etwas ganz Neues und anderes hinzu: Christus ist das Licht. Es geht um seinen Weg in unserer Welt, seine Zuwendung zu den Menschen um ihn her, sein Leiden und Sterben und das, was Gott an ihm getan hat. Und auch all das tritt in das Symbol des Lichts mit ein, wird im Erleben und Feiern sagbar, bereichert es. *Christus* ist Licht. Was er getan hat, lässt sich als Hellwerden aussagen. Es verdichtet sich im Aufleuchten der Kerzen und ist doch viel mehr, als von vornherein im Erleben von Kerzenlicht drinsteckt.

»Sieh den Sternenhimmel an«, sagt Gott zu Abraham, »seine Weite, seine Unendlichkeit«. Das ist das Symbol. »So zahlreich werden deine Nachkommen sein«. Das ist die präzisierende Deutung. Und genau hier liegen dann unsere pädagogischen Aufgaben, in diesem Sinne Gottes präzisierenden Zusage (seiner Gegenwart, Nähe, Begleitung) in den weiten Symbolen Raum zu geben. Es geht um Zusagen, die zu dem begangenen Symbolweg passen.

Unsere *Gottesdienste* leiden vielfach daran, dass Erleben und Verstehen auseinanderklaffen. Der Umgang mit Symbolen kann uns helfen, hier aufmerksam die Zusammengehörigkeit zu bedenken und zu praktizieren. Wir versuchen, Gottes Zusagen im Symbol vernehmbar zu machen. Wie können Symbolerleben und Symbolbedeutung ein stimmiges Ganzes bilden? Das gilt es zu bedenken an all den Stellen, wo Gottes Zusagen uns im Gottesdienst erreichen, wo direkt von oder mit Gott gesprochen wird, vom Gnadenzuspruch bis zu Gebet und Segen. So können Symbole in angemessener Weise präzisierende Deutungen erfahren.

Auch beim *Erzählen* will der Zusammenhang von Anschaulichkeit des Geschehens und Präzision in der Deutung sorgfältig bedacht sein. Oft gelingt das Eintauchen in die Bilderwelt der Geschichte gut, Angebote zur Identifikation mit der Hauptperson sind reichhaltig, die Erzählung sprüht vor Lebendigkeit. Aber dort, wo es um die entscheidende Zusage geht, da werden die Worte zuweilen seltsam spröde. Da erfolgt die »reumütige« Rückkehr zum Wortlaut der Bibel, und diese Worte wirken sperrig, gehen unter in der Breite des sonstigen Erzählgeschehens. Da wird etwa lebendig erzählt, wie der Gelähmte zu Jesus kommt, und der sagt dann nur: »Mein Sohn, deine Sünden sind dir vergeben!« Gerade hier besteht doch die Chance, diese Zusage des neuen Verbundenseins mit Gott und der menschlichen Gemeinschaft mit dem erzählten Symbol auszudrücken: Dass jetzt nicht mehr die Mauer das Bestimmende sein wird, sondern dass jetzt und auch für später der entscheidende Durchbruch geschieht. An diesen Stellen gewinnen die Erzählungen ihr theologisches Profil.

Gerade bei der *persönlichen Zuwendung* zu einzelnen gewinnt dieser Zusammenhang von Symbolerleben und Symboldeutung besondere Intensität. Die deutenden Worte treffen wohl auf besondere Aufmerksamkeit, wenn sie sich gut mit dem Symbolerleben verbinden können. Vielleicht wollen wir sie dem Kind auch in schriftlicher Form mitgeben, dann sollten sie jedoch wohlbedacht und klar formuliert sein.

So ergeben sich in der Zusammenfassung all unserer Überlegungen vier Gesichtspunkte für unsere Arbeit mit Symbolen:
● Symbolik, in die man eintauchen kann, die Geborgenheit und Vertrauen vermittelt.
● Symbolgegenstände, von denen sich mancherlei erzählen lässt.
● Das, was uns an diesem Symbol über unser eigenes Leben aufgehen kann.
● Schließlich, inwiefern uns das Symbol daran erinnert, wer Gott für uns ist.

Unsere Aufgabe ist es, die Kinder auf dem Weg zum Symbol gewissermaßen an die Hand zu nehmen, von einer Dimension zur nächsten zu gehen. Wir erleben z.B. zuerst das Brot, teilen und essen, erzählen, wie es uns gut tut, bedenken, woran uns das Brot auch erinnern kann. Wir wandern mit unseren Gedanken über das Brot hinaus; auch Menschen sind für uns das, was wir zum Leben brauchen, auch sie können wie Nahrung, wie »Brot« sein. Und all das schenkt uns Gott, es kommt von ihm, aus seinen Händen.

Wenn wir sagen, Gott ist für uns wie ein Haus, dann gilt es den Weg zu gehen: Von Häusern, die wir kennen, wo wir zu Hause sind; wie sehr Menschen und Sachen, liebevolle Gesten, gute Gespräche usw. dazugehören, damit das Haus für uns wohnlich ist. Gott lässt es uns wohnlich sein, sagt zu, dass wir Heimat haben. So war Abraham unterwegs und Gott war für ihn die Heimat, die ihn begleitete, wie ein Haus, in dem er sich wohl fühlen konnte. In diesem Sinne hat Jesus Menschen Heimat geschenkt, sie konnten sich auf einmal wieder zu Hause fühlen.

Die besondere Chance des Umgangs mit Symbolen sehe ich darin, dass sich uns hier Brücken anbieten, die das besser miteinander verklammern können, was in unserer religionspädagogischen Arbeit so oft auseinanderzufallen droht: die Lebenswelt der Kinder, ihre Empfindungen und Sichtweisen und die biblisch überlieferte Botschaft vom rettenden und befreienden, begleitenden und wegweisenden, ermutigenden und in die Verantwortung rufenden Gott. Es lohnt sich, in und mit den Symbolen solche Brückenwege zu bedenken, zu planen, zu begehen und zu reflektieren. In diesem Sinne wünsche ich Ihnen viel Freude und gute Erfahrungen im Umgang mit Symbolen.

Literaturhinweis

Berg, Sigrid, »Biblische Bilder und Symbole erfahren. Ein Material- und Arbeitsbuch«, Kösel Verlag und Calwer Verlag, München und Stuttgart 1997
Bihler, Elsbeth, »Symbole des Lebens – Symbole des Glaubens« (Bde. I – III), Lahn Verlag, Limburg 1995
Früchtel, Ursula, »Mit der Bibel Symbole entdecken«, Vandenhoeck & Ruprecht, Göttingen 1991
Mix, Margarete und Rödding, Gerhard, »Symbole im Kindergarten verstehen und gestalten«, Gütersloher Verlagshaus, Gütersloh 1997

Weil ich ein Mädchen bin!
Oder: Wann ist der Mann ein Mann?

Frauen- und Männerbilder im Kindergottesdienst

ANNEBELLE PITHAN

Die Arbeit mit Kindern in der Kirche ist sehr wichtig und Kinder und ihre Rechte müssten noch viel mehr im Zentrum von Theologie und Kirche stehen. Kinder sind jedoch nicht einfach kleine, nicht erwachsene Menschen, sondern sie sind Mädchen und Jungen, zukünftige Frauen und Männer. Diese Perspektive scheint mir in der Kindergottesdienstarbeit explizit bisher wenig entwickelt.[1]

Bei meiner Vorbereitung bin ich davon ausgegangen, dass Sie alle aus sehr unterschiedlichen Zusammenhängen kommen, persönlich, beruflich, von ihrem theologischen und kirchlichen Hintergrund, worauf ich hier nicht im einzelnen eingehen kann. Ich möchte daher im Folgenden zunächst einige Schlaglichter auf die Literatur zur Entwicklung von Mädchen und Jungen werfen (1), um diese dann mit einem Beispiel des Kindergottesdienstes, der Abrahamsgeschichte, in Beziehung zu setzen (2). Ich hoffe, dass Sie daraus Perspektiven gewinnen, mit denen Sie in ihrer eigenen Praxis etwas anfangen können. Einige Visionen für die Arbeit mit Kindern in der Kirche benenne ich am Schluss (3).

1. Zur Entwicklung von Mädchen und Jungen

Das Leben eines Kindes ist bereits von Anfang an durch verschiedene Bedingungen geprägt, etwa durch den sozialen Status, die Hautfarbe, die Stellung in der Geschwisterreihe oder durch eine eventuelle Behinderung. Ein Merkmal ist auch das Geschlecht. Das Kind ist entweder ein Mädchen oder ein Junge.

Das »kulturelle System der Zweigeschlechtlichkeit«

Die Geschlechtszugehörigkeit ist in unserer Gesellschaft eines der wichtigsten Orientierungskriterien. Das merken wir zum Beispiel daran, wie verunsichert wir sind, wenn wir eine Person nicht einem bestimmten Geschlecht zuordnen können. Schon von Anfang an ist die Frage wichtig: Ist es ein Junge oder ein Mädchen? Carol Hagemann-White hat in diesem Zusammenhang den Terminus »kulturelles System der Zweigeschlechtlichkeit« geprägt.[2] Das heißt, wir leben in einer Kultur, die nur zwei Geschlechter kennt, und jede und jeder muss sich diesem »System der Zweigeschlechtlichkeit« zuordnen. Kinder lernen dies im Normalfall in den ersten sechs Lebensjahren. Bis zum Alter von zwei/drei Jahren erfahren sie folgendes über die Geschlechter:

— Sie erkennen, dass sie selber ein Mädchen oder ein Junge sind. Mehrheitlich wird davon ausgegangen, dass sie dies im Zusammenhang mit dem Spracherwerb erlernen.

— Sie lernen, dass alle Menschen männlich oder weiblich sind. Sie können Erwachsene weitgehend dem richtigen Geschlecht zuordnen.

— Sie lernen, dass man das Geschlecht an bestimmten Namen, Funktionen, Erscheinungsformen und Verhaltensweisen erkennt.

— Sie lernen, dass es körperliche Unterschiede gibt und dass bei Kindern der männliche Penis für die Geschlechtsbestimmung ausschlaggebend ist.

— Es dauert dann noch mehrere Jahre – bis zum 6./7. Lebensjahr –, bis sie schließlich das Geschlecht als etwas erkennen, das unveränderbar ist. Einmal ein Junge, immer ein Junge. Einmal ein Mädchen, immer ein Mädchen.

Das alles lernen sie durch ihre Umwelt, vor allem durch die Anschauungsmodelle von Männern und Frauen, die sie haben, aber auch durch Spielzeug, Bücher, Fernsehen usw. Im Laufe der Zeit merken sie auch, dass das Weibliche in unserer Gesellschaft oft geringer bewertet wird, weniger im öffentlichen Raum präsent ist und weniger gesellschaftliche Macht innehat.

Auch wenn Kinder schon als Zweijährige wissen, dass sie ein Junge oder ein Mädchen sind, werden ihnen die damit verbundenen Zuschreibungen und Stereotype und auch Verbote erst allmählich bewusst. Diese Bewusstwerdung geht einher mit der kognitiven Entwicklung, also damit, wie etwas verstandesmäßig und begrifflich erfasst werden kann. Dafür ein Beispiel:

> Ein aufgeweckter, draufgängerischer Dreijähriger, der in einem Haushalt aufwächst, in dem sich Vater und Mutter um die beiden Kinder kümmern, will sich zu Karneval als Prinzessin verkleiden. Ausstaffiert mit hellrosa Kleid, roten Lackschuhen und goldener Krone, die er begeistert vorführt, verschwindet er stolzgeschwellt im Kindergarten. Als er wiederkommt, ist er völlig unzufrieden. Die anderen Kinder (bei näherem Nachfragen stellt sich heraus, dass es vorwiegend die Jungen waren) hätten sein Kostüm »blöd« gefunden, es sei eine »Mädchenverkleidung«. Spätestens jetzt erfährt er: Was für ein Mädchen gilt, gilt nicht unbedingt für einen Jungen – und umgekehrt. Und: Wenn man sich nicht danach richtet, kann das Folgen haben. (Im nächsten Jahr verkleidete er sich übrigens als Leopard.)

Diese Entwicklung des kleinen Jungen zu dem, was in unserer Gesellschaft als männlich gilt, und des kleinen Mädchens zu dem, was in unserer Gesellschaft als weiblich gilt, und die Fähigkeit, sich darin orientieren und bewegen zu können, nennt man geschlechtsspezifische Sozialisation.[3]

Mädchen- und Jungenentwicklung

Wenn man über geschlechtsspezifische Verhaltensweisen und Zuschreibungen spricht, birgt das immer die Gefahr der Festlegung auf genau diese Verhaltensweisen. Es verstellt möglicherweise auch den Blick für Unterschiede innerhalb eines Geschlechtes. Ich denke aber, dass wir dennoch über die geschlechtsspezifische Sozialisation sprechen müssen. Außerdem gehe ich davon aus, dass der Mensch nicht nur Objekt von gesellschaftlichen Einflüssen ist – wie es der Begriff Sozialisation nahelegt –, sondern immer auch Subjekt seiner (oder ihrer) Entwicklung. Kinder, Jugendliche, Erwachsene können zwischen verschiedenen Möglichkeiten wählen, und seien diese auch noch so geringfügig. Deshalb ist das, was wir unter männlich oder unter weiblich verstehen, auch veränderbar. Im Englischen spricht man von ›doing gender‹, das heißt, das Geschlecht und was es bedeutet wird immer wieder von uns hergestellt.

Aus der mittlerweile kaum mehr zu übersehenden Fülle von Veröffentlichungen möchte ich beispielhaft drei Ansätze herausgreifen und damit gleichzeitig die Forschungsentwicklung skizzieren.

Mädchen- und Jungenerziehung im Vergleich

Seit den 70er Jahren haben Frauen angefangen, sich mit der spezifischen Sozialisation von Mädchen zu befassen und diese kritisch zu hinterfragen. Daraus sind viele wichtige Erkenntnisse hervorgegangen, die uns heute zum Teil schon wie Allgemeinwissen erscheinen. Ich möchte einige stichwortartig in Erinnerung bringen:[4]

▶ Jungen werden mehr in ihren motorischen Fähigkeiten unterstützt, Mädchen mehr in den sprachlichen. Jungen bewegen sich mehr, mehr auch außerhalb des Hauses. Mädchen lesen mehr und halten sich mehr innerhalb geschützter Räume auf.

▶ Jungen bekommen Eisenbahnen, Autos, Waffen und starke Helden (He-Man und andere – je nach Konjunktur). Mädchen bekommen eher Spielzeug, das sie auf die künftige Mutter- und Hausfrauenrolle vorbereiten soll.

▶ Mädchen gelten als sensibel, dürfen Gefühle zeigen, sind Heulsusen. Jungen kennen keinen Schmerz, dürfen keine Gefühle zeigen, sollen ein starker Mann werden.

▶ Mädchen sind eher ruhig und passiv, Jungen eher laut und aktiv. Jungen sind körperbetonter, treiben mehr Sport, prügeln sich mehr, lösen Konflikte mit körperlicher Gewalt. Mädchen spielen mehr Spiele, die gemeinschaftsbezogen sind, bei Konflikten versuchen sie, die Regeln zu verändern, damit das Spiel weitergehen kann. Jungen spielen mehr Spiele, die an starren Regeln orientiert sind.

▶ Bei Mädchen wird das Aussehen höher bewertet. Sie sollen hübsch aussehen und anmutig sein.

▶ Untersuchungen in Schulen und Kindergärten haben ergeben, dass Jungen zwei Drittel der Aufmerksamkeit erhalten. Sie werden öfter angesprochen, mehr gelobt, es wird mehr auf sie Bezug genommen – auch wenn es nur geschieht, um sie zu ermahnen. Den beteiligten Erwachsenen war dies so nicht deutlich; sie meinten, beide Geschlechter gleich zu behandeln.[5]

▶ Jungen übernehmen mehr und eher Leitungsfunktionen, Mädchen überlegen länger und bleiben in untergeordneten Positionen.

Vielleicht denken Sie, so seien doch nun wirklich nicht alle Mädchen und alle Jungen. Es stimmt: Kinder sind Individuen, jedes Kind ist anders. Untersuchungen zeigen auch, dass zum Beispiel die Schichtzugehörigkeit für die Ausprägung der Geschlechtererziehung sehr bestimmend ist. Zudem hat sich die Erziehung verändert. Mädchen können sich heute anders verhalten als noch vor wenigen Jahrzehnten. Aber dennoch: Die Geschlechterstereotype sind nach wie vor wirksam. Vielen Kinderzimmern sieht man eben doch an, ob es Mädchen- oder Jungenzimmer sind. Wenn man Kinder und vor allem Jugendliche fragt, wissen sie genau, was typisch für Mädchen und für Jungen ist.

Es ist das Verdienst von Frauenbewegung und Frauenforschung, auf die unterschiedlichen Rollen und Möglichkeiten der Geschlechter aufmerksam gemacht zu haben, vor allem aber auch, unsere Aufmerksamkeit auf Bereiche gelenkt zu haben, in denen wir – bewusst oder unbewusst – traditionelle Geschlechter-Stereotype unterstützen.

Mädchenentwicklung

Die zwischen Mädchen und Jungen vergleichende Sicht auf die Sozialisation hat Weiterentwicklungen erfahren – und zwar von Frauen und Männern. Frauen haben kritisiert, dass Mädchen zu sehr an Jungen gemessen werden, wenn man von ihnen verlangt, dass sie nun auch frecher, lauter, rücksichtsloser werden sollen, denn der Maßstab bleiben die Jungen und die patriarchale Gesellschaft. Außerdem führt diese Haltung dazu, dass stille Mädchen abgewertet werden. Deren Anwesenheit in Gruppen ist zwar durchaus erwünscht, weil sie für Ruhe und Ausgleich sorgen, doch sie passen nicht recht in das Bild des neuen Mädchens.

Wichtig ist es aber, sich mit den Mädchen zu solidarisieren und ihre Entwicklung unabhängig von einem männlichen Maßstab zu betrachten. Wo liegen ihre Stärken? Welche Möglichkeiten haben sie, welche nicht? In diesem Zusammenhang halte ich das Buch »Die verlorene Stimme« von Carol Gilligan und Lyn Brown für äußerst wichtig, aus dem ich hier einen Gedanken vorstelle.[6]

Die Forscherinnen der Harvard-Universität haben Mädchen zwischen sieben und achtzehn Jahren im Verlauf ihres Heranwachsens immer wieder interviewt. Dabei haben sie folgende Entwicklung festgestellt: Jüngere Mädchen konnten ihre Interessen benennen und sich für sie einsetzen. Während noch zehn-/elfjährige Mädchen häufig sehr genau wussten, was sie wollten, auf ihrer Meinung beharrten und sogar oft als rechthaberisch galten, wurden die Mädchen in der Jugendphase (Adoleszenz) vorsichtiger und leiser oder verstummten.

Interviews mit Mädchen zeigen, dass Mädchen Wissen über sich und andere haben, über das, was um sie herum geschieht, aber wenn sie es aussprechen, befürchten sie ihre Beziehungen zu anderen zu gefährden. Heranwachsende Frauen stehen vor einem Dilemma: »Wie beides, sich selbst und andere, vermitteln? (...) Ist es besser, auf andere einzugehen und sich selbst aufzugeben, oder auf sich selbst einzugehen und andere aufzugeben?« Gilligan bezeichnet das als Bindungskrise. Das heißt: Mädchen befinden sich in einem Zwiespalt, ob sie der eigenen Stimme oder den Stimmen von aussen nachgeben sollen. Gilligan nennt den Abbruch der Beziehungen zu anderen »Unverbundenheit« (disconnection), den Abbruch zu sich selbst »Losgelöstheit« (dissociation).

Ein Beispiel dafür, wie ich Gilligan verstehe: Ein Mädchen wird von Jungen bedroht. Sie kann nun ihre Wahrnehmung ernst nehmen, dass dieses Verhalten eine Bedrohung für sie ist, dass es ihre Persönlichkeit verletzt und dass sie es ablehnt. Eventuell nimmt sie auch wahr, dass sie als Frau bedroht ist, dass es sich also – abstrakt gesprochen – um sexistische Gewalt handelt. Vielleicht äußert sie diese Wahrnehmung. Im besten Fall trifft sie auf andere Frauen (vielleicht auch Männer), die ihre Wahrnehmung teilen und damit bestätigen. Im schlechteren – und vielleicht normaleren – Fall wird ihr entgegnet, dass die Jungen es nicht so meinten, dass Jungen so ihre Gefühle zeigten, dass sie sich nicht so anstellen solle oder dass es sich um eine allgemeine Zunahme der Gewalt handele. Das Mädchen kann nun ihre eigene Wahrnehmung verteidigen, setzt damit aber unter Umständen die Beziehung zu anderen aufs Spiel: Die Jungen erklären sie zur »Ziege«, die Erwachsenen finden sie störend. Sie kann auch sich selbst zurücknehmen, das heißt ihre eigene Wahrnehmung ignorieren, uminterpretieren oder verdrängen, und damit die Beziehung zu ihrer eigenen Stimme aufgeben.

Oft wird aber ein Kompromiss zwischen der eigenen Stimme und den Beziehungen gesucht. Mädchen beginnen, mit einer Bewusstseinsspaltung zu leben, mit zwei Wahrheiten und zwei Stimmen. Die Folge dieser psychischen Spaltung ist, dass Mädchen in ihren Bemühungen, Beziehungen einzugehen und aufrechtzuerhalten, große Teile ihrer selbst aus der Beziehung heraushalten, und zwar gerade diejenigen Anteile, die ihnen besonders wichtig sind. Dies geschieht auch, um diese Anteile des Selbst vor Entkräftung und Angriff zu schützen.

Eine Möglichkeit, diese Spaltung zu überwinden, sehen Brown und Gilligan in dem, was sie »Verbundenheit« (connectedness) nennen.[7] Frauen sollen sich mit Mädchen verbinden, sie sollen ehrliche Beziehungen untereinander schaffen. Frauen können anderen Frauen und Mädchen zuhören und ihren Stimmen Resonanz verleihen. Frauen können Mädchen unterstützen.

● *Fazit:* Mädchen müssen darin unterstützt werden, *ihre* Stimme und die der anderen in ein Gleichgewicht zu bringen. Sie müssen unterstützt werden, eigene Bedürfnisse und Wünsche zu erkennen und sie benennen zu können und dort, wo sie etwas nicht wollen, Grenzen zu ziehen. Dazu kann und soll auch die Kindergottesdienstarbeit einen Beitrag leisten. Sie kann Mädchen ernst nehmen und ihnen ihre Wahrnehmung nicht absprechen, sondern sie in einer Ich-Stabilität unterstützen, durch die sie in der Lage sind, in gesunder Weise auf andere einzugehen.

Jungenentwicklung

Seit den 90er Jahren haben sich Männer (und Frauen) kritisch mit der Jungenentwicklung auseinandergesetzt. Sie untersuchen die Folgen der traditionellen Geschlechtersozialisation für Jungen. Hervorheben möchte ich das von Dieter Schnack und Rainer Neutzling veröffentlichte Buch »Kleine Helden in Not«.[8] Die Autoren nehmen eine einfühlsame Perspektive für Jungen ein, ohne jedoch die Diskriminierung von Mädchen und Frauen fortzuschreiben.

Schnack/Neutzling zeigen auf, dass der Junge zum »starken Mann«, der keine Gefühle zeigen darf, erzogen wird. Er darf nicht schwach sein, sich keine Blöße geben, nicht versagen – auch wenn er noch so große Angst hat. Diese Angst muss er im Zaum halten, verstecken, verdrängen, damit sie nicht sichtbar wird. Denn: Die größte Angst des Jungen (und Mannes) ist die Angst vor der Angst.[9]

Deshalb markiert der Junge den ›coolen Macker‹, der vor nichts Angst hat und auf keine Hilfe angewiesen ist. Ein Beispiel erzählen Schnack/Neutzling[10]:

> Zweitklässler auf Klassenfahrt; den ganzen Abend machen die Jungen Radau, ärgern die Mädchen, toben und markieren die coolen Helden. Als sie endlich im Bett liegen, fürchten sie sich vor Monstern und Ungeheuern, zittern vor Angst und wollen nicht allein bleiben – bis schließlich ein Erwachsener in ihrem Zimmer übernachtet. Am nächsten Tag wird dieser Widerspruch zwischen äußerem Verhalten und innerem Erleben aber nicht aufgegriffen.

Doch Jungen müssen ihre Angst- und Versagensgefühle irgendwie verarbeiten. Schnack/Neutzling[11] beschreiben, dass Jungen bis zur Pubertät mehr krank sind als Mädchen, eine höhere Selbstmordrate haben (Mädchen haben allerdings mehr Selbstmordversuche), stärker suchtgefährdet sind und schlechtere Schulleistungen zeigen.

Schnack/Neutzling sehen einen entscheidenden Grund für diese Situation in der Abwesenheit von männlichen Orientierungsfiguren in der Kindererziehung in Familie und Kindergarten.[12] Die meisten Väter sind in der Erziehung kaum präsent. Durch ihre Abwesenheit eignen sie sich für Idealisierungen. Wenn sie sich um ihre Kinder kümmern – bei kleinen Kindern übrigens mehr um die Jungen – zeigen sie ihnen nicht, wie ein Mann mit seinen Gefühlen konstruktiv umgehen kann. Sie unterstützen dadurch die Entwicklung zum »Helden in Not«. Dies geschieht natürlich vor allem deshalb, weil sie aufgrund ihrer eigenen Geschichte diese Fähigkeiten, sich z.B. den eigenen Ängsten und Verlassenheitsgefühlen zu stellen, nicht entwickelt haben.

● *Fazit:* Jungen müssen lernen, eigene Gefühle und Wünsche wahrzunehmen und zu äußern und die Gefühle von anderen zu respektieren. In der Kindergottesdienstarbeit müsste darüber nachgedacht werden, warum Jungen – vor allem ältere – meist wenig teilnehmen. Möglicherweise merken Jungen, dass die Sozialformen und Inhalte des Kindergottesdienstes sowie die Tatsache, dass dort mehrheitlich Mädchen und Frauen sind, gegen das gesellschaftliche Bild dessen, was ein Junge sein soll, verstoßen. Den Widerspruch können sie vielleicht nicht aushalten, vor allem, wenn es ihnen an Unterstützung mangelt. Es fehlen ihnen vielleicht auch körperorientierte Umgangsformen sowie Männer, an denen sie sich orientieren können.

Schließlich: Für eine reflektierte und gerechte Geschlechtersozialisation – auch in der Kindergottesdienstarbeit – ist es wichtig, dass sich diejenigen, die dafür verantwortlich sind, mit der eigenen Sozialisation als Mädchen/Frau und Junge/Mann auseinandersetzen.

2. Das Thema »Abraham und Sara« in Materialien für Kindergottesdienst und Arbeit mit Kindern

Meine Frage ist nun, wie man die beschriebenen Ergebnisse der geschlechtsspezifischen Sozialisationsforschung noch konkreter auf den Kindergottesdienst beziehen kann. Ich habe dazu beispielhaft die Abrahamsgeschichte ausgesucht, weil sie im Kindergottesdienst (auch im Kindergarten oder in der Grundschule) immer wieder aufgegriffen wird. Zur Erinnerung nenne ich einige Stichworte zu den am häufigsten erzählten Geschichten:[13]

> Abraham erhält von Gott die Verheißung auf ein neues Land und viele Nachkommen. Er zieht mit seiner Frau Sara, mit Verwandten, Knechten und Mägden und seinen Tieren in das Land, das Gott ihm verheißen hat. Diese Rahmenerzählung füllen weitere Geschichten: Die Knechte Lots und Abrahams streiten sich um das fruchtbare Land. Hagar, die Magd Saras, gebiert Ismael, einen Sohn Abrahams. Hagar wird mit ihrem Sohn in die Wüste vertrieben. Abraham und Sara erhalten Besuch von drei Männern, drei Boten Gottes, die ihnen ein Kind verheißen. Sara lacht darüber, weil sie in ihrem fortgeschrittenen Alter an eine Schwangerschaft nicht glauben kann. Später wird Isaak geboren. Abraham soll seinen Sohn Isaak opfern. Abraham, der Stammvater Israels.

Nur so viel zu den biblischen Geschichten, wie sie uns traditionellerweise bekannt sind. Sie entstammen einer altorientalischen Nomadengesellschaft, die patriarchal, das heißt an der Vorherrschaft des Mannes orientiert war.

Ich habe mir nun Vorbereitungshilfen für Kindergottesdienst, Grundschulreligionsbücher, Bilderbücher und Materialien angesehen, um zu prüfen, wie dort die Geschichten von Abraham und Sara wiedergegeben und präsentiert werden.[14] Im Folgenden unternehme ich keine vollständige Analyse der Materialien oder gar eine Exegese der Bibelstellen, sondern betrachte die Darstellungen lediglich unter der Frage: Welche Geschlechterrollen werden hier transportiert? Meine Ergebnisse habe ich bewusst pointiert zusammengefasst. Was also hat meine Analyse ergeben?

Die Hauptperson ist Abraham

— Abraham führt ein Nomadenleben.
— Abraham wird von Gott das Land verheißen.
— Abraham zieht fort.
— Abraham schlichtet den Streit zwischen seinen und Lots Knechten um das Land.
— Abraham wird ein Nachkomme verheißen.
— Abraham bekommt einen Sohn.
— Abraham ist derjenige, der angesprochen wird, der besitzt und der bestimmt, was gemacht wird. (Sofern nicht Gott bestimmt.) Bildnerisch wird dies oft dadurch unterstützt, dass Abraham allein, im Mittelpunkt oder größer als andere, vor allem größer als Frauen und Kinder, dargestellt wird.

Was heißt das für die Geschlechterfrage?

Mädchen und Jungen erfahren Männer als handelnde Personen. Sie sollen sich mit männlichen Personen und Orientierungsfiguren identifizieren. Entweder direkt – als Jungen – oder auf dem Wege der Perspektivübernahme. Sie sollen im Mann den Menschen sehen. Ihnen wird suggeriert, dass Männer wichtig sind, dass sie handeln und entscheiden – auch über Frauen.

Wo kommt nun Sara vor?

— Sara wird überhaupt nicht erwähnt.
— Sara wird nur da erwähnt, wo sie unverzichtbar ist, nämlich bei der Geburt Isaaks.
— Sara wird als Frau Abrahams erwähnt, dem sie bei- oder untergeordnet ist: Abraham teilt Sara seine Entscheidung mit, wegzugehen und in ein anderes Land zu ziehen.

Varianten sind:

— Abraham nimmt Sara (und evtl. andere) mit.
— Für Sara ist es selbstverständlich mitzugehen.
— Sara fragt nach, zweifelt, lässt sich aber von ihm überzeugen.

Sara wird als Zweiflerin und Ungläubige dargestellt:
Wenn die Geschichte mit den drei Männern/Boten/Engeln erzählt wird, die zu Abrahams Zelt kommen und die Geburt eines Sohnes ankündigen, wird meist erwähnt, dass Sara zu alt war, um ein Kind zu bekommen. Meist wird auch erzählt, dass sie lachte, weil sie nicht glauben konnte, in ihrem Alter noch ein Kind zu bekommen.
Das Lachen Saras ist verständlich, war es doch nach menschlichem Ermessen wirklich höchst unwahrscheinlich, dass sie noch ein Kind bekommen würde. Dies wird aber nicht thematisiert. Die Geschichte wird vielmehr auf verschiedene Weise fortgesetzt:
Kurze Zeit später wird ihr oder ihnen ein Sohn geboren. Das heißt, die Tatsachen sprechen für sich und überführen Sara – entweder der Dummheit oder des Unglaubens.
Die Männer betonen, dass bei Gott nichts unmöglich sei. Das Kind wird geboren. Hier ist noch deutlicher als bei der ersten Variante, dass Sara kein Vertrauen zu Gott hat. Im Gegensatz zu Sara ist Abraham bereits als Gott Vertrauender bekannt. Er bewertet die Aussage der drei Männer nicht.
Die Männer fragen nach, ob Sara gelacht habe, und weisen auf Gottes Möglichkeiten hin. Sara bekommt Angst und leugnet ihr Lachen. Der weitere Verlauf ist bekannt: Isaak wird geboren.

Neuerdings gibt es eine weitere Variante: Sara wird als die schöne attraktive Frau erwähnt, die durch ihr Aussehen besticht. Dieses Aussehen macht sie später zum Opfer, wenn Abraham sie als seine Schwester ausgibt.

Was bringen die Darstellungen von Abraham und Sara mit sich?

Die Situation Saras als Nomadenfrau und als ältere Frau, die kein Kind (oder keinen Jungen) geboren hat, und ihre berechtigten Zweifel an einer Geburt werden nicht deutlich. Ihre Situation wird »unsichtbar gemacht«.

Es geschieht aber auch eine Bewertung des Glaubens von Abraham und Sara. Abraham ist der Gläubige, Gehorchende, Vertrauende. Sara dagegen steht als die Ungläubige, zumindest als die Zweifelnde da. Das Bild des gläubigen Abrahams wird unterstützt durch das Gegenüber der zweifelnden Sara, oder der zweifelnden Knechte (und Mägde), die häufig aus didaktischen Gründen in solche Geschichten eingeführt werden, um zu erörtern, ob Abraham aufbrechen soll oder nicht.

Die Zweifel Abrahams werden fast nie thematisiert. Sein Lachen über die Verheißung der drei Boten nicht erwähnt. Dass auch er – wie Genesis 17,17 erzählt – gelacht hat, ist bis heute weitgehend unbekannt geblieben.

In manchen Materialien wird auch direkt die Hierarchie Gott – Abraham – Sara hergestellt. Abraham erhält eine Verheißung von Gott und diese gilt nun auch für Sara. Sie selbst hat sie aber nicht von Gott erfahren, sondern vermittelt durch ihren / durch den Mann.[15]

Was könnten Mädchen und Jungen aus diesen Geschichten lernen?

Zieht man die genannten Ergebnisse der Jungensozialisation mit in Betracht, so erscheint Abraham in den Darstellungen als der Prototyp des Männerbildes, das viele Jungen krank macht. Er erhält eine Weisung und darf nicht zweifeln, keine Angst haben, keine Gefühle zeigen, denn dafür sind die anderen da. Er gehorcht dem Vater-Gott. Er bestimmt über andere: Frauen, Kinder (bis zum Mord), Abhängige und Tiere. Er hat Vertrauen in Gott.

Eine ambivalente Haltung für den kleinen Jungen, der die Geschichte von Abraham und Sara hört: Sie kann einerseits für ihn hilfreich und hoffnunggebend sein, aber sie kann auch ablenken von eigenen Gefühlen und von der Kommunikation mit anderen.

Mädchen lernen, sich in andere einzufühlen durch die Übernahme fremder Perspektiven. Sie lernen sich im Mann als Mensch zu begreifen. Sie erfahren, dass es nicht klug ist, Gefühle und Zweifel zu äussern. Sie erfahren, dass sie dem Mann untergeordnet sind und ihm gehorchen. Sie erfahren, dass Gott durch den Mann zu ihnen spricht.

Die Erfahrung, dass der Mann oder seine Situation über Frauen und Kinder entscheidet, kennen Mädchen und Jungen eventuell auch von zu Hause: Der Mann nimmt eine neue Stelle an, die Familie zieht mit.

Eine wie oben beschriebene christliche Sozialisation kann in solchen Fällen diese Rollenstereotype und die entsprechenden Selbstbilder verstärken. Wenn bei den Kindern zu Hause im Falle anstehender Entscheidungen gemeinsame Lösungen gesucht werden, wird das biblische Modell vermutlich kritisch gesehen oder für antiquiert gehalten.

Wie kann man mit diesem Befund umgehen?

Ich möchte drei Möglichkeiten benennen:

● Die radikalste Umgangsweise wäre, die »Abrahamsgeschichte« wegzulassen, weil sie patriarchal zu stark vorbelastet ist, und statt dessen eine andere biblische Erzählung zu nehmen, die das Vertrauen in Gott deutlich machen kann. Dafür bietet sich zum Beispiel die Geschichte von Ruth und Noomi an.

● Die zweite Möglichkeit wäre, die patriarchale Gesellschaft selbst und die Rollen von Männern und Frauen (und Kindern) in ihr zum Thema zu machen. Ich halte dies grundsätzlich für nötig, denke aber, dass es im Kindergottesdienst nur bedingt möglich ist, will man die Kraft der Erzählung erhalten. Im Vorbereitungsteam sollte diese Frage aber unbedingt kritisch bedacht werden.

● Die dritte Umgangsweise geht davon aus, dass man die Geschichte nicht weglassen kann oder gerne beibehalten möchte, weil sie eine wichtige biblische Tradition und große Erzählung ist. Ich denke, sie muss dann anders erzählt werden. Die eigentliche Botschaft, dass Gott Zukunft verheißt und der Mensch, auch der Kleine, im Vertrauen auf Gott neue Wege gehen kann, muss aus dem zeitbedingten patriarchalen Kontext befreit werden.[16]

Ich möchte hier beispielhaft eine kleine Szene vorstellen, die im Rahmen einer Fortbildung als Teil einer Reihe von Szenen zu Gen. 12,1ff. (Verheißung und Aufbruch) entwickelt wurde.[17] Ausgangspunkt ist die Überlegung, dass es in dieser Erzählung um die Zusage Gottes an die Menschen und das Vertrauen der Menschen in Gott geht.

Sara und Abraham (gespielt von zwei Kindern) liegen in einem Zelt und schlafen. Da spricht zu ihnen eine leise Stimme (ein Kind außerhalb des Zeltes liest leise die »Stimme Gottes«), etwa: »Geht weg von hier! Packt eure Sachen, nehmt auch eure Tiere mit! Fragt, wer sonst noch mitgehen will! Ihr sollt in einem neuen Land wohnen, ein großes Volk soll aus euch werden. Ich will bei euch sein und euch beschützen.« Jetzt wachen Sara und Abraham auf und reden miteinander. Beide fragen sich, was sie gehört haben, ob sie Gottes Stimme vernommen haben. Beide wollen aufbrechen, beide haben auch Zweifel.

Mit dem Impuls »Fragt andere, was sie davon halten« können weitere Kinder mit einbezogen werden. Ein nächster Impuls ist die Information, dass Abraham und Sara sich entscheiden, den Aufbruch zu wagen. Mit ihnen gehen andere. Sie packen, sie holen ihre Tiere und verabschieden sich von denen, die nicht mitgehen wollen. Es schließt sich das Kennenlernen des Nomadenlebens an. Später kann der Zweifel erneut thematisiert werden: War es wirklich richtig, loszugehen? Wir kommen ja doch nirgends an. War das wirklich Gottes Stimme? Sollen wir Vertrauen haben? Wann ist es schwierig, wann ist es leicht, Vertrauen zu haben?

Dies ist nur eine Möglichkeit von vielen, wie man die Rollen von Abraham und Sara verändern und flexibler gestalten kann. Es muss nicht immer einer der starke und eine die schwache sein. Das verändert sich – wie im wirklichen Leben. Die Verheißung Gottes gilt allen.

3. Visionen für die Kindergottesdienstarbeit

Inspiriert davon, dass Gott uns wie Abraham und Sara zum Aufbruch in das Unbekannte ruft, möchte ich zum Schluss einige Visionen für die Kindergottesdienstarbeit formulieren:

▶ In den Leitungsgremien der Kirchen und Gemeinden gibt es Kinderanwältinnen und -anwälte, die die Anliegen von Kindern vertreten – auch unter dem Gesichtspunkt des Geschlechts.

▶ Die in der Kindergottesdienstarbeit verwendeten biblischen Erzählungen, Materialien und Arbeitsformen berücksichtigen beide Geschlechter angemessen. Fortbildungen tragen zur kritischen Aufarbeitung traditioneller geschlechtsspezifischer Sozialisation und zu neuen Perspektiven von mehr Geschlechtergerechtigkeit bei.

▶ Männer haben ihre Verantwortung für die Arbeit mit Kindern entdeckt und darin Aufgaben übernommen – nicht nur in Leitungspositionen. Sie setzen sich aktiv mit ihrer eigenen Geschlechtssozialisation auseinander, sind kommunikationsbereit und ein Gegenüber für Jungen, aber auch für Mädchen und Frauen.

▶ Frauen setzen sich aktiv mit ihrer eigenen Geschlechtersozialisation auseinander. Mädchen und Frauen unterstützen sich gegenseitig und verleihen ihren Stimmen Resonanz. Sie helfen sich gegenseitig, die eigene Stimme und die Stimmen der anderen zu verbinden.

▶ Männer und Frauen, Mädchen und Jungen haben eine kommunikations- und konfliktfähige Kultur geschaffen.

▶ Die Kirche ist lebendiger und befreiender geworden. Sie lebt mehr Gerechtigkeit zwischen Frauen und Männern und trägt zu einer gerechten Gesellschaft bei. Sie zeugt von Gottes Kraft und sucht das »Leben in Fülle« für alle. Das steckt an.

Anmerkungen

1) Othmer-Haake, Kerstin, »Typisch Mädchen – typisch Junge«, in: Hilkert, Manfred/Schlüter, Bernd/Walter, Ulrich (Hg.),«Kindergottesdienst plus. Die zusätzlichen Angebote nach dem Plan für den Kindergottesdienst 1998–2000«, Gütersloh 1997, 45–73

2) Hagemann-White, Carol, »Sozialisation: weiblich-männlich?« (Alltag und Biografie von Mädchen. Bd.1), Opladen 1984; vgl. zum folgenden bes. S. 78 ff.

3) Zum Begriff im besonderen und als Überblick vgl. Bilden, Helga, »Geschlechtsspezifische Sozialisation«, in: Hurrelmann, Klaus/Ulich, Dieter, »Neues Handbuch der Sozialisationsforschung«, 4. völlig neu bearbeitete Auflage, Basel 1991, S. 279–301

4) Vgl. dazu u.a. Hagemann-White (s.o.), sowie Pfister, Gertrud/Valtin, Renate (Hg.), »MädchenStärken. Probleme der Koedukation in der Grundschule«, Frankfurt a.M. 1993

5) Vgl. z.B. Spender, Dale, »Mit Agressivität zum Erfolg: Über den doppelten Standard, der in den Klassenzimmern operiert«, in: Trömel-Plötz, Senta (Hg.), »Gewalt durch Sprache. Die Vergewaltigung von Frauen in Gesprächen«, Frankfurt/M 1984, S. 71–89

6) Vgl. Brown, Lyn M./Gilligan, Carol, »Die verlorene Stimme. Wendepunkte in der Entwicklung von Mädchen und Frauen«, Frankfurt/M.- New York 1994. Kürzere Darstellung in: Gilligan, Carol, »Auf der Suche nach der ›verlorenen Stimme‹ in der weiblichen Adoleszenz – Shakespeares Schwester unterrichten«, in: Flaake, Karin/King, Vera (Hg.), »Weibliche Adoleszenz. Zur Sozialisation junger Frauen«, Frankfurt/M. – New York 1992, S. 40–63. Die folgenden Ausführungen basieren auf meinem Beitrag: Pithan, Annebelle, »Die Stimmen von Mädchen hören und ihnen Gehör verschaffen. Geschlechtsspezifi-

sche Sozialisation im Religionsbuch«, in: Becker, Sybille/Nord, Ilona (Hg.), »Religiöse Sozialisation von Mädchen und Frauen«, Stuttgart 1995, S. 35–54
7) Brown/Gilligan 1994, S. 43
8) Schnack, Dieter/Neutzling, Rainer, »Kleine Helden in Not. Jungen auf der Suche nach Männlichkeit«, Reinbek 1990
9) Schnack, Dieter/Neutzling, Rainer, »›Der Alte kann mich mal gern haben!‹. Über männliche Sehnsüchte, Gewalt und Liebe«, Reinbek 1997, S. 13
10) Ebd. 15f.
11) 1990, 101ff.
12) Diese Ansicht basiert – wie die Auffassung Gilligans – auf der entwicklungspsychologischen Theorie von Nancy Chodorow u.a., dass der Junge seine Geschlechtsidentität durch Abgrenzung von der anders geschlechtlichen Mutter gewinnt, das Mädchen jedoch durch Identifikation (Schnack/Neutzling 1990, 25ff.)
13) Genesis 12–21 in Auszügen
14) Nicht berücksichtigt werden im Folgenden die Erzählungen mit Hagar.
15) Man kann natürlich einwenden, es handele sich eben um eine patriarchale Gesellschaft, bei der Frauen sowieso nichts zu sagen hatten und in den Besitz des Mannes übergingen. Das stimmt. Es stellt sich aber die Frage, welche pädagogische Zielsetzung wir heute mit diesen Geschichten verfolgen
16) Vgl. zu hermeneutischen Fragen Schüssler Fiorenza, Elisabeth, »Zu ihrem Gedächtnis . . . Eine feministisch-theologische Rekonstruktion der christlichen Ursprünge«
17) Ausgehend von Situationen, in denen Kinder einmal nicht wussten, was auf sie zukommt (Umzug, Einschulung, Aussiedlung) über das Kennenlernen des Nomadenlebens, bis hin zum Geburtsfest von Isaak

Ich will bei euch wohnen

1. Ich will bei euch woh-nen; ihr sollt zu Hau-se sein. Das Le-ben wird sich loh-nen, wenn wir zu-sam-men woh-nen. Es wird ein Se-gen sein.

2. Ich will bei euch bleiben; ihr sollt zu Hause sein.
Den Hass, die Angst vertreiben und in der Liebe bleiben –
es wird ein Segen sein.

3. Ich will mit euch leben; ihr sollt zu Hause sein
und allen Frieden geben – so glückt uns unser Leben;
es wird ein Segen sein.

4. Ich will bei euch wohnen; ihr sollt zu Hause sein.
Das Leben wird sich lohnen, wenn wir zusammen wohnen.
Es wird ein Segen sein.

Text und Melodie:
Fritz Baltruweit
Rechte: tvd-Verlag,
Düsseldorf

Kinder fragen – Geschichten antworten

Kinder brauchen Geschichten, um ihr Dasein in der Welt zu begreifen

REINHARDT JUNG

Vorbemerkungen

Wir leben in einer Welt äußerer Bilder, die uns einerseits in den Wahnsinn der Gleichzeitigkeit treiben können, die uns andrerseits mit dem Größenwahn der Omnipotenz faszinieren, und die – last but not least – uns in der Regel untätig zurücklassen, merkwürdig unberührt und seltsam distanziert. Dies hat damit zu tun, dass die äußeren Bilder die inneren erst gar nicht aufkommen lassen. Es sind aber die inneren Bilder, die uns zum Handeln bringen und uns eine Haltung entwickeln lassen gegenüber der äußeren Welt.

Und nun mein Plädoyer für das Geschichten-Erzählen: Es ist ein Konzept, das ich als Leiter der Kinderfunkredaktion beim Süddeutschen Rundfunk (jetzt SWR) für eine Sendereihe entwickelt habe, das davon ausgeht, dass Kinderfragen in Form von Geschichten beantwortet werden. Ein Konzept mit einer inneren und äußeren Gestalt. Die Sendereihe heisst »Pinguin – Die Sendung mit Frack« und ist jeden Sonntagmorgen, 8.45 Uhr, im 1. Programm zu hören.

Die äusseren Vorgänge sind rasch erzählt:

Ein Pinguin namens Frack dient einem Kind als Butler und Kammerherr. Er zieht die Vorhänge auf und begrüßt das Kind am Sonntagmorgen. Dabei ist er distanziert und höflich; das plumpe DU hat auf seiner Seite keinen Platz. Frack ist weder herablassend, noch biedert er sich an. Er redet das Kind ausschließlich mit »Euer Gnaden« an.

Das Kind fragt nun mit frecher, kesser Stimme, ob Frack den Korb mit den Fragen der Kinder dabei hat? Frack hat selbstverständlich diesen Korb dabei, und nun wiederholt sich unser Sonntagmorgenritual: »Euer Gnaden« zieht eine Karte mit einer »möglichst dummen« Kinderfrage, Frack liest vor, wer sie eingeschickt hat und wie die Frage lautet. Die Fragen müssen immer mit WARUM beginnen. Auf diese gezogene Frage muss Frack nun eine Antwort in Form einer Geschichte finden, selbst wenn er sich windet und sagt, dass er eigentlich keine Ahnung vom Thema hat. Doch: Hauptsache, eine Geschichte!

Ist die Geschichte dann erzählt, fragt das Kind nach, »ist das auch wirklich wahr?« Frack antwortet: »So wahr ich hier stehe!« Das Kind kommentiert diesen Satz dann mit der Bemerkung: »Aber du stehst doch gar nicht! Du sitzt schon die ganze Zeit auf meinem Bett!«

Frack fühlt sich ertappt und flüchtet in die Küche. Jetzt ist das Kind namens »Euer Gnaden« alleine mit den Hörern und bittet um weitere Fragen: »Aber bitte nur wirklich dumme Fragen!«

Zur inneren Gestalt der Sendung:

Dazu gehört die Tatsache, dass es natürlich keine »dummen Fragen« gibt. Wir bitten die Kinder gerade deshalb, ihre Fragen möglichst mit WARUM zu beginnen. Dieses WARUM fördert die Blickrichtung vom Wesen zum Wesentlichen eines Sachverhalts. Es werden dabei die scheinbar selbstverständlichen Dinge in Frage gestellt. Von dieser Perspektive aus kommen wir um so leichter in eine philosophierende, flanierende und fabulierende Haltung der Erzählkunst.

Ähnlich wie Kinder sich die Welt im Spiel aneignen, treiben auch wir das Spiel der Möglichkeiten mit den Mitteln der Sprache.

Stets geht es uns um einen Sinn hinter den Dingen und um das Spiel der Gedanken darüber. Lexikalische Antworten werden nicht gesucht – eher spielen wir damit. Dadurch werden auch die Kinder – ich meine, nebenbei gesagt, damit auch das sog. Kind im Erwachsenen – ermuntert zum Spielen mit den Möglichkeiten, an deren Ende überraschende Einsichten stehen können.

Auf diese Weise wollen wir schöpferisches Denken fördern angesichts stillschweigender Ideologisierung der Wissenschaften. Solange wissenschaftliche Fakten nicht zu erkennen geben, dass sie auf bestimmte Annahmen beruhen, sind sie ja ideologisch.

Soweit also das Konzept der Sendung. Den professionellen Bedenkenträgern war das alles viel zu kompliziert und schwer. Zu anspruchsvoll und zu sperrig. Kurzum, für unser Publikum zu hoch gehängt.

Nicht nur, dass sich in solchen Bedenken letztlich ein heftiges Misstrauen gegenüber den eigenen Hörerinnen und Hörern ausdrückt, es zeigt sich hier auch eine Abkehr von der Qualität als Erfolgsparameter; Masse statt Klasse.

Es war also schwer, einen angemessenen Sendeplatz zu bekommen. Erst als das »Sonntagsmagazin« entwickelt war, eine Sendung mit ethischen und kirchlichen Themen, war auch ein Umfeld bereitet für »Pinguin – die Sendung mit Frack«.

Nun aber nahten die Bedenkenträger aus einer ganz anderen Richtung, nämlich aus dem offiziellen kirchlichen Raum in Person von beauftragten Rundfunkräten.

Was werden die Kinder fragen?

Antwort: Alles.

Und was machen Sie bei heiklen Fragen?

Antwort: Eine Geschichte erzählen.

Um es vorwegzunehmen: Die Bedenken sind bis heute weggeschmolzen wie Eis in der Sonne. Aber es hat harter Arbeit bedurft, um das Erzählen von Geschichten als wesentlichen Anspruch eines Rundfunkprogramms zu installieren. Und es bedurfte des Vertrauens in die Hörerinnen und Hörer, last but not least: in die Kinder.

Natürlich gibt es heikle Fragen. Nachher werde ich darauf zurückkommen. Und es gibt scheinbar schlichte Fragen, deren Antworten sich durchaus als heikel erweisen können. Aber immer beinhaltet das Erzählen einer Geschichte als Antwort auf eine »dumme« Frage die große Chance, mit poetischen Mitteln mehr zu erreichen als lediglich Info und Fakt.

Quod erat demonstrandum: Hören Sie nun die Antworten auf die Kinderfrage »Warum können Schuhe nicht alleine laufen?«

Pinguin – Die Sendung mit Frack
Folge 124: Warum können Schuhe nicht alleine laufen?
(Reinhardt Jung)

Dies ist ein Brief. Er kommt von einer Schulklasse. Das Kind, dessen Frage heute drankommt, heißt Pierre Ritschel. Er ist acht Jahre alt und wohnt in Ispringen. Pierre will von uns wissen: Warum können Schuhe nicht alleine laufen?

Nun, Euer Gnaden, so manches kleine Kind stellt sich in die Schuhe von Papa oder Mama und steht drin und ruft: Los! Ihr sollt loslaufen!

Aber die Schuhe sind stur und bleiben stehen. Wenn das Kind dann trotzdem losläuft in den viel zu großen Schuhen, bautz! fällt es auf die – Nase. Mit störrischen Schuhen ist nicht gut spaßen.

Aber warum können Schuhe nicht alleine laufen? Weil: Schuhe laufen niemals allein, sondern immer zu zweit. Ein linker Schuh mit einem rechten Schuh. Sagen die Neunmalklugen.

Und trotzdem können sie nicht von selbst laufen. Und auf diesen Punkt will die Frage hinaus: Ein Schuh ohne Fuß ist wie ein Huf ohne Pferd, eine Tatze ohne Katze, eine Flosse ohne Fisch!

Deshalb wissen wir aber noch lange nicht, ob der Schuh mit dem Fuß läuft oder der Fuß mit dem Schuh?

Aus uralten Zeiten sind uns die Sieben-Meilen-Stiefel überliefert. Die liefen noch ganz von alleine. Oder die eisernen Tanzschuhe, die so lange tanzten, bis sie jemanden totgetanzt hatten. Die tanzten noch ganz von alleine. Und trug der römische Gott Merkur, der für die Kaufleute sorgte, nicht sogar geflügelte Schuhe?

Diese uns überlieferten Schuhe besaßen die Fähigkeit, von alleine und von selbst laufen zu können. Das wäre vielleicht heute noch so, wenn da nicht dieser Vorfall gewesen wäre, der alle Schuhe dazu zwingt, nur noch an Füßen zu laufen. Das war so gekommen: Die Schuhe, ob linker oder rechter, genossen damals die große Freiheit, von alleine und mit wem auch immer, wann und wohin sie wollten, laufen zu können.

Und **wie** sie diese Freiheit genossen! Die Ballettschuhe tanzten Ballett auf den Spitzen; die Reitstiefel hopsten Galopp; die Springerstiefel sprangen; die Turnschuhe turnten; die Holzschuhe holzten; die Gummistiefel hielten dicht und die Stiefeletten stellten sich am Straßenrand in Pose.

Die Gesundheitslatschen latschten, die Fußballschuhe bolzten, die Stöckelschuhe stöckelten, die Pantoffeln toffelten, die Schnürschuhe schnürten von hier nach dort, die Stepschuhe steppten klick-klack auf ihren Eisenplättchen. Die Hausschuhe blieben zu Hause – nur die Handschuhe durften nicht mitmachen. Kurzum, aus der Sicht der Schuhe – Handschuhe ausgenommen – hätte die Welt nicht schöner sein können und die Freiheit nicht freier.

Die Menschen damals gingen noch barfuß und mussten mit ihren Nackefüßen sehr darauf achten, nicht **auf** oder **in** einen Schuh zu treten. Aber das war man eben gewohnt und man ließ den Schuhen gerne ihren freien Lauf.

Das ging so lange gut, bis von irgendwo – und keiner weiß genau, woher – diese schwarzgewichsten Stiefel auftraten. Stiefel kannte man ja. Und man hätte sie glatt übersehen können, nur, zu **überhören** waren sie nicht: Links-zwei-drei-vier! – Links-zwei-drei-vier! – Iiiiiiiiiiiiim-Gleichschritt-marsch!

Erstaunt hielten alle anderen Schuhe inne, um dieses Schauspiel zu betrachten. Die Stöckelschuhe fragten mit Schmollmund und goldenen Riemchen: »Was ist das?« Die Stiefeletten hauchten: »Mannomann! Diese Kraft! Diese Ordnung! Mannomann!« Die Gesundheitslatschen hingegen hielten sich die Nasen zu. Die Gummistiefel hielten dicht. Nur die Ballettschuhe gingen von Spitze auf Hacke und pressten ein überrschtes »Brutal! Echt brutal!« hervor.

Die Springerstiefel drängelten nach vorne. Die Sicherheitsschuhe hatten alle Stahlkappen voll zu tun, um die Schuhe auf dem Bordstein zu halten: »Bitte zurücktreten! So treten Sie doch bitte zurück!«

Die schwarzgewichsten Stiefel aber riefen: »Aaaaaachtung! Kompanie – stillgestanden!« Und sie schlugen die Hacken zusammen, dass es nur so knallte und das verdutzte Schuhwerk zusammenzuckte.

»Wer hat **die** denn gerufen?« fragten die Sandaletten.

»Kennt ihr sie?« wollten die Turnschuhe wissen.

»Militärstiefel!« flüsterten die Sandaletten, »**die** haben uns gerade noch gefehlt!«

»Ach du meine Güte«, entfuhr es den Turnschuhen, und sie wollten sich schnell aus dem Staub machen.

»Hiergeblieben!« donnerten die Militärstiefel. »So. Hört zu! Wir Stinkstiefel sind hier die einzigen, die endlich Ordnung in das Gewusel des hiesigen Schuhwerks bringen werden. Gesetz Nr.1: Zu einem linken Schuh gehört immer auch ein rechter. Wo mehr als ein linker Schuh an einem Ort angetroffen wird, setzt Paarzwang ein. Ein Linker ohne einen Rechten ist verboten! Zweitens: Mit dem Herumgetänzel und Scharwenzeln, dem Hüpfen, Bolzen, Holzen, dem Kokettieren und Herumflanieren, dem Schlurfen und Latschen ist es jetzt aus und vorbei! In Zukunft gilt die einfache, selbst einer Sandalette verständliche Regel: Links-zwei-drei-vier! Ist das klar?« Die Springerstiefel, die sich ziemlich weit vorgewagt hatten, fühlten sich direkt angesprochen und riefen: »Jawoll!« – »Zu Befehl!« riefen auch die Sicherheitsschuhe und schlugen die Hacken zusammen.

Die Turnschuhe tuschelten: »Lasst uns hier abhauen!« Die Stiefeletten runzelten ihre hohen Schäfte und taten pikiert: »Gilt das etwa auch für uns?«

»Drittens!« riefen die Militärstiefel, »drittens: Jeder Schuh sucht sich einen Fuß! Das gilt für alle! Und das bedeutet für alle Füße, dass sie ab jetzt in der Sache mit drin stecken. Mitgegangen – mitgefangen. Links-zwei-drei-vier! Ist das klar?«

»Brutal, echt brutal«, maulten die Ballettschuhe und gingen, sich Tänzerinnen und Tänzer zu suchen. Die Reitstiefel suchten sich Reiter; die Turnschuhe Turner. Die Stöckelschuhe suchten sich kleine Frauen, die größer wirken wollten. Die Gummistiefel suchten sich nasse Füße aus. Die Gesundheitslatschen nahmen sich der ungesund riechenden Füße an, um sie gesund latschen zu können. Die Militärstiefel schlüpften an die Füße der Militärs. Die Springerstiefel an Soldatenfüße. Und in den Sicherheitsschuhen mit den Stahlkappen steckten die Füße der Sicherheitskräfte, denn Ordnung braucht Kontrolle, und Kontrolle gibt Sicherheit, soviel war sicher.

Und seltsam, die meisten Schuhe liefen mit. Sie wurden zu Mitläufern der Stinkstiefel. Sie ließen ihre Freiheit fahren. Sie wurden eingelaufen.

Doch die meisten, das sind nicht alle: Die ganz neuen Schuhe, die von alledem noch nichts wissen, wehren sich. Das tun sie noch heute. Wenn sie Druck bekommen – links-zwei-drei-vier! – drücken sie zurück. Wenn ihnen der Marsch geblasen wird – Im-Gleichschritt-Marsch! –, dann hinterlassen sie Blasen an den Füßen. Und dann, Euer Gnaden, dann wünscht sich so mancher, seine Schuhe müssten alleine und von selbst laufen können. Dann bräuchte er sie nicht zu tragen. Denn am schwersten zu tragen sind damals wie heute Militärstiefel.

Was ist in dieser Geschichte passiert? Aus den fast unendlich vielen Möglichkeiten, eine Antwort auf die Frage »Warum können Schuhe nicht alleine laufen?« aus diesem Kontingent herauszufinden, habe ich mich für eine Möglichkeit entschieden.

Diese Möglichkeit nutzt die Schuhe als Symbole, indem diesen Schuhen verschiedene Eigenschaften zugewiesen werden, die sie im Alltag auch haben.

Die Schuhe stehen in ihrer symbolischen Form als Pars-pro-toto. Es sind die Kinder, die nun diesen Schuhen entsprechende Persönlichkeiten zuordnen. Sie entwickeln diese Persönlichkeiten mit ihrer nachschöpfenden Phantasie. Auf diese Weise entsteht in jedem Kind (wie auch in jedem Erwachsenen) ein inneres Bild dessen, was ich in Symbolen erzähle.

Schon C. G. Jung hat festgestellt: »*Die Verstörtheit des modernen Menschen kann man auf das Fehlen, auf die nicht mehr verfügbaren Symbole zurückführen.*«

Vielleicht ist es aber weniger die Tatsache, dass es uns an Symbolen mangelte, als vielmehr die Tatsache, dass wir sie dort, wo sie uns begegnen, nicht mehr als solche erkennen?

Erzählen bedeutet, etwas »lebendig werden lassen«

Erzählen bedeutet immer, etwas in eine Geschichte kleiden und dort lebendig werden lassen. Dieses »Lebendig-werden-Lassen« geschieht durch die Verben, die Tätigkeitswörter. Diese treiben die Erzählung voran. Sie geben die Energie, die den Symbolen Leben einhaucht.

Kaum beginnen die Symbole, in unserem Fall die Schuhe, zu handeln, schon erzeugen sie Kontext, und dieser wird in der lesenden oder zuhörenden Person wachgerufen. Der ältere Mensch wird aus der Geschichte den Kontext der 20iger Jahre heraus hören, den Einbruch der Nazizeit in die schillernde Freiheit exotischer Vögel. Das Kind kennt diesen Kontext nicht. Es wird sich aber schon die Gegnerschaft zwischen Freiheit und Vielfalt versus Ordnung und Macht erschliessen.

So nimmt sich jeder den Kontext, der in ihm selbst schlummert als Bühne, auf der unsere Schuhe agieren. Aber wie gelingt es, mit den Mitteln der Sprache diese Kontexte wachzurufen, diese Vielfalt der inneren Bühnenbilder, auf denen sich nun unsere Geschichte vollzieht – in jedem Einzelnen anders, und doch in einer archetypischen Gemeinsamkeit?

Wo kein Kampf ist, ist kein Leben

Sprache besteht aus Wörtern. Gianni Rodari schreibt zu diesem Phänomen in seinem Buch »Die Grammatik der Phantasie«:

»Das einzelne Wort handelt nur, wenn es auf ein anderes stößt, das es provoziert und zwingt, das Gleis der Gewohnheit zu verlassen, neue Bedeutungsinhalte zu erschließen. Wo kein Kampf ist, ist kein Leben. Das rührt daher, dass die Vorstellungskraft nicht irgendeine vom Bewusstsein losgelöste Fähigkeit ist: Sie ist das Bewusstsein selbst in seiner Ganzheit, welches, der einen Tätigkeit mehr als einer anderen verhaftet, sich immer gleicher Abläufe bedient. Und das Bewusstsein entsteht im Kampf und nicht in der Bewegungslosigkeit.

Henry Wallon hat in seinem Buch ›Die Entstehung des Denkens beim Kind‹ geschrieben, dass sich Gedanken paarweise herausbilden. Die Idee von ›weich‹ entsteht nicht vor oder nach der Idee von ›hart‹ sondern gleichzeitig, in einem Neues erzeugenden Zusammenprall. ›Das grundlegende Element des Denkens ist diese binäre Struktur, nicht die einzelnen Elemente, aus denen sie sich zusammensetzt. Die Zweiheit, das Paar, gehen dem einzelnen Element voraus.‹

Am Anfang war also der Gegensatz. Und dieser Ansicht ist auch Paul Klee, wenn er in seinen ›Schriften über Form und Gestaltungslehre‹ schreibt, dass ›der Begriff (…) unmöglich ist ohne sein Gegenteil‹. Es existieren keine Begriffe allein für sich, sondern es sind in der Regel begriffliche ›Binome‹«. – Soweit Gianni Rodari.

Mit einer Erzählung, in der kein Kampf stattfindet, werden auch keine neuen Bedeutungsinhalte erschlossen, keine persönlichen Kontexte wachgerufen, keine neuen Möglichkeiten gewonnen. Solche Erzählungen lassen das Bewusstsein erstarren, anstatt es zu erweitern. Es bilden sich im Kind (oder im Kind im Erwachsenen) keine neuen Ideen heraus. Keine neuen Denkbahnen. Keine neuen Möglichkeiten. Solche Erzählungen tendieren zum reinen Klischee und deshalb zum Kitsch.

Das Wesentliche am Kitsch ist, dass er in der Begrenztheit des Denkens verharrt, deshalb bequemer wahrnehmbar und konsumierbar wird und sich in primitiver Eindeutigkeit veräussert. Nehmen wir als Beispiel den ach so beliebten Superman. Ihn gibt es in Amerika schon seit 1938 als Comicfigur. Der Kollege Norbert Adrian schreibt dazu:

»Eine Heldenfigur, die vermeintlich überall Gutes schafft, aber sich selbst dabei nicht verändert. Er kann fliegen, er kann alles, everything goes, er ist der Beherrscher der Actions, die er selbst hervorbringt, er ist von unermesser Omnipotenz, die sich an die Omnipotenzgefühle von Millionen von Dauerpubertären richtet; er braucht deshalb nichts hinzuzulernen, er ist jeder Situation, jeder Action, da sie in reinster Imagination stattfindet, vorab gewachsen. Was braucht der noch Sprache als symbolische Vermittlung von Suchen und Lernen? Sprache wird zur bloßen Mitteilung reduziert über das Immergleiche: Die Herrschaft des Guten über das Böse ohne Anstrengung und ohne Lernprozesse. Ja, das Böse ist hier von vornherein ein Nichts, jeder weiß, dass es ihm an den Kragen geht, längst verdammt kraft Superman. Das Böse, nicht vermittelt im Guten, wie Yin und Yang, so wie im Märchen, wo es im Bewusstsein des Helden ein dämonisches Verfallensein an das Böse geben kann, das er durch Prüfungen und Lernen erleidend überwinden kann. Die Welt des Superman ist statisch, das Böse hat nur die Funktion, vernichtet zu werden, und der Held bleibt so sauber, wie er schon immer gewesen ist: *Clean.*« Soweit Norbert Adrian.

Sauber bleiben, stets der Gute sein, das sind die Bequemlichkeitsmythen einer verkitschten Gesellschaft, die sich beharrlich den Anstrengungen und Lernprozessen verweigert, die sich nicht selbst in den Prozess der Prüfungen und des Lernens begeben will, um das Böse erleidend auch in sich selbst zu überwinden!

Doch nun wieder zurück zur Kunst des Erzählens und den Antworten auf Kinderfragen, die in Geschichten ihre eigene faktische Kürze verlassen, um im Kind lebendig zu werden:

Die gute Erzählung muss demnach zwingend davon ausgehen, dass ein Begriff nicht ohne sein Gegenteil denkbar ist. Dass es stets einer Intervention, eines Einbruchs oder eines Eingriffs bedarf, mit dem sich ein Begriff seines Gegenteils versichert.

Das wäre der Einbruch der Katastrophe in die Idylle, der Eingriff des Guten ins Böse, die Intervention des Fremden ins Bekannte, des Unerwarteten ins Erwartete (und umgekehrt). Nur so kann sich eine Erzählung, sofern sie sich ihrer Symbole gewiss ist, vor Kitsch retten und für das Kind wie für den Erwachsenen eine bewusstseinserweiternde Kraft entwickeln.

Sie selbst kennen alle die ungeheuerliche Kraft solcher Erzählungen, wenn sie Kinder damit in Berührung bringen. Nehmen Sie die Josefsgeschichte. Oder die Leidensgeschichte Jesu, wo sich die Liebe nur durch den Einbruch der Grausamkeit und des Verrates in ihrer ganzen Größe zeigen kann.

Geschichten müssen wahrhaftig sein

Ich behaupte, es gibt keine Frage, die man einem Kind nicht in Form einer Geschichte beantworten könnte. Diese Geschichten müssen aber nicht nur die elementaren Grundlagen des Denkens erfüllen, der Spannung, des Kampfes und der Anstrengung, sie müssen auf einer tieferen Ebene, d.h. nicht an der Benutzeroberfläche, dem Kind wahrhaftig gegenübertreten.

Diese Wahrhaftigkeit gründet nicht nur auf Handwerk, sondern auch auf Verantwortung des Erzählers dem Kind gegenüber. Wie haftet der Erzähler für das, was er erzählt, und wie bleibt das, was er erzählt im Kinde haften?

Die Verantwortung des Erzählers dem Kind gegenüber drückt sich nicht zuletzt darin aus, dass er als Erzähler sich selbst als Kind noch nicht aufgegeben hat an eine erwachsene Effizienz. Kinder fragen nämlich anders als Erwachsene. Sie fragen nach einem Sinn und nicht nur nach einem Ergebnis. Deshalb ist das Erzählen mir selbst wichtiger als das reine Erklären. Gunter Steinbach hat dazu einmal einen wichtigen Aufsatz veröffentlicht, aus dem ich nun gerne zitieren möchte:

»... Was aber ist für kleinere Kinder wichtig? Der Vierjährigen bedeutet die sachliche Antwort auf die Frage ›Warum regnet es?‹ mit der Tröpfchenbildung in der aufsteigenden Luft keine befriedigende Auskunft. Ihre Frage zielt nicht auf die Physik des Regnens, sondern auf seinen Sinn. (. . .)
Kinder suchen und erfassen nicht selten ganz leicht das Wesentliche. Sie erkennen noch das Wesen, wo wir Erwachsenen schon längst in die wesenlose Sachlichkeit ausgewichen sind. Wenn wir ihnen nicht durch unsere beengten Realitäten ihre reale Phantasie all zu früh erdrücken, dann personifizieren sie die Sonne und den Mond, sogar den Winter oder den Regen. Ihnen hilft die besonders von Vätern gerne herausgezogene Wissensschublade nicht. Gefordert ist das Hineinfühlen in den jeweiligen Bewusstseinszustand des fragenden Kindes. Von den fast unbegrenzt vielen Möglichkeiten, das Regnen zu erklären, passen nur die, welche sich innerhalb der jeweiligen Kinderwelt, also des kindlichen Bewusstseins, bewegen. (. . .) Stellt unsere Antwort das Kind nicht zufrieden, weil wir es nur mit dem Wissen unseres Kopfes abspeisen, dann fragt es weiter und weiter. Unsere Antworten werden immer flacher, die Fragen immer mechanischer.
Es macht eben für ein Kind keinen befriedigenden Sinn, wenn ich eine Bewegung, einer anderen Erscheinung oder einer anderen Kraft zu erklären versuche. Deshalb nimmt Wissen in unserer Welt expotenziell zu, aber Weisheit nimmt ab.
Und wenn wir das nicht wissen, dann können wir manche Fragen unseres Kindes nicht aus der Tiefe beantworten, aus der sie uns gestellt wurde. (. . .) Besser wäre es freilich, wir könnten unserem Kind aus dem Herzen, d.h. sinnvoll, antworten.«

Wer sinnstiftend Antworten geben kann, der vertraut selbst einem Sinn und einer Kraft, die das bloß Gegenständliche und Kausale unseres Alltags beschirmen. Der hat Vertrauen entwickelt, das auch im Kind wachsen kann. »*Ohne dieses Vertrauen in den Sinn und Zusammenhang eines großen Ganzen (. . .) kann ein Kind kaum die Schätze zum Leben bringen, die in ihm schlummern.*«

Wer also als Erwachsener an der Persönlichkeitsbildung eines Kindes mitwirkt, sollte wissen, daß Kinder Sinnsucher sind, die vor der Notwendigkeit stehen, sich selbst in Raum und Zeit mit eigenen Zielen einzuordnen. Jedes Kind ist ja eine eigenständige Person auf dem Weg zur Persönlichkeit. Person kommt von »per-sonare, hindurch-klingen«, in eigene Schwingungen versetzen. Wenn dies mit den Mitteln der guten Erzählung geschieht, dann erreichen wir unsere Kinder hinter den Sinnen, hinter der Netzhaut, hinter der Nase und unter der Haut. Wir erreichen unsere Kinder bei ihrer Phantasie. Dort wachsen nun die inneren Bilder, jene Schwingungen im Kind, die prägende Eindrücke hinterlassen. Hier gestaltet das Kind als eigenständige Person mit seiner nachschöpfenden Phantasie die Leere aus, auf die es sonst zurückgeworfen wäre.

Hier, in der Nähe des Denkens und Fühlens, des Hoffens und der Seele wachsen die inneren Bilder im synoptischen Geflecht unseres Hirns. Dann bekommen die Kinder diesen gedankenverlorenen Gesichtsausdruck, der uns zeigt, dass sie abwesend sind, in unserer Geschichte verharren und in eigene Schwingung geraten. Per-sonare.

Das Geheimnis der inneren Bilder hat viele wertvolle Facetten

● Ein inneres Bild ist immer ein eigenes, ein persönliches Eigentum, ein persönliches Original, untrennbar verbunden mit der Person, die es hervorgebracht hat, und deshalb prägender Teil der eigenen Persönlichkeit.
● Die nachschöpfende Phantasie des Kindes, die diese inneren Bilder hervorbringt, entreisst das Kind dem passiven Konsum äusserer Reize.
● Ein inneres Bild hat nachhaltige Stabilität; es verblasst kaum; es kann immer wieder abgerufen werden; es stellt sich immer wieder ein. Es gehört somit zur eigenen Erfahrung des Kindes.

Wer schon einmal ein bewegendes Buch gelesen hat, das nachher verfilmt wurde, der kennt die Enttäuschung, die sich einstellt, weil die äußeren Bilder des Films nicht mit den eigenen inneren Bildern übereinstimmen. Wo zuerst das innere Bild wachsen durfte, da zeigt es sich dem äusseren Bild überlegen; es entlarvt das äußere Bild als Transportmittel für Info und Reiz. Wo zuerst das äußere Bild wahrgenommen wurde, verdrängt es die Entstehung innerer Bilder; es füllt das Hirn mit einem passiven Archiv und verhindert das sogenannte »produktive Gedächtnis«.

Um so ernster müssen wir alle Chancen ergreifen, die unseren Kindern und uns selbst zu inneren Bildern verhelfen. Diese Chancen liefert uns im weitesten Sinne die Kunst. Bezogen auf die Kunst des Geschichtenerzählens ist es die Poesie, mit der wir das Spiel der Möglichkeiten spielen. Ohne Geist ist Poesie nicht denkbar. Und hätte unser Schöpfer gewollt, dass wir in erster Linie Wissen vermitteln und nicht Weisheit anstreben, dann hätte er an Pfingsten nicht den Geist ausgegossen, sondern ein Lexikon vom Himmel geschmissen!

Das Lachen darf nicht zu kurz kommen

Last but not least: Wir sollen ernst nehmen, was und wie wir auf die schlichtesten Fragen unserer Kinder eingehen. Aber das Lachen darf dabei nicht zu kurz kommen! Es wird zu wenig gelacht! Es ist ein alter Trugschluss, dass eine ernsthafte Erzählung auch bierernst daherzukommen habe. Humor, so scheint es, ist eine seltene Gabe in kirchlichen Kreisen. Da habe ich meinen Martin Luther ganz anders in Erinnerung!

Das mit dem Lachen ist so eine heikle Frage, wie ich sie Ihnen eingangs versprochen habe. Auch Fragen zur Sexualität scheinen heikel zu sein. Hören Sie deshalb nun eine Geschichte, in der beides zum Ausdruck kommt: Das Lachen ebenso wie die Neugier auf die Sexualität des Menschen. Die Erzählung gibt Antwort auf die schlichte Frage: Warum sind die Papageien bunt?

Folge 55: Warum sind die Papageien bunt?

Aminah Flinspach, 7 Jahre alt

Schlüssel zum geheimen Wissen der Pinguine

Nun, Euer Gnaden, das mit den Papageien hat seinen Ursprung in grauer Vorzeit. Nicht in der gelben, auch nicht in der rosa – sondern: in der grauen Vorzeit. Damals war alles grau in grau. Auch der Papagei war ein Graupapagei. Als der Morgen graute in der grauen Vorzeit, sah die Schöpfung mit Grausen, dass alles grau war. Zwar hatte sie schon nach ihrem großen Plan von jedem Geschöpf ein Paar geschaffen, aber jetzt legte sie ihren Plan beiseite und seufzte: »Grau ist alle Theorie . . . Hier fehlt Farbe!«

Und die Sonne ging auf und die Farben kamen in die Welt. Alles wurde bunt und fröhlich – sozusagen: kunterbunt. Das war das Ende der grauen Vorzeit. Nur die beiden Papageien blieben grau. Sie gefielen sich in dezentem Gefieder. Weil aber diese Papageien so zurückhaltend waren, was bunte Farben anging, schenkte ihnen die Schöpfung die Gabe der Rede. »Danke!« sagten die beiden Graupapageien. Und die Schöpfung rief alle Tierpaare zusammen und sagte: »Seid bunt und mehret euch! Es kann losgehen. Ihr könnt sofort damit anfangen.«

Da zögerten die ersten Tiere einen Augenblick, die Jungen sahen die Mädchen an, die Mädchen schauten zurück auf die Jungen, dann zuckten sie mit den Schultern und zogen in die Welt hinaus. Paarweise gingen sie los. Der Löwenjunge mit dem Löwenmädchen. Die Bärin mit dem Bären. Das Huhn mit dem Hahn. Papagei mit Mamagei. Schmetterling mit Schmetterline. Sie zogen ins Paradies ein. Aber keiner wusste, wie das gehen sollte, dies »seid bunt und mehret euch!« Bunt waren sie ja schon. Aber wie sich vermehren?

So gab es im kunterbunten Paradies Essen und Trinken im Überfluss, es gab weder Krankheiten noch Not, nur Kinder gab es nicht.

Da rief die Schöpfung die beiden Graupapageien zu sich und fragte: »Was ist los? Warum haben die Vögel keine Küken, die Löwen keine kleinen Löwen, die Pferde keine Fohlen und Papagei und Mamagei kein Baby GeiGei?« Da räusperten sich die beiden Graupapageien und stotterten: »Ääääh – hmmmm – alsooo . . .« Da musste die Schöpfung lächeln und sie flüsterte dem Papagei und der Mamagei etwas ins Ohr und laut sagte sie: »Weitersagen!« Die Papageien flogen los und setzten sich in einen Baum und bald hörten alle Tierpaare, wie der Papagei liebevoll seine Mamagei anknarrte und rief: »Ich lieeebe dich!« Und die Mamagei knarrte verliebt zurück: »Ich dich auch!«

»Aha«, dachten die anderen Tiere – so also geht das. Und der Bär brummte zur Bärin: »Ich liebe dich.« Und die Bärin brummte zurück: »Ich dich auch.«

Und der Löwe knurrte die Löwin an: »Ich liebe dich!« Und die Löwin fauchte zurück: »Ich dich auch!«

Und der Hahn krähte zur Henne hin: »Ich lieeebe dich!« Und die Henne gakkerte zurück: »Ich dich auch.«

Und der Schmetterling umflatterte seine Schmetterline und wisperte: »I love you!« Und die Schmetterline wisperte zurück: »I love you too!«

Das kunterbunte Paradies hing voller Liebesschwüre. Aber Kinder gab es deshalb noch lange nicht.

Wieder rief die Schöpfung die beiden Graupapageien zu sich und flüsterte ihnen etwas ins Ohr. »Ohaaaa!« knarrte der Papagei und sah seine Mamagei dabei schräg von der Seite an. »Ach soooo«, knarrte Mamagei und schielte hinüber zum Papagei. »Weitersagen!« rief die Schöpfung, und die Papageien flogen zurück in ihren Liebesbaum.

Bald sahen die erstaunten Tiere, wie Papagei und Mamagei auf ihrem Baum sich beschnäbelten und umgurrten, sich aneinander räkelten und beflatterten und zupften und rupften. »Aha!« dachten die anderen Tiere – so also geht das!

Und der Bär und die Bärin zottelten einander die Wolle. Und die Löwin fuhr mit ihren Krallen dem Löwen durch die Mähne. Und der Hahn pickte die Henne und der Schmetterling umtanzte seine Schmetterline und bald war die größte Balgerei im Gange. Und überall hörte man es rufen: »Ich liebe dich!« – »Nein! Ich liebe *dich*!« – »Unsinn – ich dich!« Aber Kinder gab es deshalb noch lange nicht.

Wieder rief die Schöpfung die beiden Graupapageien zu sich und flüsterte ihnen etwas ins Ohr. »Weitersagen!« rief die Schöpfung. Gehorsam flogen die beiden zurück in ihren Liebesbaum. Dort bauten sie ein Nest. Und siehe: Mamagei legte ein Ei.

»Aha!« dachten die anderen Tiere – so geht das also. Und der Bär brummte zur Bärin: »Du legst jetzt ein Ei und ich bau ein Nest.« Und der Löwe knurrte zur Löwin: »Eierlegen ist angesagt. Nestbauen kannst du mir überlassen.« Und der Schmetterling wisperte zu seiner Schmetterline: »Eijaei! Ei Ei!«

Bald lag das kunterbunte Paradies voller Eier: Pferdeeier, Löweneier, Ziegeneier, Bäreneier, Haseneier und Hühnereier, Gänseeier und Eselseier. Aber Kinder gab es deshalb noch lange nicht.

Ein letztes Mal rief die Schöpfung die beiden Graupapageien zu sich. Und diesmal flüsterte sie beiden sehr lange etwas ins Ohr. So lange, dass es unterdessen Abend wurde im Paradies. Und Papagei fragte knarrend zurück: »Jeder auf seine Art?« Und Mamagei wollte wissen: »Jedes Paar auf seine Weise?« Und die Schöpfung lächelte und schickte die beiden los: »Weitersagen!«

Sofort flatterten die beiden Papageien in den purpurnen Abendhimmel. Und Papagei flüsterte lange dem Löwen etwas ins Ohr. Und Mamagei tuschelte mit der Löwin. Dann saß Mamagei auf der Schulter der Bärin und Papagei saß auf der Schulter des Bären. Und Mamagei gluckste der Henne etwas ins Halsgefieder und Papagei sprach mit dem stolzen Hahn und ging mit ihm auf und nieder. Zu jedem Tierpaar flogen Papa und Mama Gei. Jedem flüsterten sie das Geheimnis der Schöpfung ins Ohr. Erst spät in der Nacht kehrten beide in ihr Nest zurück auf ihren Liebesbaum – da war diese Nacht im Paradies ein einziger Liebestraum: Voller Gewisper und voller Brummen und Raufen, voller Geraune und kehligem Staunen, voller Atem und Balgen und einander Festhalten. Da endlich löste sich der Schrei und lockte den matten Morgen herbei.

Die ersten Paare jeder Art feierten an diesem Morgen ihren ersten Hochzeitstag! Unter dem Liebesbaum von Papa und Mama Gei trafen alle zusammen. Sie bedankten sich bei dem Papageienpärchen für diese Nacht, die ihnen vorgekommen war wie ein Märchen. Jedes Paar brachte für Mama und Papa Gei ein kleines Hochzeitsgeschenk herbei: Das Tigerpaar verschenkte zwei Streifen Gelb; Bärin und Bär brachten etwas Braun daher; Schmetterling und Schmetterline konnten mit einer blauschillernden Schmetterlingsschärpe dienen; Frosch und Fröschin quakten laut und verschenkten ein Fleckchen grasgrüner Haut; das Rotkehlchenpaar schenkte glühendes Rot aus seinem Brustgefieder. Stolz trugen die Graupapageien die Farben und erkannten sich fast nicht wieder.

Seitdem – aus gutem Grund – sind die Papageien bunt!

Nicht alle.

Denn manche tragen bis heute dezentes Grau. Und wenn einer sie fragt: »Warum?« Dann flüstern sie dem etwas leise ins Ohr oder knabbern daran herum. Doch aufgepasst: Noch vor dem nächsten Winter kommen dann die ersten Kinder!

Kommen wir nun zur letzten und heikelsten aller Fragen, der ich mich als Dichterlein von wichtigen Bedenkenträgern ausgesetzt sah: Warum sprechen Sie in Ihren Erzählungen stets von der Schöpfung und selten von Gott?

Die Antwort ist einfach: Weil ich kein Theologe bin, sondern ein Geschichtenerzähler. Von Gott spreche ich nur dann, wenn die Frage eines Kindes Gott zum Gegenstand hat. Ansonsten habe ich gesucht nach einem Begriff, der sollte kein weibliches Wesen ausschließen und kein Kind, das in einer der anderen Weltreligionen erzogen wird. Das gebietet die Toleranz.

Und so habe ich für die große Umarmung, in der alle Menschen sich aufgehoben fühlen können, den Begriff der Schöpfung gewählt; in einer tiefen Verbeugung vor der Religiosität unserer Kinder.

Nun sind aber auch die wichtigsten Bedenkenträger nichts weiter als Menschen. Erwachsene Menschen. Und als Erwachsene tragen sie in sich das Kind mit sich herum, das sie einmal waren. Und diesem Kind, wie allen anderen auch, reicht die faktische, knappe Antwort nicht aus. Es will eine Geschichte hören! Eine südpolmäßige Erklärung für Fragen aus nördlichen Breiten. Der Südpol hat ja den großen Vorteil, dass dort alles auf dem Kopf steht. Auch die Erklärungen, die in dem »Geheimen Wissen der Pinguine« als Geschichten lebendig werden. Also habe ich für das Kind im Bedenkenträger auf die Frage gewartet, die in sich schon die Antwort tragen könnte auf die Frage nach der Poesie des Gottesbegriffs. Ich musste nicht lange warten, da traf die Postkarte einer Oma ein, die von mir eine Antwort erhoffte auf die verblüffende Frage ihrer Enkelin Sonja. Die Frage lautete: Warum ist der Liebe Gott keine Frau?

Ich wusste, dass ich der kleinen Sonja nicht die ganze Religionsgeschichte aufbürden konnte. Ich wusste auch, dass mein Glaubensbekenntnis mir hier nicht weiter half. Ich selbst habe zwei Töchter, denen diese Frage ebenfalls nicht fremd ist.

Mir kam in den Kopf, dass es sehr lange gedauert hat, bis die erste Frau evangelischer Bischof werden durfte. Die Frauenkleider unseres Pfarrers traten mir vor Augen; und dann die Tatsache, dass es meistens Frauen sind, die die Gemeindearbeit leisten. Die ganze feministisch-theologische Diskussion hallte in meinem Schädel wider. Ich sah Nonnen vor mir und Diakonissen in ihrer Tracht. Und da fiel es mir wie Schuppen von den Augen: Du musst die Antwort gar nicht wissen! Lass den Pinguin erzählen!

Sie glauben gar nicht, wie erleichtert ich war. Ich hätte mich sonst als Mann für befangen erklären müssen . . .

Warum ist der Liebe Gott keine Frau?

Nun, Euer Gnaden, ich ahne, warum sich die Oma von der Sonja mit dieser Frage lieber an uns gewandt hat. Warum ist der Liebe Gott keine Frau? ist nämlich eine Glaubensfrage. Wir Christen, genauso wie die Israeliten oder die Mohammedaner, glauben an Gottvater. Also heißt es bei uns *»Der Liebe Gott«* und nicht *»Die Liebe Göttin«.*

Euer Gnaden werden nun verstehen, dass unsereiner keine Glaubensfragen beantworten kann. Denn woran ein Mensch glaubt oder nicht, ist ganz allein seine Angelegenheit. Und trotzdem wollen wir unser Versprechen, auf jede Frage mit einer Geschichte zu antworten, auch in diesem Falle einhalten. Und wie immer, wenn es knifflig wird, spielt unsere Geschichte am Südpol. Dort fiel einmal ein Schwarm Spatzen vom Himmel und tschilpte und pickte und tschilpte. Die Unsrigen, die zwischen diesen Spatzen auf dem Eis herumstanden, staunten über dieses Völkchen, das da vom Himmel gefallen war in einer wirbelnden Wolke und nun so lauthals flatterte und schnatterte. Was sie wohl zu bereden hatten?

Man ließ einen Übersetzer kommen, den Herrn Humbold Pinguin. Der hielt den Kopf etwas schräg und hörte den Spatzen zu. Schliesslich sagte er laut: »Diese Spatzen behaupten, Gott sei wie ein Spatz – nur anders.« Die unsrigen lachten darüber. Doch bald verging ihnen das Lachen. Ein riesiger Wal durchbrach das Packeis, stieß seinen dampfenden Atem aus und rief mit dröhnender Stimme: »Ich habe alles gehört, aber noch nie einen solchen Unsinn! Gott ist wie ein Wal, nur anders.« Dann glitt der Wal wieder hinab in die Tiefe des Polarmeeres.

Doch gerade unter Wasser spricht sich alles sehr schnell herum. Es dauerte nicht lange, da zog sich ein Krebs auf das Packeis, ging schräg auf uns zu, hob seine roten Scheren wie zum Schwur gen Himmel und knarrte: »Ich habe alles gehört, aber noch nie einen solchen Unsinn! Gott ist wie wir. Ein scherenstolz Gerüsteter in reich gesegneten Gewässern! Gott ist wie ein Krebs – nur anders.« Sprach's und krabbelte rückwärts, die Scheren hoch erhoben über die Eiskante hinab in sein Element.

Die Unsrigen sahen einander sorgenvoll an. Am Himmel aber standen die Möwen im Wind und höhnten in lautem Gelächter: »Wir haben alles gehört! Da können wir doch nur drüber lachen! Gott ist ein Segler im Wind. Klar doch, der große Segler im Wind! Gott ist wie eine Möwe – nur anders.« Und unter keckerndem Gelächter stießen die Möwen herunter, scheuchten die Spatzen auf und verfolgten sie, dicht über den Wellenkämmen.

Unser Herr Humbold Pinguin stand nachdenklich auf dem Eis. Die Unsrigen warteten. Wenn es unter uns einen Pinguin gab, der all dies würde verstehen können, dann war es unser Herr Humbold. Kummer lag in seinen Augen. Sorge auf seinen Schultern. Schließlich seufzte er und sagte: »Ihr habt es ja gehört. Was haltet ihr davon?«

Und der Kaiserpinguin sagte: »Alle schaffen sich ihren Gott nach ihrem Ebenbild.« Herr Humbold Pinguin nickte. »Eure Vermutung stimmt«, sagte er. »Ich weiß es von meinen langen Reisen. Die Eidechsen sagen, Gott ist wie eine Eidechse – nur anders. Die Maulwürfe sagen, Gott ist wie ein Maulwurf. Er ist blind, weil er dem Anschein misstraut und Erleuchtung stiftet. Erleuchtung. Und nicht Be-leuchtung. Sonst wäre er ja Elektriker. Gott ist wie ein Maulwurf – nur anders. Selbst die Regenwürmer sagen, Gott ist wie wir, nur anders.«

»Und wie ist das bei den Menschen?« krähte da ein Pinguinküken dazwischen. »Bei den Menschen?« fragte Herr Humbold Pinguin zurück, um etwas Zeit zu gewinnen. »Nun ja, bei den Menschen ist es so, wie bei allen anderen Geschöpfen auch. Sie denken: Gott ist so wie ich, nur anders.«

»Aber es gibt doch Männer und Frauen?« krähte das Pinguinküken. »Jaja«, gab Herr Humbold Pinguin zu, »das ist sehr klug beobachtet, Kleines. Es gibt Männer und Frauen bei den Menschen. Und die Männer sagen: Gott ist so wie ich, nur anders. Und die Frauen sagen das auch.« – »Was denn nun?« krähte das Pinguinküken, »ist er nun Mann oder ist sie Frau?«

Da räusperte sich Herr Humbold Pinguin und sagte: »In allen Geschöpfen waltet Gott. Und doch ist Gott anders als alle Geschöpfe. So anders, dass wir suchen müssen nach einem Wort, das alle einschließt, die sich als Gottes Geschöpfe sehen, und das dennoch klarstellt, dass Gott ganz anders ist.«

Alle dachten angestrengt nach. Die Kaiserpinguine starrten in den Himmel. Herr Humbold Pinguin ging auf und ab. Nur unser Pinguinküken wackelte aufgeregt mit seinem Bürzel. Gab es überhaupt so ein Wort, das alle einschließt und keinen beschämt? »Ich hab's!« krähte da plötzlich das Pinguinküken. »Ich hab's! Hurra, ich hab's!«

»Sei nicht so vorlaut!« schubsten ihn seine Eltern zurecht. »Nein nein!« bat Herr Humbold Pinguin. »Es soll frei heraus sagen, was es denkt. Kinder denken oft anders als Große. Also?«

»Ich hab's«, krähte das Pinguinküken und hätte sich fast an seiner Antwort verschluckt. »Wenn Gott so ist, wie alle Geschöpfe, nur anders, dann ist er die Schöpfung. Zur Schöpfung gehören alle dazu; der Wurm genauso wie der Krebs; der Mann genauso wie die Frau. Und doch ist die Schöpfung anders als jedes einzelne Geschöpf!«

Herr Humbold Pinguin schwieg. Dann nickte er und watschelte davon. Seitdem ist unter den Unsrigen nie mehr gestritten worden darüber, ob Gott nun ein Mann wäre oder eine Frau? Es bleibt den Menschen vorbehalten, dass sie die Unbegreiflichkeit Gottes unbedingt auf den Begriff bringen wollen ...

Sie haben längst gemerkt, das dies eine paradoxe Erzählung war. Aber nur im Paradoxon, nämlich: Indem ich einen Begriff finde und gleichzeitig etwas über den Unsinn der Begrifflichkeit erzähle, gelange ich zum Geist, der mich lehrt, dass gerade das Paradoxon, der unauflösbare Widerspruch in einer Antwort mich davor warnt, in der Sprache, dem Wesen der Sprache gar ein Richtig oder Falsch zu behaupten.

Dies ist ein Wort eines Dichterleins gegen die Wortgläubigkeit. Das haben schon die alten Griechen gewusst, denn der Satz: »Alle Kreter lügen!« aus dem Mund eines Kreters als wahrhaftige Behauptung aufgestellt, lässt den Wahrheitssucher verzweifeln. Er stellt sich als Gefangener der Logik seiner Sprache heraus.

In dieser Verzweiflung angesichts der Begrenztheit unserer Sprache muss Luther sein Tintenfass an die Wand geschmissen haben. Aber letztlich liegt hier die Kraft der Poesie, die von uns Suche verlangt und Anstrengung und nicht ein bequemes Ausruhen auf der Schrift und dem ihr innewohnenden eingefrorenen Gedanken.

Unser Gott ist ein lebendiger Gott. Wenn wir ihn mit Worten lebendig werden lassen, dann immer als Suchende. Als Suchende in der Anstrengung und im Ringen um den Begriff.

Anmerkung

Weitere Geschichten, auch die in Nürnberg erzählten und wegen Platzmangel nicht abgedruckten, finden Sie in: Reinhardt Jung, »Das geheime Wissen der Pinguine«, Band 1 bis 3, Verlag Jungbrunnen Wien – München. Erscheinungsjahr: Band 1: 1993, Band 2: 1994, Band 3: 1995.

Per Mouseklick oder Steuerkreuz durch das Universum

*Immer mehr Kinder erfahren ihre Welt über Fernsehen
oder in einsamer Beschäftigung mit Videospielen oder dem PC.
Welche Auswirkungen hat das für die Kinder und den Kindergottesdienst?*

ULI GEISSLER

Vorbemerkung

Das mir gestellte Thema ist ein sehr entscheidendes und ich hoffe, dass die folgenden Überlegungen genug Anregung bieten, sich weiterführend mit der Problematik zu beschäftigen. Eine Wahrheit allerdings – das schon vorneweg – wird es nicht geben. Der Vortrag wird: Erstens eine kurze Einführung in die mediale (Er)Lebenswelt von Mädchen und Jungen sein und die Verbreitung bestimmter Medien benennen. Dabei will ich zweitens einiges über deren »Wesen« erzählen und Hinweise geben, wie damit umgegangen werden kann. Dann spreche ich drittens an, welche Bedeutung das Thema im Kontext von Kindergottesdienst haben kann. Der vierte Abschnitt ist eine Anregung, darüber nachzudenken, welche Konsequenzen für den Kindergottesdienst in unserer Kirche gezogen werden könnten.

1. Einführung in die Mediensituation von Mädchen und Jungen im Jahr 1998

Unsere Welt entwickelt sich zur »Informationsgesellschaft«

Es geht hier und heute zwar vorrangig um die Mädchen und Jungen in den Kindergottesdiensten, doch sind viele Dinge vorweg zum besseren Verständnis der Mediennutzung und -rezeption, also zur Einschätzung möglicher Wirkungen von Medienkonsum zu sagen. Die Welt – und hier meine ich die finanzkräftige mediennutzende Welt – entwickelt sich zu einer »Informationsgesellschaft«. Noch nie zuvor gab es – neben dem schon fast »klassischen« und nicht mehr wegzudenkenden Fernsehen – so viele Medien. Auch existierte noch nie zuvor eine derartige unergründliche Menge an Wissen abrufbar in weltweit vernetzten Datenbanken. Das sagt natürlich nichts über Qualität oder Zugang zu Informationen aus, auch nicht über die Nutzbarkeit oder Notwendigkeit von Informationen. Es sagt lediglich aus, dass es sie gibt.

Daneben gibt es für jede Gruppe passend aufbereitet Medien unterschiedlichster Art wie beispielsweise Musikkassetten oder -CDs, elektronische Bücher,

Spiel- und Wissensprogramme für den Computer und andere mehr. In hohem Maße werden besonders Mädchen und Jungen angesprochen. Sie sollen frühzeitig an Mediennutzung gewöhnt werden, um so später reibungsarm als zahlungskräftige Konsumenten die elektronischen Kommunikationsmedien zu nutzen. Wer Kinder hat oder kennt, weiss, dass dieses Prinzip der Manipulation schon lange nicht mehr aufzuhalten ist und insbesondere Kinder massiv als »Hidden Persuaders«[1] agieren, also schlicht ihre fremdbestimmten Bedürfnisse mit gehörigem Nachdruck einfordern und Erziehungsberechtigte durchaus in finanzielle und vor allem pädagogische Nöte bringen.

Computer und Computerspiele

Ein paar Daten zu Computern und Spielen (nicht Gesellschaftsspiele) am Rande: Schon über 2,5 Millionen Menschen haben Internet-Zugang, es gibt etwa 15 Millionen PCs in deutschen Büros und 7 Millionen in privaten Haushalten. 1997 wurden in Deutschland mehr Computer als Autos verkauft.[2] Laut einer Umfrage des Meinungsforschungsinstitutes »iconkids & youth« hat von 1000 befragten sechs- bis vierzehnjährigen Kindern jedes vierte schon einmal das Internet genutzt, im »World Wide Web« gesurft. Dabei waren es bei den Neun- bis Elfjährigen 11 % und selbst bei den Sechs- bis Achtjährigen immerhin schon 2 %.[3]

Weiter gibt es einen Boom bei den sogenannten Video-Konsolen, die ihre Marktzuwächse in enormer Geschwindigkeit ausbauen. Beispielsweise hat die Firma SONY weltweit schon über 30 Millionen ihrer »Playstations« abgesetzt, davon in Europa 5 Millionen allein im vergangenen Jahr.[4]

Bekannt ist Ihnen sicher der sogenannte »Game Boy«, ein Handheld-Videospielgerät mit ausgesprochen hohem Verbreitungsgrad. Allein im vergangenen Jahr wurden in Europa 2,8 Millionen dieser Mini-Spielgeräte verkauft.[5] Auch eine große Anzahl unserer Kindergottesdienst-Kinder ist im Besitz dieses batteriebetriebenen Zeitvertreibs.

Das ist aber nur der »Einstieg« in die elektronischen Erlebniswelten. Interessanter sind die »großen« Spielkonsolen. Sie können an das Fernsehgerät angeschlossen werden. Zudem sind sie inhaltlich umfassender, technisch ausgereifter und mit hervorragenden Bild- und Tonqualitäten ausgestattet. Zu nennen sind der »Super Nintendo«, ein Gerät, welches mit einem Zusatzmodul versehen zum »Super Game Boy« wird. Mit diesem Adapter können auch alte »Game Boy«-Spiele in deutlich besserer Qualität erneut zum Einsatz kommen. Von der Firma Sega gibt es den »Mega Drive« oder auch den »Mega CD«.

Wer sich allerdings heute ein derartiges Gerät kauft, steigt sofort mit dem »Sega Saturn«, der »Sony Playstation« oder dem »Nintendo 64« ein. Von letzterem Gerät wurden in Deutschland innerhalb des letzten Jahres beispielsweise 800.000 Stück verkauft.[6] Diese Geräte zeichnen sich dadurch aus, dass sie über schnelle Prozessoren, eine faszinierende grafische Auflösung und Darstellungsmöglichkeit sowie wohlklingende Tonwiedergabe verfügen und auch noch genug Speicherplatz bieten, um auch langandauernde Spiele durchspielen zu können.

Sonstige Audio-visuelle Medien

Wie schon angedeutet, kennen Kinder heute noch viele andere Medien: Hörspielkassetten stapeln sich in den Kinderzimmern, CD-Regale gehören zum Grundmobiliar eines Kinderzimmers und wer dort nicht mindestens acht Steckdosen eingeplant hat, wird schon vor Schuleintritt von seinen Kindern unverständig angesehen. Altgediente Fernsehgeräte werden ins Kinderzimmer »entsorgt«, als »Erholungsgarantie« für gestresste Erwachsene oder gar als Ersatz für Zuhör- oder Mitspielzeit zu allen möglichen Anlässen verschenkt. Video- und Computerspiele habe ich besonders im Blick.

Aus Veröffentlichungen des Entwicklungspsychologen Rolf Oerter[7] weiss ich, dass z. B. das Fernsehen Kindern einerseits Geschichten aus virtuellen Welten bietet, andererseits erkenntnisreiche Sachinformationen vermittelt und – fast verwunderlich – auch die Sprachentwicklung fördert. Er sagt auch, dass im Normalfall Kinder genau zwischen Fernsehwelt und realer Welt trennen können und auch nicht die Gegebenheiten verwechseln. Problematisch sei allerdings, wenn das Fernsehinhalte verarbeitende Rollenspiel zeitlich viel zu ausgedehnt wird. Es bestünde dann die Gefahr, dass dieses Spielen zur einzigen subjektivierenden Aneignung von Inhalten und Werten wird. Durch das zu viele Fernsehen sind also verstärkt Verarbeitungsprozesse von aufregenden Fernseherlebnissen durch z. B. Nachspielen notwendig.[8]

Damit meint der Fachmann, dass Kinder zu viele Erfahrungen im Spiel machen und zu wenige im realen Leben. Interessant finde ich in diesem Zusammenhang, dass durch das Fernsehen Modelle für konkrete Formen der Aggression vermittelt werden und tatsächlich aggressives Handeln stimuliert wird.[9] Bei Bildschirmspielen konnte diese Wirkung bisher nicht gesichert festgestellt werden.

Selbstverständlich lesen Kinder auch heutzutage noch. Oder sie vertreiben sich ihre Zeit mit all den Möglichkeiten, die vermutlich uns allen auch geboten wurden. Dennoch ist die Kindheitsphase im Vergleich zu unserer, der der heute Erwachsenen, eine andere. Besonders die Nutzungszeiten elektronischer, bildschirmorientierter Medien sind um ein vielfaches Maß angestiegen. Daher ist es zwingend notwendig, den Medienkonsum zeitlich und inhaltlich zu dosieren, damit andere Aktivitäten – insbesondere soziale Spiele – nicht zu kurz kommen. Die traditionellen Spielformen können durch die neuen Medien nicht ohne Wirkungen wie beispielsweise Einbußen im mentalen und psychosozialen Gleichgewicht ersetzt werden.[10]

2. Wesen und Umgang mit Bildschirmspielen

Zu bemerken ist in jedem Fall, dass Spielen – in welcher Form auch immer – absolut notwendig und unterstützenswert ist. Im Spiel können wesentliche Erfahrungen für die Bewältigung des Lebens gemacht werden. Mädchen und Jungen können sich orientieren, ihre Persönlichkeit wird gestärkt. Ohne »ernsthafte« Konsequenzen können sie unterschiedlichste Lösungswege erproben und entdecken. Lernen und permanente Leistung dürfen nicht zu den allmächtigen und ausschliesslichen Werten in unserer Gesellschaft erhoben werden. Für ein gelingendes Leben ist es doch vielmehr notwendig, einen eigenen Standpunkt zu finden, sich für andere einzusetzen, Ideen für die Zukunft zu entwickeln, kreativ und phantasievoll zu sein, mutig neue Wege zu beschreiten oder eigenes Handeln kritisch zu reflektieren. Spiel und Spiele fordern häufig genau das von den Spieler/innen.

Gründe für die Beliebtheit der Bildschirmspiele[11]:

● Bildschirmspiele bieten sich als schnelles, jederzeit verfügbares und ansprechendes Freizeitvergnügen für jede Situation an, die »nichts Besseres« bietet!
● Spielpartner/innen sind nicht unbedingt erforderlich. Bei Systemen, die zu mehreren gespielt werden können, steigt durch diese Möglichkeit aber die Attraktivität des Spieles.
● Der Aufforderungscharakter ist hoch und spricht wesentliche Bedürfnisse und Wünsche der Spieler/innen an. Damit meine ich zum Beispiel die Abenteuer- und Entdeckungslust oder die Möglichkeit der Auseinandersetzung, verbunden mit einer Siegchance.
● Wer bestimmte Spiele besitzt oder kennt, verbessert damit auch seine Position in der »Peer-Group« (Gleichaltrige, ihresgleichen), also der Gruppe, an der sich Mädchen und Jungen am meisten orientieren. Der Besitz bestimmter Spiele vermittelt zudem ein »Up to date«-Gefühl, vor allem bei aktuell beworbenen Produkten. Auch werden in den Spielen bekannte Gefühle angesprochen oder es darf Verbotenes getan werden.
● Persönliche Leistung wird augenblicklich anerkannt, Spieler/innen verspüren das Gefühl von Macht und Kontrolle.
● Reaktionsvermögen, Konzentration, Ausdauer und das Zusammenspiel von Wahrnehmen, Denken und Handeln (Sensomotorik) werden trainiert.
● Umgang mit elektronischen Medien bereitet aufgrund neuer Entdeckungs- und Erfahrungsmöglichkeiten Spaß.
● Neue und ständig wechselnde Spielverläufe, -ebenen und unterschiedliche Schwierigkeitsgrade, Bilder und Musik bieten Spannung, Abwechslung und Unterhaltung. Die passend komponierten Musikstücke unterstützen das »Abtauchen« in eine andere Welt.
● Die über das TV-Gerät abspielbaren Spiele bieten ausgezeichnete Bild- und Tonqualität. Aufgrund des größeren Bildschirmes sind sie augenschonender und bei gleicher Spieldauer gegenüber den »Handheld«-Geräten bedeutend weniger anstrengend.
● »Handheld«-Video-Spielgeräte (Game Boy) können zudem leicht überall mitgenommen werden, die Spiele sind preislich taschengeldfreundlicher und leichter zu tauschen, als die der teureren stationären Geräte.

Wirkungen, die den elektronischen Spielen zugeschrieben werden:

(Senso)Motorisch:
+ Die motorische Geschicklichkeit wird gefördert.
+ Sensomotorische Fähigkeiten können weiterentwickelt werden (Wahrnehmen-Denken-Handeln).
+ Das Reiz-Reaktionsvermögen wird qualifiziert und geübt.
− Die einseitige Beanspruchung der Sinne hemmt die umfassende Entwicklung.
− Der natürliche Bewegungsdrang wird eingeschränkt, die körperliche Vitalität wird geschwächt.
− Häufiges Spielen und die eingeschränkt-motorische körperliche Beanspruchung kann schlimmstenfalls zu Haltungsschäden, Sehnenüberlastung oder anderen gesundheitlichen Schäden führen.
− Technisierte Wahrnehmungsformen bestimmen die Sinnesentwicklung, d.h. natürliche Sinnesreize (Vogelgezwitscher, Lichtstimmungen in der Natur, Blütenduft, lauer Wind usw.) werden zu selten erlebt.

Kognitiv:
+ Logisches und planerisches Denken wird unterstützt und gefördert.
+ Die Phantasie und realitätsüberschreitende Vison wird angeregt.
+ Schwierige Zusammenhänge werden leichter nachvollziehbar dargestellt.
− Gestaltende Kreativität spielt häufig keine Rolle.
− Meinungsvielfalt und die Entwicklung eigener Haltungen ist zum Erreichen des Spielzieles nicht gefragt.
− Kritische Reflexion kann nur sehr eingeschränkt stattfinden.
− Das Denken wir instrumentalisiert und »computergerecht« (Ja/Nein, Strom an/Strom aus).
− Die Vorstellungsgabe (Phantasie) wird nur eingeschränkt angeregt und lässt kaum Freiräume.

Emotional:
+ Ventil für angestaute Aggression (Katharsis-[12] bzw. Inhibitionsthese[13]).
+ Der Umgang mit Gefühlen in vielfältigen Situationen kann kennengelernt werden.
− Die Identifikation mit den oft einfallslos handelnden Spielfiguren lässt die Spieler/innen gedankenlos und gleichgültig werden (Gefühlsabflachung).
− Negative Spielbotschaften oder negative Weltsichten werden möglicherweise verinnerlicht. Beispiele sind die Diskriminierung von Menschen, Gewaltverharmlosung oder -rechtfertigung, frauenverachtende Positionen, Fremdenfeindlichkeit usw.
− Scheinwelten vermitteln viele positive Erlebnisse und kompensieren somit den Alltag. Das fördert die gedankliche Flucht und kann auch in die Spielsucht führen.

– Die Emotionalität und Meinungsvielfalt können verkümmern, da differenzierte Reaktionen und Lösungswege fehlen.
– Der sich im Spiel aufbauende Leistungsdruck kann zu starker Anspannung, Stress oder auch Wut bzw. negativen Aggressionen führen. Dabei muss nicht unbedingt das Spiel oder Spielthema aggressiv sein, es reicht, eine Spielaufgabe nicht erfüllen zu können.
– Spieler/innen gewöhnen sich möglicherweise an Gewalt als Lösung bei Konflikten oder als Handlungsziel (Habitualisierungsthese[14]).

Sozial:
+ Durch den Mehr-Spieler/innen-Modus wird der Gemeinsinn gefördert.
+ Die Interaktion über das Medium hinaus kann angeregt werden.
– Wichtige soziale Kontakte zu anderen werden vernachlässigt, die zur Identitätsfindung erforderlichen Beziehungen reduzieren sich auf Spieletausch und -themen.
– Die Fähigkeit, sich solidarisch zu verhalten oder mit anderen Menschen in Kontakt zu treten, also zu kommunizieren wird verhindert.
– Der Verlust realer Kontakte kann zu Vereinsamung und Isolation führen.
– Der sich abnutzende Spielreiz führt unweigerlich zu andauernder Konsumlust. Die daraus resultierenden Konflikte mit möglichen »Geldgeber/innen« (Eltern, Großeltern, Erziehungsberechtigten) sind vorprogrammiert.

Empfehlungen, wie mit Medien, insbesondere den angesprochenen Spielmedien umgegangen werden kann[15]:

● Mit Kindern gemeinsam das Medium erforschen und kennenlernen (Technikvertrautheit).
● Das Medium gemeinsam mit Mädchen und Jungen »anwenden« bzw. nutzen.
● Spielprogramme und Spiele gemeinsam auswählen. Dazu gehört auch die Auseinandersetzung um Inhalte und Wesen eines Spieles. Gemeinsam sollte eine von allen Beteiligten akzeptierte Einigung erzielt werden.
● Eventuell müssen miteinander Regeln vereinbart werden, wer wann und wie lange an den PC, Fernseher oder die Spielkonsole darf. Die frühere Empfehlung, nicht länger als etwa 20 Minuten (bei 6–9jährigen) bis 45 Minuten (bei den 9–12jährigen) oder sogar 60 Minuten (bei den 13–15jährigen) vor einem Bildschirm zu verbringen, lässt sich heutzutage angesichts der weiten Verbreitung und auch bei der ausgedehnten Nutzung der Medien bei Erwachsenen nicht mehr aufrechterhalten. Somit sind das lediglich Richtwerte, die jede/r für sich selbst erweitern oder einschränken kann. Manche Spiele erfordern schlicht längere Spielzeiten, um überhaupt dem Spielziel näher zu kommen oder eine erforderliche Stelle zur Spielspeicherung zu erreichen.
● Vielfältige nicht technisch-elektronische Angebote der Freizeitgestaltung anbieten (Spielen, Musizieren, Naturerlebnisse, kreatives Gestalten, Lesen, Gespräche und mehr).

● Für die Teilnahme an medienpädagogischen Angeboten werben.
● Aktuelle Entwicklungen des Medienmarktes wahrnehmen und einordnen, Beratung suchen.

Einer der wichtigsten Punkte im Hinblick auf die qualifizierte Nutzung von Medien durch Kinder ist, dass Mädchen und Jungen ihre Medienerlebnisse verarbeiten können. Sie müssen über die Erlebnisse »aus zweiter Hand« reden oder das Erlebte nachspielen können. Das unterstützt die rationale und emotionale Bewältigung ihrer Medienerlebnisse[16]. Für mich ist das auch ein Hinweis auf unsere Aufgabe im Kindergottesdienst und andere Angebote kirchlicher Arbeit mit Kindern.

3. Was gehen die neuen Medien Mitarbeitende im Kindergottesdienst an?

Weshalb wir uns mit den »Neuen Medien« und ihren vielfältigen Erscheinungsformen befassen müssen, hat nichts mit verkrampfter Aktualitätshörigkeit zu tun. Vielmehr ist es schlicht pädagogisch erforderlich, Mädchen und Jungen in ihren Entwicklungs- und Erlebniswelten wahrzunehmen, sie zu verstehen und in die Gemeinde, Gesellschaft, den Lebensalltag einzubeziehen. Medien gehören heutzutage zum ganz normalen Alltag der Kinder dazu – so wie das Telefon, die Spülmaschine oder der Fahrscheinautomat. Wer so tut, als wäre es anders, missachtet die gesellschaftlichen Entwicklungen unserer Zeit. Die Mediennutzung (Computer, Fernsehen, Spielekonsolen, Kassetten- oder CD-Abspielgeräte usw.) zu verteufeln, ist also sicher der schlechtere Lösungsweg pädagogischer Einflussnahme. Die genannten Medien sind allesamt keine »selbstaktiven« Instrumente, sondern das, was sie vermitteln, kann durchaus von der sie nutzenden Person gesteuert werden. Es geht vielmehr darum, Mädchen und Jungen in der Nutzung der angesprochenen Medien zu beraten und zu begleiten, kurz gesagt also um »Medienkompetenz«.

»Medienkompetenz«

Ein starkes Wort, das vieles sagt – und vieles nicht. Zu »modern« wird der Begriff angewandt und genutzt und zu unterschiedlich sind die dahinter verborgenen Zielrichtungen. Ein Hersteller virtueller, multimedialer »Abenteuerspiele« wird schliesslich eine ganz andere Medienkompetenz ersehnen, als meinetwegen ein ökologisch motivierter Anthroposoph. Medienkompetenz umfasst nach dem Medienwissenschaftler Prof. Dr. Werner Baake[17] die »Medienkritik« (analytisch, reflexiv, ethisch), »Medienkunde« (informativ, instrumentell-technischer Umgang), »Mediennutzung« (rezeptiv, interaktiv) und »Mediengestaltung« (innovativ, kreativ).
Für mich haben sich für die Entwicklung von »Medienkompetenz« u.a. nachfolgende Ziele ergeben[18] Mädchen und Jungen sollen:

— sich geschlechtsspezifisch an der medialen Gesellschaft beteiligen,
— altersadäquat Zugang zu den unterschiedlichsten Medien erhalten und Erfahrungen damit machen können,
— nicht sozial oder wirtschaftlich bedingt von der Nutzung der Kommunikationsmedien ausgeschlossen werden,
— neue Techniken und deren Zweckmäßigkeit kennenlernen bzw. ihr Wissen darüber ausweiten,
— ein kritisches Urteil zu den neuen Medien treffen können,
— Ideen zur sinnvollen Nutzung der Medien für ihre Lebensgestaltung entwickeln, also beispielsweise internationale Kontakte mittels e-mails pflegen, ihre Interessen in Form einer Kinderzeitung publizieren, sich auf ihre Weise entspannen oder Wissen aneignen u.ä.,
— die Möglichkeiten eines selbstbestimmten, aktiven und kreativen Einsatzes von Medien entdecken, z. B. um ohne Notenkenntnis ein eigenes Musikstück zu komponieren, ein Hörspiel aufzunehmen, eine Geschichte zu schreiben,
— eine eigene, altersadäquate und geschlechtspezifische Kultur im Umgang mit Medien ausleben,
— nicht zuletzt: nicht technisierte Erfahrungen machen können, wie menschliche Kontakte, Gespräche und Auseinandersetzungen, unterschiedlichste Sinneswahrnehmungen in der Natur, kreative Gestaltung oder Bewegung.

Die Entwicklung einer eigenen Medienkultur scheint mir dabei einen besonderen Stellenwert einzunehmen. Schliesslich können wir nicht so tun, als gäbe es all die flimmernden Informations- und Beschäftigungsangebote nicht. Wir müssen reagieren, aber dringend auch agieren. Reines Reaktionsverhalten wird unserem Wertevermittlungsauftrag sicher nicht gerecht.

Wertevermittlung

Vielleicht ist es notwendig, auch im Kindergottesdienst Medien aller Art »einzusetzen«, zuzulassen, gemeinsam zu entdecken, was »in ihnen steckt«. Kinder brauchen uns – Erwachsene, Jugendliche und auch Kinder – als Identifikationsmodelle, Vorbilder, Wertevermittler/innen. Das gemeinsame Erleben und Gespräch, das direkte Verarbeiten von Erfahrungen und Erlebnissen ist insbesondere bei der Medienrezeption maßgeblich. Ein gemeinsam kennengelerntes (Computer- oder Video-) Spiel oder auch ein Film können in der oftmals fast »intimen«, sicheren Kindergottesdienst-Runde ausgesprochen positiv meinungsbildend und -stärkend wirken.

Diese Chance von Wertevermittlung in die reale Erlebniswelt der uns so wichtigen Mädchen und Jungen würde ich manchmal sogar einer »verkrampften« Erfüllung des Kindergottesdienst-Planes vorziehen. Hier geschehen möglicherweise entscheidende Hinweise auf die reale Umsetzung dessen, was uns die Bibel lehrt. Der Kindergottesdienst nutzt seit je her moderne Medien (Lückentext, Folien, Knetgummi, Klebebilder, Leporellos, Spiele, Musik und dergleichen). Nun kommen eben weitere, aktuelle Medien hinzu.

4. Sind »Maus und Elefant« die Konkurrenz für den Kindergottesdienst?

Welche Konsequenzen aus der veränderten medialen Erlebniswelt von Mädchen und Jungen könnten für den Kindergottesdienst gezogen werden?

Jeden Sonntag mögen das vielleicht viele von Ihnen als Einladende zu kindergottesdienstlichen Angeboten denken. Wenn ich zudem Kinder nach der Attraktivität des Kindergottesdienstes im Vergleich zur »Sendung mit der Maus« oder vergleichbaren Sendungen befrage, schneidet das sonntägliche Treffen leider meistens etwas schlechter ab – einmal vorsichtig ausgedrückt.

Dennoch bin ich mir fast sicher, dass eines der besten Fernsehangebote für Kinder keine Konkurrenz für den Kindergottesdienst ist. Schliesslich gibt es Videogeräte fast unter jedem Fernsehgerät. Sicher: etwa bis zu einem Sechstel aller 3–9jährigen sitzt sonntags schon morgens vor dem Fernsehbildschirm[19].

Aber: wenn Kinder erleben, dass der Kirchgang für ihre Mütter und Väter eine lebensbegleitende Funktion hat, werden auch sie sich auf das spirituelle Angebot einlassen, sofern es – das sei auch klargestellt – attraktiv und ansprechend genug erscheint bzw. ist. Das ist doch bei uns Erwachsenen genauso: meine kostbare Zeit verbringe ich doch am liebsten dort, wo der persönliche Nutzen am größten ist. Die Bewertung hängt dabei von unterschiedlichsten Faktoren ab. Dazu gehört, dass ich mit meinen Anfragen, Gedanken, Ideen, Vorstellungen und Visionen, Ängsten und Gefühlen vorkomme, meine Interessen sich mit dem Angebot decken. Weshalb sollte das bei Mädchen und Jungen anders sein? Hier sind also schon Anforderungen benannt, die auch ein Kindergottesdienst – wie er auch immer aussehen mag – leisten muss. Kinder wollen sich in den sie betreffenden Angeboten wiederentdecken, und – so meine ich – sie haben auch ein Recht darauf.

Die Kinder als eigenständige Individuen wahrnehmen

Es muss darum gehen, dass Mädchen und Jungen als eigenständige Individuen ihre eigenen Zugänge zu Spiritualität, Glaube und Religion bekommen können. Fragen und Vorstellungen, Sinn und Herkunft, Leben und Tod müssen möglich sein und brauchen nachvollziehbare Erklärungen. Kinder und Jugendliche fühlen sich oft in der Kirche nicht aufgehoben. Sie empfinden sich vielfach als »mittendrin und doch daneben«, um das Kampagnenmotto der Evangelischen Jugend in Bayern einmal zu gebrauchen.

Aber Jugend – und dazu gehören eindeutig auch die Kindergottesdienstkinder dazu – verändert Kirche. Nicht nur aktiv, indem die Kinder und Jugendlichen irgendetwas tun, sondern auch wenn wir Erwachsenen sie in ihrem »Sosein« wahrnehmen und ernst nehmen. Dazu gehört meiner Ansicht nach auch, dass wir uns von den gängigen Vorstellungen, wie das Gemeindeleben auszusehen hat, verabschieden. Es bedarf dringend einer grundlegenden Neudefinition, wer und was denn »Gemeinde Jesu Christi« ist.

Eine neue Sichtweise

Eindeutig ist für mich, dass ein klarer Perspektivenwechsel notwendig ist, um Mädchen und Jungen, Jugendliche wahrzunehmen. Diese neue Sichtweise brauchen sie. Ihr Glaube und ihre Spiritualität hat den gleichen Wert wie die der Erwachsenen. Nicht die Kinder sollen sich ändern und sich unseren Vorstellungen, Einstellungen und Haltungen angleichen, sondern es ist an uns, Mädchen und Jungen in ihrem altersadäquaten Kontext wahrzunehmen und Verständnis aufzubringen. Jesus bekundet genau das eindrucksvoll gegenüber seinen engsten Mitarbeiter/innen, wie wir alle wissen[20]. Das bedeutet keineswegs, Ziele und Erkenntnisse aufzugeben. Sie bieten nach wie vor Orientierung und haben klar ihre Vorbildfunktion.

Was notwendig ist heißt schlicht: Mädchen und Jungen brauchen die Chance, zu einer eigenständigen Entwicklung und Entfaltung ihrer Religiosität und spirituellen Kompetenz. Das bedeutet für mich, Rituale und Strukturen selbstentschieden entwickeln zu können, nach Schöpfung und Zukunft zu fragen, den Dialog mit Gott zu entdecken und in ihrer Weise zu führen.

Worauf es im Kindergottesdienst ankommt

Abschliessend möchte ich einige wesentliche Faktoren nennen, die meiner Ansicht nach Mädchen und Jungen eher das Kindergottesdienst-Angebot nutzen lassen. Die tatsächliche Wirkung allerdings ist – wie so oft in pädagogischen Zusammenhängen – selbstverständlich reine Spekulation.

Auf diese 10 Punkte kommt es im Kindergottesdienst für mich an:

● Theologische und pädagogische Ziele müssen stets das Individuum Kind im Blick haben.

● Es muss bei der Vermittlung biblischer Inhalte ganz stark um die Interessen der Kinder gehen. Der ausführliche Dialog mit Mädchen und Jungen ist zwingend!

● Kinder müssen möglichst unabhängig von elterlichen Fahrdiensten den Kindergottesdienst besuchen können (Sonntag 10.30 Uhr). Andere Zeiten sollten erprobt werden, schliesslich werden Kinderbibeltage oder -wochen auch gerne besucht. Sie finden nie Sonntag früh statt!

● Inhalte müssen altersadäquat behandelt und vermittelt werden. Also weg von zu großen Altersspannen 5–13jährige, lieber Projektangebote oder Extra-Termine für Ältere und Jüngere.

● Mädchen und Jungen müssen die Inhalte mitbestimmen können, ihre Anfragen zu Glaube, Religion und Spiritualität sollen behandelt und beantwortet werden.

● Struktur und Methodik müssen Kinder verstehen können. Es braucht klare Abläufe und spielerische Vermittlung. Hierzu gehören verschiedenste Spielformen, darstellerische Erzählung und viele gestaltende Elemente. Auch die zeitgemäße, altersgerechte Sprache ist wichtig. So können Inhalte, Aussagen oder Ver-

„Damit haben wir gute Erfahrungen gemacht."
Kreative und engagierte Arbeit in Gruppen

„Schauen Sie sich unser KiBiWo-Modell in aller Ruhe an ...". Kundenorientierte und
freundliche Beratung am Stand des Bayerischen Landesverbandes für Kindergottesdienst

Wolfgang Buck,
der Trabelsdorfer Rockpoet

Morris open,
Pop und Folk aus
England

Irmgard Weth:
Die Bibel heute erzählt

Mit Zeitungs- und Kreppapier, etwas
Farbe und einem Tacker werden
ruckzuck Papierhüte gemacht

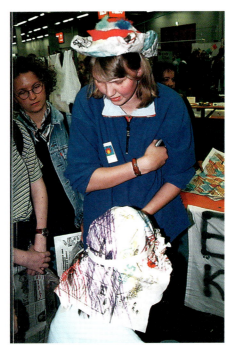

Alles Hut . . . o wie schööön!

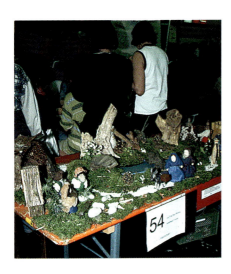

Biblische Geschichten in Szene gesetzt
Landschaft mit Naturmaterialien und
selbstgemachten Puppen aus Wolle und Filz

Kreative Ideen von A wie alter Blumentopf bis Z wie Zeitungspapier: „Da machen wir gern mit"!

Mitarbeiterinnen und Mitarbeiter im Kindergottesdienst ...

... sind kreative Menschen!

Schattenspiel

Mitmachtheater

Singen und rappen mit den schönsten Liedern aus dem neuen Kindergesangbuch bei dessen Präsentation auf der GT

Werner „Tiki" Küstenmacher, der Illustrator des Kindergesangbuches

haltenssituationen praxisnah übertragen werden. Anzufragen ist, ob die liturgische Angleichung an die Erwachsenen-Strukturen und Rituale (Gottesdienstablauf) zeitgemäß ist und dem Lebensalltag der Kinder entsprechen. Meines Erachtens haben sie im Kindergottesdienst nichts verloren[21]. Das sonntägliche Angebot ist selbst für viele erwachsene (Nicht)Kirchgänger sehr umstritten.

● Die Entwicklung eigener »heiliger« Rituale muss für Kinder möglich sein. Glaube und Spiritualität sind nicht allgemeingültig regelbar und zu bewerten[22].

● Neuartige Angebotsstrukturen, -zeiten und Vermittlungsformen sollten erprobt werden, beispielsweise Projektnachmittage oder -wochenenden, der Einsatz neuer Medien (biblische Brett- und PC-Spiele), Naturerfahrung und andere alle Sinne ansprechende Aktivitäten.

● Die freie spirituelle Entfaltung der Mädchen und Jungen sollte ermöglicht werden. Dazu gehört, dass sie einerseits ihre eigene Religion kennenlernen, sich aber auch mit anderen Glaubensrichtungen auseinandersetzen können. Kinderpolitisch gesehen braucht es – sollte Kindergottesdienst etwas mit dem Leben der Kinder zu tun haben – die Aufklärung über Kinderrechte oder Partizipationsmöglichkeiten in Kirche und Gesellschaft[23].

● Wichtig ist schliesslich, die angesprochenen Faktoren möglichst harmonisch mit kirchlicher Zielsetzung zu verknüpfen.

Anmerkungen:

1) »Versteckte Überzeuger/innen«, d. h., alle zur Verfügung stehenden Argumente werden gesammelt und unnachgiebig immer wieder vorgetragen, um das Gewünschte schliesslich zu bekommen.
2) Aus: »Medienkompetenz«, Presse- und Informationsamt der Bundesregierung, September 1997
3) ComCult – Newsletter Onlineforschung 1/98
4) Branchenbrief International – Spielzeugbranche aktuell 8/98, S. 7
5) Nintendo-Presse-Information vom 6. Mai 1998
6) Nintendo-Presse-Information vom 6. Mai 1998
7) Rolf Oerter, Spiel und Medien aus entwicklungspsychologischer Sicht – 12 Thesen, 1995
8) Dto.
9) Dto..
10) Dto..
11) Uli Geißler, »Voll auf Konsole« in SPIELMITTEL 3/1995 und »Computer- und Videospiele« in: SPIELEN UND LERNEN, Sonderheft »Spielen von A bis Z«, 1994
12) Katharsisthese: Am Bildschirm beobachtete und ausgeführte aggressive Handlungen bauen innere Spannungen ab.
13) Inhibitionsthese: Durch die am Bildschirm beobachtete und ausgeführte Aggression wird die Bereitschaft zur eigenen Gewalthandlung eingeschränkt. Die Thesen gelten zwar als durchaus umstritten, ihr Glaubwürdigkeitsgrad liegt allerdings stark im Bereich des Möglichen.
14) Habitualisierungsthese: Einzelne Seherlebnisse haben danach kaum Verhaltensänderungen zur Folge, vielfacher Konsum von Bildschirmgewalt führt jedoch zumindest zu einer emotionalen Abstumpfung gegenüber der Mediengewalt. Die Einschätzung, ob hiermit auch die Abstumpfung gegenüber realer Gewaltsituationen entsteht, ist allerdings noch nicht gesichert.
15) Uli Geißler, »Voll auf Konsole« in SPIELMITTEL 3/1995; »Computer- und Videospiele« in: SPIELEN UND LERNEN, Sonderheft »Spielen von A bis Z«, 1994; sowie in MiKi – Magazin für die Arbeit mit Kindern 1/97
16) Vgl. Helga Theunert, Renate Pescher, Petra Best, Bernd Schorb, Zwischen Vergnügen und Angst – Fernsehen im Alltag von Kindern, Vistas Verlag 1992
17) Prof. Dr. Werner Baake, Universität Bielefeld, Vortrag im Rahmen des 8. Remscheider Computerforum 18.5.1998

18) Siehe auch Ausschreibung zum Projekt INTERKIDS – KINDER UND COMPUTER INTERNA-TIONAL (c), Amt für Jugendarbeit der Evang.-Luth. Kirche in Bayern, Nürnberg, in Kooperation mit dem Kultur & Spielraum e.V., München, 1997

19) Helga Theunert, Margrit Lenssen, Bernd Schorb, Wir gucken besser fern als Ihr, S. 22, KoPäd Verlag, München 1995

20) Die Bibel: Markus 10, 13 ff.

21) Vergleiche auch: Uli Geißler in MiKi – Magazin für die Arbeit mit Kindern 4/97, S. 4

Eine interessante Zeitschrift für alle, die über den Kindergottesdienst hinaus »Arbeit mit Kindern« betreiben: MiKi – Magazin für die Arbeit mit Kindern bietet eine gute Übersicht zu allen Fragen dieses Arbeitsfeldes: Materialhinweise, Projektideen, Besinnliche Aktionen, Anregungen für die Praxis, Kinderpolitik ganz praktisch und Vieles mehr. Das Abonnement der 4 Hefte pro Jahr ist besonders günstig und kann für nur 12,- DM jährlich inklusive Versand im Amt für Jugendarbeit der Evang.-Luth. Kirche in Bayern abonniert werden. Tel.: 0911/4304–273, Fax: 0911/4304–219. URL: http://www.ejb.de, e-mail: geissler@ejb.de

22) Dto.

23) Dto.

Wohnen mitten unter euch (Kanon)

Text und Melodie: Harald Beck. Rechte: beim Autor

II Hinter den Worten schürfen

Beiträge zum
jüdisch-christlichen Dialog

»...sondern die Wurzel trägt dich«

Sensibel werden für Bilder und Vorstellungen vom Judentum

Dieter Krabbe

»Was ich in der Begegnung mit Juden lerne«

Der Rabbi Elimelech sitzt mit seinen Schülern in einem Hof unter Bäumen, gemeinsam lernen sie aus der Thora und dem Talmud. Plötzlich kommt ein wunderschöner Vogel geflogen, dreht eine Runde über ihren Köpfen, um sich dann auf die Mauer zu setzen, die den Hof umgibt. »Was denkt ihr über diesen Vogel?« will der Rabbi von seinen Schülern wissen. Zögernd meldet sich der erste und sagt: »Dieser Vogel ist ein Hinweis auf die Schöpfermacht des Ewigen, gelobt sei sein Name.« – »O.K.«, meint der Rabbi, »genau die Antwort, die sich ein Lehrer von seinen Schülern wünscht. Habt ihr noch eine Idee?« Der nächste meldet sich und sagt: »Der Vogel erinnert an die Seele, die im Tode zum Ewigen empor flattert.« – »O nein«, ruft der Rabbi entsetzt, »davon steht doch nichts in den Schriften der Mütter und Väter! Also, wer hilft uns weiter?« Der dritte Student, ein pfiffiger, meldet sich: »Ich überlege schon die ganze Zeit: Wenn der Vogel ein Ei legt, fällt es rechts oder fällt es links von der Mauer herunter?«

Was ich in der Begegnung mit Juden lerne? Soviel vorweg: Es geht in der jüdischen Glaubens- und Lebenswelt nie allein um abstrakte Dinge, um graue Theorie, um bloße Spekulation. Handfest, diesseitig, praktisch wird gefragt: Was kommt dabei heraus, wohin fällt das Ei? »Nicht das Forschen, das Lernen ist die Hauptsache«, sagt der Talmud, »sondern das Tun« (Pirqe Awot I 16).

In der Begegnung mit Juden erschließt sich mir neben dem Sinn für das Praktische, Diesseitige, zugleich ein ungewöhnlicher, befreiender Umgang mit der Bibel, dem Geschichtsbuch des Volkes Israel, prall gefüllt mit Gottes- und Lebenserfahrung, dieser einzigartigen Glaubensurkunde, der ich je länger desto mehr mit tiefer Ehrfurcht begegne. Ich entdecke in der Bibel so etwas wie das »Gedächtnis Israels« (W. Raupach), seine Geschichte mit Gott und Gottes Geschichte mit ihm – über die Entfaltung und Entwicklung der Bibel hinein bis in den Talmud, bis in die Diskussionen der Rabbiner und Schüler unserer Tage. Mir geht es dabei, je tiefer ich in die jüdische Auslegung schaue, so, wie Elie Wiesel es einmal beschrieben hat: »Ich bin von ihnen umgeben, den Lehrern von damals und heute, ich folge ihnen über die Berge und Meere bis ins Gelobte Land, bis nach Galiläa, bis nach Jerusalem, nehme teil an den Auseinandersetzungen über Gott und die Menschen, höre ihre uralten und noch immer so frischen Meinungen, wäge sie ab, bewege sie in meinem Herzen, und niemand von uns, die wir durch die Zeiten hin verbunden sind durch das Wort der Schrift, niemand wagt zu sagen: ›Ich hab's, ich hab's begriffen!‹ Aber jeder weiß: Nicht das Forschen, das

Lernen ist die Hauptsache, sondern das Tun. Studieren und Grübeln, das nicht zu den Taten der Liebe und Barmherzigkeit führt, ist für die Katz.«

Aber bis ich dahin kam, zu diesem neuen, befreienden Umgang mit der Bibel, war es ein weiter Weg. Ich will einige Stationen dieses Weges nennen.

Ich kenne die Bibel von Kindheit an: Zunächst als die Kinderbibel von Anne de Vries. Abends am Bett wurde sie vorgelesen, unter der Bettdecke habe ich mit der Taschenlampe ihre schönen Bilder beguckt, ich sehe mich an der Seite Davids, der es dem Goliath zeigt: Es gibt noch eine Macht über dir, mein Freund! David und Mose, Abraham und Noah, Sara und Debora: Die Ehrfurcht vor ihren Geschichten, die Ehrfurcht vor diesem »Erfahrungsbuch Bibel« prägt mich bis heute. Die aufgeschlagene Bibel in der Kirche meiner norddeutschen Heimat, droben an der Grenze zum reformierten Holland, dieses uralte Buch trug das Gewicht eines lebendigen Wortes, einer Stimme, die von weither kam, jenseits des Meeres, fremd und fern, und doch immer wieder geheimnisvoll nah, das Innerste, das Herz berührend, aufweckend, tröstend: »Schmecket und sehet, wie freundlich der Herr ist« (Ps. 34, 9).

Aber was wusste ich von Juden? Wie hätte ich als Zehnjähriger, der ich sonntags in den Kindergottesdienst stürmte, mir einen gleichaltrigen Judenjungen auch nur entfernt vorstellen können? Es gab doch keinen einzigen mehr unter uns. Die ersten Juden, die ich bewusst wahrnahm, traf ich erst im Studium, 1982 in Münster (Westfalen). Damals entdeckte meine Evangelisch-reformierte Kirche gerade neu die Frage nach Israel, gab sie »Leitsätze« heraus, in denen über »Umkehr und Erneuerung« im Blick auf das jüdische Volk konkret nachgedacht wurde. Bis in die Gemeinden, in die Kindergärten und Kindergottesdienste, bis in den Religions- und Konfirmandenunterricht hat sich noch längst nicht herumgesprochen, wo wir Christen unsere Wurzeln haben.

Was wusste ich denn als Schüler über Juden? Die Pharisäer waren die Bösen, mit denen Jesus dauernd Krach hatte. Mein Kamerad hörte im Kindergottesdienst nur von »Johannes, dem Teufel« (statt »dem Täufer«), und der Name »Judas« verband sich nur mit den bösen Juden, die unseren Heiland ans Kreuz gebracht hatten. Was wusste ich dagegen von einem Judentum, das aus der Asche dieses Jahrhunderts neu erstanden war, von den fröhlichen Festen. Was wusste ich über den Staat Israel? Und davon, dass er etwas mit der Bibel zu tun haben könnte? Was wusste ich überhaupt von den Wurzeln meines Glaubens?

Im CVJM wenig später suchten wir Christus in der Schrift. Christus war kein Jude, sondern die Überbietung, das Ende des Judentums, dieser starren, längst überholten »Gesetzesreligion« mit ihrem unerbittlichen, zornigen Gott – so hatte es die Kirche doch stets gelehrt. Das Land aber, mit dem ich doch durch die wunderschönen biblischen Geschichten verbunden war, das Land, in dem Jesus und die Mütter und Väter des Glaubens gelebt hatten, war Palästina, Philisterland, so hatten es die Römer mit einem Spottnamen überzogen – zu Recht triumphierend, denn die Juden hatten doch den Heiland der Menschen hingerichtet. Dass auf dem Boden dieses alten Palästina eine Heim- und Zufluchtsstätte mit Namen »Israel« neu entstanden war, wer trug dem eigentlich auch theologisch Rechnung?

Das theologische Studium brachte mir noch keine tiefgreifende »Spurensuche«. Lebendige Juden, ob in Israel oder in Deutschland, spielten bei meinen Lehrern so gut wie keine Rolle. Von Juden sprach man hauptsächlich in der Vergangenheitsform. Dass es neben der christlichen Auslegung der Bibel eine breite rabbinische Tradition gibt, wer nahm das schon bewusst wahr? Juden kamen vor, wenn es zu beweisen galt, dass das Licht, das mit Jesus über unserer Erde aufgegangen war, sie alle in den Schatten gestellt habe.

Durch Reisen nach Israel aber, die mir die jüdischen Bekannten aus Münster ermöglichten, öffnete sich mir der Reichtum, die bunte Vielfalt gegenwärtigen jüdischen Lebens, die aus den uralten Wurzeln sprießt. Auch die sperrigen, unbequemen Seiten des Judentums lerne ich dort kennen, säkulare und sogar atheistische Juden. »Ich verweigere den alten Glauben«, sagt Albert Friedlander, Rabbiner in London. »Ich habe weniger Vertrauen zum Mitmenschen, aber weiter Vertrauen in Gott. Ich glaube weiter an einen Gott, der uns Freiheit gibt – selbst dazu, das Böse zu tun. Wir sind keine Roboter, wir sind immer fähig, Böses zu tun. Wir brauchen Gott und müssen weiter beten.« Bei Menschen wie Albert Friedlander spüre ich, dass Juden mit ungelösten Fragen leben lernen, an Gott zweifeln, aber nicht verzweifeln müssen.

In diesen Tagen feiert der Staat Israel sein 50jähriges Bestehen: »Am Jisrael chaj!« Das Volk Israel lebt! Das war nicht vorgesehen in der Lehre der Kirchen, dass es in diesem kleinen Land zwischen Mittelmeer und Jordan noch einmal ein blühendes, jüdisches Gemeinwesen geben sollte, demokratisch und unbequem, manchen zu säkular und nicht so fromm, wie sie es gern hätten. Die Besuche in diesem Land, das ich seit Kindertagen kenne und doch nicht kenne, die überraschenden Begegnungen dort, auch die Kontakte mit den einheimischen Christen und mit Muslimen, haben mir geholfen, mich auf die jüdischen Wurzeln meines Glaubens zu besinnen. Ich kann das himmlische Jerusalem nicht mehr von dem irdischen trennen, meinen Glauben nicht mehr von der Bewährung im Alltag. Die ungezwungene, oft unverkrampfte, ja sogar fröhliche Begegnung mit Juden hat mir den Reichtum der Bibel und den Reichtum des Volkes der Bibel neu erschlossen. Bei Juden lerne ich aus erster Hand etwas über die unverfügbare Freiheit und Treue Gottes, über das Geheimnis seines Wesens und seiner Wege mit uns Menschen. Ich betone diese Freude, um den Verdacht auszuschließen: Am Anfang meines Umdenkens hätte ein Schuldbewusstsein gegenüber den Juden gestanden. Das war mir lange Zeit noch ziemlich fremd. Nein, am Anfang stand eine ganz naive Freude an Gott, dem Gott Abrahams, Isaaks und Jakobs, mit dem wir Christen durch Jesus ein für allemal verbunden sind. Ich zähle mich manchmal zu den Männern, über die der Prophet Sacharja sagt: »In jenen Tagen werden zehn Männer aus Völkern aller Sprachen kommen und einen Juden beim Zipfel seines Gewandes ergreifen und sagen: Wir wollen mit euch gehen, denn wir hören (!), dass Gott mit euch ist.« (Sach 8, 23).

Das mit der Schuld an den Juden kam erst später. Zunächst hatte ich nur eine Nummer gesehen: Die auf dem Arm der jüdischen Bekannten, die Auschwitz überlebt hatte und bis heute eine Scheibe Brot und ein Glas Wasser auf dem

Nachttisch stehen hat. Sie hatte mich in Münster herzlich aufgenommen und mir lebendiges Judentum aus erster Hand beigebracht. Und mich nach Israel zu ihren Kindern geschickt. Die Frage aber, was wir, Juden und Christen, uns im Laufe einer langen Geschichte der »Vergegnung« (wie Martin Buber sie einmal genannt hat) schuldig geblieben sind an Liebe und Verständnis, was durch christliche Überheblichkeit und Gleichgültigkeit angerichtet worden ist, das war die Frucht eines langen schmerzhaften Nachdenkens. Ich spürte, dass ich auch als Kind der 50er Jahre nicht aus der Haftung entlassen bin, dass es so etwas wie eine »kollektive Verantwortung« gibt, die nicht vergeht, die mit konkreter Erinnerung, mit dem Gedenken an das Leiden der Opfer zu tun hat. *Ein* jüdisches Schicksal reicht, und es öffnet sich der ganze Horizont des Schreckens. Ich habe seit damals viele Juden getroffen, und bei manchen Jesu Wort von der Feindesliebe in einer Weise erfahren, wie mich das noch kein Christ gelehrt hat.

Was ich in der Begegnung mit Juden lerne? Meinen eigenen Wurzelgrund erkennen und schätzen zu lernen. Wenn ich mich von ihm trenne, verliere ich mich selbst. Schon die junge Kirche gleich nach Jesus hat versucht, sich von ihren Wurzeln zu trennen, um der eigenen Identität gewiss zu werden. Die Kette der Feindbilder, die dadurch im Laufe der Geschichte entstanden ist, erscheint endlos lang. Wenn wir aber mit den Juden heute Jesus als »wahren Menschen« bekennen, werden wir ihn als Juden annehmen. Wie schwer uns das immer noch fällt, zeigt ein Blick in die Unterrichtsbücher, in die Materialien für Schule und Gemeinde. Immer noch vereinnahmen wir Jesus und entreißen ihn seinem jüdischen Mutterboden. Ich will das anhand einer Geschichte erzählen, die während des Dritten Reiches in Berlin spielt:

> David, ein jüdischer Junge, wird an christliche Pflegeeltern vermittelt, um ihn vor den Vernichtungslagern der Nazis zu schützen. Weihnachten kommt, die Krippe wird aufgestellt. Mit Ochs und Esel, Maria und Josef, dazu das Kind in der Krippe. Eines Tages ist das Jesuskind verschwunden. Spurlos. Ob es der kleine David gestohlen hat? Nein, er habe den Jesus nicht verschwinden lassen. Die anderen, christlichen Kinder seien es auch nicht gewesen, beteuern sie. Erst nach langem Zureden rückt David mit der Sprache heraus: »Ich habe das Jesuskind versteckt.« – »Aber warum nur?« – Erstaunte Gesichter. Darauf David: »Er ist doch auch ein jüdisches Kind, das die Nazis verschleppen könnten. Und da wollte ich ihn retten.«

Jesus ist nicht einfach »unser Jesus«, er gehört zu einem anderen Volk, lebte in einem anderen Land. Er hatte eine jüdische Mutter, sprach aramäisch und hebräisch, kannte sich aus in der Bibel, den Schriften der Mütter und Väter seines Volkes, betete mit den Worten der Psalmen, war in den Synagogen und im Tempel zu Hause, feierte die Feste und Gedenktage mit seinen Freunden und Verwandten. Er teilte die Hoffnung auf das Reich Gottes und die Auferstehung zum ewigen Leben. Zwei Drittel unserer christlichen Bibel gehört seinem Volk, unser sogenanntes »Altes Testament«. Was uns da an Gedanken über Ursprung und Hoffnung unserer Erde, der Völker und Menschen mitgeteilt wird, was an Gottes- und Lebenserfahrung, lässt sich kaum ausloten. Ich träume davon, dass Juden und

Christen über den Juden Jesus neu zueinander finden zu einer Ökumene, die diesen Namen im weitesten Sinne trägt, und deren Friedenskraft ein Segen für die Völker wird.

Gewiss, es gibt große Vorbehalte für eine solche offene Begegnung von Christen und Juden. Es gibt noch zahlreiche Klischees und Vorurteile, Misstrauen und Verdächtigungen auf beiden Seiten. Wir tragen noch an der Vergangenheit, die nicht vergehen kann und will. Aber es wächst auch etwas Neues: Die Bereitschaft zum Hören und Lernen. Wissen wir, wie Juden leben? Wie sie ihre Feste feiern und ihre Gedenktage begehen? Kennen wir die Kraft, die vom Shabbat ausgeht, und von den Zehn Tagen der Umkehr im Herbst? Welche Bedeutung haben der Zion und Jerusalem, hat das Land Israel und hat der Messias für die 14 Millionen Juden auf der Erde? Ich möchte in der Begegnung mit Juden lernen, die Bibel als Buch des Lebens und als Erfahrungsbuch ernstzunehmen. Ich leide darunter, dass an vielen Orten keine jüdischen Nachbarn leben, mit denen ich ins Gespräch kommen könnte. Aber es gibt gute Bücher zum Thema, es gibt die Möglichkeit, in Israel Judentum aus erster Hand zu erleben, es gibt Organisationen, die sich für die Verständigung zwischen Christen und Juden einsetzen. Als Christ kann ich die Bibel nicht mehr ohne jüdische Kommentare lesen, will ich sie tiefer verstehen. Das gilt auch für den Teil meiner christlichen Bibel, den wir »Neues Testament« nennen. Für mich sind Juden und Christen »Geschwister«, Kinder des Einen Gottes, noch getrennt, voneinander entfremdet, zum Teil noch verfeindet, mit Vorurteilen und Unwissenheit belastet. Beide leben in unterschiedlicher Beziehung zu Gott. Aber sie haben eine gemeinsame Bestimmung: Ihr Licht leuchten zu lassen.

Ich habe vor allem in Jerusalem, wo ich längere Zeit tätig war, gelernt, noch einen weiteren Bruder, noch eine andere Schwester, wahrzunehmen: Die Muslime. Es geht heute darum, das begonnene Gespräch zwischen Juden und Christen auszuweiten. Und zu fragen, welche Botschaft der Islam für die beiden älteren Geschwister hat. Im Angesicht einer Welt, die Gott mehr und mehr aus den Augen verliert und ohne ihn zu leben versucht, sind wir alle aufgerufen, in der konkreten Begegnung zu lernen, zu hören, uns in den anderen hineinzuversetzen und dann, wenn's Zeit ist, gemeinsam aufzubrechen.

Abschluss: »Ein Traum vom Baum«

Ich habe einen Traum: Da sehe ich nicht mehr einen einzelnen uralten, knorrigen und verzweigten Olivenbaum, aus dem Zweige herausgebrochen und neue, wilde Schößlinge eingepfropft werden. Ich sehe das Bild eines Baumes vor mir, der sich teilt in zwei verschiedene Stämme, aus einem Wurzelgrund sprießen sie hervor, sich dann trennend, aber doch im Tiefsten verbunden. Sie saugen ihre Kraft aus ein und derselben Quelle. Beide Stämme haben sich unabhängig voneinander entwickelt, die Kronen sind unterschiedlich weit ausladend. Aber unter dem gemeinsamen großen Blätterdach finden viele Schirm und Schutz.

Die Stelle, an der beide fest zusammengewachsen sind, die Stelle, wo sich beide dann in die zwei verschiedenen Stämme trennen – an dieser Stelle erkenne ich Jesus von Nazareth. Er ist unser gemeinsames Gut, die Quelle eines doppelten Segens für die ganze Menschheit: Als Jude trägt dieser Jeshua ben Josef den Segen für sein Volk Israel, und als Ausgangspunkt für das Christentum begründet er den Segen, der durch seine Nachfolger aus allen Völkern rund um unseren Erdball läuft.

Und wenn ich genau hinschaue, so erkenne ich etwas weiter oben, zu den beiden Kronen hin, noch einen dritten starken Stamm, der ebenfalls seine eigene Aufgabe zu erfüllen hat: den Islam.

Und niemand kann sagen: Der eine Stamm ist besser als der andere. Jeder hat seine Aufgabe, seinen Standort. Die drei können sich ergänzen, zusammen sind die stark. Miteinander können sie wachsen, einander den nötigen Raum gewähren, ohne dass der eine dem anderen den Rang ablaufen müsste. Ihr gemeinsamer Auftrag lautet:»Letaken haolam bemalchut shaddai« – »die Welt auszurichten auf das Reich Gottes hin«.

»Wir werden getragen«, wir wachsen zusammen mit dem jüdischen Volk auf dem gemeinsamen Wurzelgrund. Dieses Bild will uns, Christen und Muslime, bewahren vor einem überheblichen Denken und Verhalten gegenüber der Wurzel, die uns mit trägt.

Niemand kann seinen Stammbaum verleugnen. Als Christ kann ich mir in der Begegnung mit Juden klar werden über das, was uns verbindet vom Wurzelgrund her; auch klar werden über das, was uns trennt.

Juden, Christen, Muslime, die drei Abrahamsreligionen, der eine gemeinsame Stammvater, drei Stämme mit einem großen gemeinsamen Blätterdach, in dem die Vögel des Himmels ihre Lieder singen und nisten können.

Dieses Bild steht für den Frieden – Shalom – Salam, der uns verheißen ist, der uns geschenkt wird, und für den wir uns, jeder an seinem Ort, einzusetzen haben von Gott her.

Der Talmud lässt Rabbi Tarfon sagen: »Es ist uns nicht gegeben, eine Aufgabe immer zu vollenden, aber wir haben auch nicht die Freiheit, sie im Stich zu lassen.« Anfangen, das genügt. Von großen Dingen träumen, das reicht für den Anfang. Wir müssen träumen und müssen versuchen, die Träume zu erfüllen, die Gott selber in uns weckt.

Hinter den Worten schürfen

*Wir lassen uns hineinnehmen in das Gespräch eines Rabbiners mit dem Text
3. Mose 26,9–13*

Jonathan Magonet

*(Zum ersten Mal gab es im Rahmen der Gesamttagung für Kindergottesdienst eine
Bibelarbeit im Zeichen des jüdisch-christlichen Dialogs. Dazu war der Rabbiner,
Prof. Jonathan Magonet, Leiter des Leo-Baeck-Colleges in London, eingeladen.
Die Bibelarbeit mit Rabbiner Magonet war eine lebendige Sammlung von Anmerkungen zu Begriffen aus dem Bibeltext, Erläuterungen zum jüdischen Umgang mit
biblischen Texten und Geschichten. Aus einem Mitschnitt der Bibelarbeit geben wir
einige Teile seines Vortrag wieder, die wie Mosaiksteine etwas von den Inhalten und
der Art der Bibelarbeit ahnen lassen.)*

Hätte ich vor, einen Vortrag als Einführung in die jüdische Methode, die Bibel zu
studieren, zu halten, hätte ich nie diesen Text (Anm. d. Hg.: 3. Mose 26,-9–13)
ausgewählt. Er ist kompliziert, sehr technisch. Hätte man etwas aus dem Alten
Testament zu wählen, um zu beweisen, dass es darin Jagen und Feinde und solche
schrecklichen Sachen gibt, weil das typisch für das Alte Testament sei, dann wäre
dieser Text gut zu benutzen. Doch es gibt in unserem Text auch einige »Happy-
ends«.
Wir werden also mit diesem Text umgehen, ihn betrachten und einiges ansprechen. Dabei werde ich immer wieder auf hebräische Worte hinweisen.
Manchmal denken Leute ja, die Bibel sei an Luther direkt auf deutsch durchge-
geben worden. Darum ist es gut, sich zu erinnern, dass sie zuerst hebräisch geschrieben ist.

Stichwort: Der Bund – hebräisch: berit

Wie Sie wissen, gibt es zwischen Gott und Israel einen Bund. Was ist ein
Bund? Ein Bund ist ursprünglich ein Vertrag zwischen zwei Menschen, die Partner miteinander sein wollen. Aber ein Bund ist mehr als ein Vertrag, mehr als
eine rein gesetzliche Sache. Innerhalb eines Bundes gibt es eine Verbindung von
Loyalität und Liebe und Treue. Jonathan und David zum Beispiel hatten einen
Bund miteinander geschlossen. Der Inhalt dieses Bundes ist interessant. Denn
üblicherweise geht es so: Wenn statt des rechtmäßigen Nachfolgers ein anderer
den Thron des alten Königs erobert, dann wird er normalerweise sofort die ganze
Familie des alten Königs töten. Dann ist die Sache ganz klar, es gibt keine Probleme mehr. Dieser Bund zwischen David und Jonathan bedeutet: Jonathan weiß
schon, dass David neuer König sein wird, und nicht er, Jonathan. In diesem Bund

heißt es, dass die Loyalität und Liebe zwischen David und Jonathan in die nächste Generation übergehen soll. Jonathan und seine Familie werden nicht getötet.

Ein wichtiges Wort in diesem Zusammenhang ist »chäsäd«. In unserem Text kommt es leider nicht vor. Aber Sie kennen den Namen »Chassidim«, das ist eine besondere Gruppe von Juden. Sie kennen die Bilder der Männer mit den Schläfenlocken, großem Hut und so. Sie sind vielleicht 5 – 10 % der ganzen jüdischen Bevölkerung. Aber – und das ist ein Problem – jedes Bild, das man von Juden hat, wird verbunden mit großem Hut und Bart usw. Und wir sind mit unseren Vorurteilen wieder bei diesen alten Bildern.

Chäsäd, das ist diese Liebe, die Loyalität innerhalb eines Bundes. Das Wort kommt in der Bibel häufig vor. Oft ist es mit Gnade oder manchmal mit Liebe übersetzt. Das umfasst die Bedeutung nicht ganz, denn man muss wirklich dahinter diesen Bund, diese Verbindung sehen.

Es gibt einen Bund zwischen Israel und Gott. Bei jedem Vertrag gibt es auch das Kleingedruckte am Ende des Vertrages. Das ist die Information, was passiert, wenn jemand den Vertrag nicht hält; was passiert, wenn es Fehler und Probleme gibt usw. Der Text, den wir hier vor uns haben, ist der erste Teil, der nette Teil dieses Kleingedruckten. Hier sind die Dinge aufgezählt, die man bekommt, wenn man im Bund bleibt und ihn hält. Es werden keine wilden Tiere, keine Feinde im Land sein. Das Land wird fruchtbar sein. Sie werden zu Hause wohnen, alles wird sehr angenehm, und Gott wird in unserer Mitte sein.

Aber der Rest des Kapitels sind all die negativen Konsequenzen. Da steht, was passieren wird, wenn sie nicht zum Bund halten: Es kommen die Feinde, man wird ins Exil geschickt usw. Das sind sehr harte Sätze.

Sie wissen vielleicht, dass wir in der Synagoge die 5 Bücher Mose innerhalb eines Jahres Stück für Stück lesen. Diese Sätze sind so hart, dass wir sie an dem Schabbat sehr leise lesen, wenn sie an der Reihe sind. Denn sie sind wirklich sehr, sehr hart. Wenn die prophetischen Bücher von Strafe gegen Israel handeln, dann sind sie sehr von diesem Text bestimmt. Er dient als Warnung, was passiert, wenn man nicht zum Bund hält.

Doch es ist wichtig zu sehen, dass am Ende auch dieses sehr harten Kapitels immer die Möglichkeit besteht, Umkehr zu machen und zu Gott zurückzukommen, um wieder in dem Bund zu sein. Der Bund kann zerbrochen sein, aber nicht zerstört. Man bleibt im Bund mit Gott. Manchmal heißt es in der christlichen Tradition, dass der christliche Bund ein »neuer Bund« sei und ein Ersatz für den jüdischen Bund. Doch für uns gilt: Wir sind im Bund, wir sind noch dabei, 2000 Jahre später.

Der Bund ist sehr klar aufgebaut, wie man in Exodus (2. Mose) 19 und 24 sieht. Israel ist aus Ägypten bis an den Sinai gekommen, und da stehen sie vor Gott. Und Moses macht diesen kleinen Handel zwischen Gott und Israel, um Israel einzuladen, in den Bund hineinzukommen.

Das gibt Israel die Möglichkeit, demokratisch zu antworten, ob sie wirklich bereit sind, zu dem Bund zu kommen. Es ist nicht selbstverständlich, dass das der Fall sein wird.

Und die Zehn Gebote im folgenden Kapitel von Exodus und die ganze Reihe von Gesetzen gehören zu diesem Bund. Darum ist das Judentum sehr gesetzgebunden, denn das ist keine trockene Gesetzessache. Hier geht es darum, eine ganze Gesellschaft aufzubauen. Wie soll eine Gesellschaft aussehen? Wie sollen Leute miteinander umgehen? Wie sollen sie mit Gott umgehen? Wie sollen sie mit dem Land umgehen?

In unserem Text wird gesagt, dass das Land fruchtbar sein wird, wenn sie Gott gehorchen. Das ist keine magische Sache. Viele der Gesetze sind sehr ökologisch aufgebaut. Sie zeigen, wie man mit dem Land ganz konkret umgeht: Das Land muss seine Ruhezeit haben. Das Land muss in bestimmter Weise bepflanzt und bearbeitet werden. Dies sind sehr praktische Gesetze, um eine neue Gesellschaft, eine Gesellschaft von freien Menschen aufzubauen.

Stichwort: Schalom

Das Wort »Schalom« kennen Sie alle. Es wird mit »Friede« übersetzt. Eigentlich bedeutet es mehr: Komplett, die Fülle, das Ganze.

Ich möchte Ihnen etwas davon zeigen, wie genau wir die Bibel anschauen, um zu verstehen, worum es hier geht:

Als Mose von seinem Schwiegervater Jethro fortgeht zum Pharao in Ägypten, da sagt Jethro zu Mose : »Lech *le*-Schalom – Geh zum Frieden! Gehe auf den Frieden zu!« Mose hat Erfolg gehabt. Als König David zum letzten Mal zu seinem Sohn Absalom gesprochen hat, sagte er nicht »Lech *le*-Schalom«, sondern »Lech *be*-Schalom – Gehe in Frieden!« Im Hebräischen unterscheiden sich die beiden Sätze nur durch einen Buchstaben. Aber Absalom ist zu seinem Tod gegangen, nicht zum Erfolg. Und die Rabbiner haben gefragt, worin der Unterschied bestehe zwischen »Lech *le*-Schalom« und »Lech *be*-Schalom.« Und sie sagten: Nie im Leben ist man »in Frieden«. »Im Frieden« ist eine Endsituation am Ende des persönlichen Lebens. Wir sind immer auf einer Reise zum Frieden, auf der Suche nach Frieden. Frieden, Schalom, ist nichts Selbstverständliches. Wenn man da ist, ist man am Tod. Das Leben aber ist täglich neu, und wir sollen in Richtung Schalom gehen.

Stichwort: laufen, gehen, wandeln – hebräisch: halach

Am Anfang dieses Textes haben wir den Begriff schon gesehen: Wenn sie in meinen Satzungen wandeln . . . Und am Ende dieses Textes heißt es: Gott wird unter euch wandeln – halach. Dazu gibt es zwei schöne Begriffe in der Bibel, die Sie sicher kennen. Aber durch die Übersetzung verstehen Sie nicht genau, was da wirklich los ist.

Bei Noah heißt es: »Er geht mit Gott.« Zu Abraham sagt Gott: »Wandle vor mir.« – Nicht »mit mir«, sondern »vor mir«. Und wieder haben die Rabbiner gefragt: Was ist der Unterschied zwischen »mit Gott gehen« und »vor Gott gehen«?

Und sie haben geantwortet: Es ist wie bei einem König mit zwei Söhnen. Zum Jüngsten, zum Kind, sagt er: »Wandle mit mir. Nimm meine Hand und gehe mit mir.« Zu dem Erwachsenen sagt er: »Gehe vor mir.« Vielleicht kann man hierin zwei religiöse Möglichkeiten erkennen. Vielleicht sehen Sie darin auch etwas, was in verschiedenen Zeiten unseres Lebens wichtig ist. Manchmal ist es für uns sehr wichtig, mit Gott zu laufen, zu wandeln, als ob Gott unsere Hand hält und uns auf unserem Weg hilft. Manchmal aber müssen wir auch vor Gott laufen. Das bedeutet auch, so zu gehen, dass wir fast Gott den Weg zeigen. Das ist die Unabhängigkeit, das ist der Versuch, etwas Neues zu finden. Das ist der Mut, dies zu tun in dem Wissen, dass Gott das auch erwartet. Das ist sehr wichtig.

Gewiss sind wir nicht alle Abraham. Aber manchmal ist das auch eine Möglichkeit in unserem Leben. Manchmal müssen wir von Gott abhängig sein und manchmal ein bisschen frei. Diese Spannung, herauszufinden, was in welcher Zeit sein sollte, ist ein wichtiger Teil dieser religiösen Kraft unseres Lebens.

Eine Geschichte zu einem »Geheimnis«

Manchmal stellen Menschen die Frage an Juden: »Erkläre uns, was das Geheimnis der jüdischen Verbindung mit Gott ist. Was ist das Besondere dieser Verbindung?« Und man antwortet, sie würden es leider nie verstehen. Denn ist es ganz und gar etwas, das nur zu uns gehört. »Nein bitte«, lassen sie nicht locker, »erkläre uns, was dieses Besondere ist, dieses Geheimnis der jüdischen Verbindung mit Gott.« »Na gut«, gebe ich nach, »ich kann dann dazu nur ein Beispiel geben: Eine Großmutter spaziert mit einem Kinderwagen am Meeresstrand direkt am Wasser entlang. Plötzlich kommt eine große Welle vom Meer und hebt das Kind aus dem Wagen fort ins Wasser. Die Großmutter blickt zum Himmel und ruft: ›Herr der Welt! Ein Wunder! Ich brauche ein Wunder!‹ Eine zweite Welle kommt. Und sie bringt das Kind zurück in den Kinderwagen. Die Großmutter schaut hinein, blickt zum Himmel und sagt: ›Herr der Welt, da fehlt aber noch eine Mütze.‹«
Innerhalb der Begegnung zwischen jüdischen Menschen und Gott ist dieses besondere Element, das man vielleicht »chuzpe« nennen kann. Es meint eine Nähe und eine Freundlichkeit, die manchmal zu unerwarteten Einsichten führt und zu ziemlich dogmatischen Fragen.

Stichwort: Jagen – hebräisch: radaf

In Vers 7 und 8 steht dieses Wort, »radaf«. Und hier ist es ein hartes Wort. In einem der Psalmen ist es etwas anders: In Psalm 34, 15 heißt es: »Suche den Frieden und jage ihn.« Laufe, um ihn zu suchen.

Die Rabbiner haben gesagt: Normalerweise ist es so: Wenn man die Möglichkeit hat, eine Mizwa zu tun, eine gute Tat entsprechend dem Gesetz, dann handelt man, weil plötzlich die Situation da ist. Man sieht jemanden, der arm ist, und man gibt ein bisschen Geld. Das ist ein »Mizwa«. In Psalm 34 aber wird das einzige Gebot gegeben, wo es heißt, dass man nicht nur tun soll, was gerade da ist, sondern man soll »radaf«. Um Frieden zu machen, muss man weitergehen. Man muss jagen nach Frieden. Es reicht nicht zu warten, dass Friede kommt. Man ist verpflichtet, etwas zu suchen, aufzusuchen.

Und dann verweisen die Rabbiner auf Aaron, den Bruder von Moses, der immer nach dem Frieden zwischen den Menschen gesucht hat. Sie haben erzählt, wie Aaron das getan hat:

Als Aaron davon erfuhr, dass zwei Männer Streit hatten, ging er ganz privat zu dem einen und sagte: »Dein Freund ist wirklich sehr unglücklich, dass ihr in Streit miteinander seid. Er möchte so gern wieder freundlich mit dir sein. Aber er ist ganz unsicher. Er denkt, dass du immer noch verärgert über ihn bist. Er hat zuviel Angst, zu dir zu kommen. Bitte, wenn du ihn siehst, wird es am besten sein, dass du einfach auf ihn zugehst, ihn sehr freundlich grüßt und ihm zeigst, dass nun alles vorüber ist, so dass ihr wieder Freunde sein könnt.«

Dann ging Aaron zu dem zweiten Mann und sagte: »Dein Freund ist wirklich sehr unglücklich, dass ihr keine Freunde mehr seid. Er möchte gern wieder mit dir zusammenkommen,. Aber er hat zuviel Angst, auf dich zuzugehen. Bitte, wenn du ihn zufällig siehst, dann gehe hin und sage, dass ihr wieder Freunde sein wollt.«

Durch diese Vermittlung haben sich die beiden getroffen und sind wieder Freunde geworden. Und das war der Erfolg von Aaron.

Nun ja, ich würde nicht überall diese Methode versuchen, ohne wirklich zu wissen, was da passiert ist. Aber Aaron war mit dieser Sache sehr beliebt in Israel.

Es gibt Varianten von dieser Geschichte, die sehr schön sind.

Zwei Brüder wohnten in der Nähe von Jerusalem. Einer war verheiratet, der andere nicht. Sie wohnten auf zwei Seiten eines Hügels. Und der eine, der nicht verheiratet war, dachte: »Ach, ich bin nicht verheiratet, ich habe alles, was ich brauche. Ich habe sogar mehr, als ich brauche. Aber mein Bruder ist verheiratet, er hat Kinder, er braucht mehr Sachen. Ich werde ihm etwas von meinem Getreide geben.« Um Mitternacht ging er heimlich über den Hügel und brachte seinem Bruder von seinem Getreide. Der andere Bruder dachte: »Ich bin verheiratet, ich bin sehr glücklich, ich habe Kinder, ich habe alles, was ich brauche. Aber mein armer Bruder ist so ganz allein, er soll wenigstens mehr besitzen.« So nahm er von seinem Getreide, ging über den Hügel und brachte es zu dem Platz seines Bruders. Am folgenden Morgen gehen sie beide zu ihrer Scheune und entdecken, dass sie genauso viel besitzen wie vorher, so als wäre nichts geschehen. In der nächsten Nacht passiert dasselbe, usw. Nach einigen Tagen, an denen es immer so weiterging, treffen sie sich auf der Mitte des Hügels, und sie sehen, was geschehen ist, wie gut sie zueinander sind und welche Liebe sie füreinander empfinden. Und man sagt, dass an diesem Ort, an dem sie sich so begegnet sind, später der Tempel gebaut wurde, in Liebe aufgebaut.

Es gibt aber – und das ist typisch jüdisch – eine Variante davon:

Da denkt der erste Bruder, der Kinder hat: »Ich brauche soviel mehr Geld als mein Bruder. Er ist nicht verheiratet, er hat alles, was er braucht. Ich werde ein bisschen von ihm nehmen.« Und so geht er mitten in der Nacht über den Hügel und nimmt von dem Getreide des Bruders. Und der zweite Bruder, der allein ist, sagt: »Mein Bruder ist verheiratet, hat Kinder, hat alles, was man in der Welt suchen kann. Ich werde etwas von ihm nehmen.« Er geht über den Hügel. Und das passiert einige Tage lang, und schließlich treffen sie mitten in der Nacht aufeinander, und sie schreien sich an: »Was hast du getan? Du hast meine Sachen gestohlen.« – Und an diesem Ort haben sie später die Knesset aufgebaut.

Stichwort: Synagoge / Tempel / Haus Gottes

Die Synagoge hat in unserer Tradition drei verschiedene Aufgaben. Man weiß nicht genau, wo zuerst eine Synagoge gebaut wurde. Sicher gehört sie zum Exil. Schon im babylonischen Exil kamen die Leute zusammen, vielleicht haben sie damit den ersten Schritt zum Aufbau einer Synagoge gemacht.

Die Synagoge hat drei Namen. Erstens heißt sie: »Haus des Treffens«. Das war der Ort im Exil, wo die Leute einander getroffen haben, um über das Leben, über Probleme, über die Gesellschaft und die Gemeinschaft zu reden.

Zweitens heißt sie: »Haus des Studiums«, hebr.: »Bet – Midrasch«. Und damit ist wirklich Studieren gemeint, tief in den Text hineinzugehen und zu suchen, was dahinter zu finden ist. Und das ist der Name der jüdischen Schulen. Sie sind ein »Bet – Midrasch«.

Und der dritte Name ist »Bet – Tefilla«, »Haus des Betens«, denn da findet regelmäßig der Gottesdienst statt. Manchmal muss ich in diesem Zusammenhang ausdrücklich erklären, dass es im Judentum keine Opfer mehr gibt. Wir schlachten kein Tier mehr im Tempel oder in der Synagoge. Wir sind im Zusammenhang mit unserem Gebet vegetarisch. Das ist also »Bet – Tefilla«.

Und das sind die drei Elemente: Beten, Studieren, das Leben organisieren. Diese Elemente sind sehr unmittelbar miteinander verbunden. Die Synagoge ist so etwas wie ein religiöses Rathaus, in dem alle möglichen Elemente des jüdischen Lebens zusammenkommen.

In unserem Text heißt es: »Gott wird in unserer Mitte sein.«

»Ich will meine Wohnung unter euch haben und will euch nicht verwerfen.«

Mischkan – hier als »Wohnung« übersetzt, ist der Begriff für das Tabernakel, den Thoraschrein. Der Wohnplatz, wo Gott zu finden ist.

Und hier kommen wir zu einem sehr problematischen Aspekt dieses Textes. Es ist die Frage nach der Präsenz Gottes in unserem Leben. Ich habe mal einen Kunsthistoriker gehört. Der stellte die Frage: »Warum gibt es einen Tempel? Warum brauchen Leute einen Tempel? Was ist das Ziel eines Tempels?« Normalerweise sagt man, dass ein Tempel dazu dient, Gottes Präsenz dort zu finden, dass Gott sozusagen konkret in unserer Mitte zu erfahren ist. Das ist eine Möglichkeit. Und so wird das Haus Gottes üblicherweise gesehen.

Aber es gibt auch eine andere Möglichkeit, dies zu sehen. Sie macht uns vielleicht eher Probleme. Die Menschen biblischer Zeit lebten in der Überzeugung, dass Gott überall ist. Warum also braucht Gott einen besonderen Platz, wenn Gott doch in der ganzen Welt zu erfahren ist? Vielleicht muss man den Tempel also ganz anders herum anschauen: Der Tempel ist nicht da, um die Präsenz Gottes dort zu finden. Er ist da, um Gott ein bisschen zu begrenzen. Gott wird ein ganz besonderer Platz gegeben, so dass es draußen, außerhalb des Tempels, ein bisschen Freiraum gibt. Freiraum, wo wir unsere menschliche Sünde ein wenig genießen können und wo wir unsere Fehler machen können. Wenn wir sehen, wie der Tempel aufgebaut ist, finden wir etwas davon: Zum Kern, dem zentralen Ort, darf nur der Hohepriester einmal im Jahr hineingehen. Draußen, nicht ganz so heilig, ist der Ort, wo die Leviten und die Priester opfern usw. Weiter draußen steht das Volk. Sie erkennen die Hierarchie. Für mich ist das ein Bild wie ein Atomkraftwerk.

Gott ist im Zentrum – Gott ist sozusagen eine gefährliche Person. Man kann nicht so leicht mit Gott umgehen. Martin Buber spricht von Gott als Ich-Du, als eine Verbindung mit Gott. Und ein englischer Philosoph, der wohl nicht so glücklich war über Buber, Leon Roth hat mal gesagt:»Es gibt Leute, die reden von der Verbindung mit Gott als einem Ich-Du-Gespräch. Aber das ist kein Tea-Time-Gespräch.« Und wenn man die Bibel anschaut, erkennt man: Es gibt viele Leute, die nicht besonders glücklich darüber sind, Gott zu begegnen. Leute wie Jona sind bis zum Ende der Welt gelaufen, um von Gott wegzukommen. Das bedeutet also: Wenn man mit Gott umgeht, dann gibt es Erwartungen, und es gibt eine Kraft. Und man kontrolliert die Situation nicht mehr selbst.

Wir sind manchmal vielleicht zu sehr gewöhnt, Gott lieb zu haben, als ob wir Gott jeden Moment benutzen könnten. Aber da ist eine Spannung. Und innerhalb dieses Textes, dass Gott in unserer Mitte ist, bedeutet das ein besonderes Umgehen, ein besonderes Verhalten. Denn die ganze Gesellschaft soll so aufgebaut werden, soll so gut miteinander umgehen, weil Gott in unserer Mitte ist. Das ist keine leichte Sache. Gott bringt uns immer zu etwas Neuem, etwas Problematischem. Gerade wenn wir meinen, wir wüßten genau, was Gott erwartet, kommt etwas Neues. Jemand sagte mir mal, bereits der Begriff »Theologie« sei ein falscher Begriff. Denn was man schon von Gott sagen kann, also »Theologie«, ist bereits etwas, das nicht mehr lebendig ist. Das heißt, man sollte es »Idol-logie« oder so nennen. Denn ein Begriff von Gott ist schon etwas Verfestigtes, Fertiges. Gott ist aber immer lebendig und bringt uns dazu, etwas Neues zu erfahren. Das heißt, man sollte diesen Text nicht zu sentimental betrachten. Es ist genau wie bei unserem Begriff »Gehe mit mir« oder »Gehe vor mir«. Dynamisch und manchmal eher problematisch ist diese Verbindung zu Gott. So ist es auch in diesem Text. Dafür, dass Gott in unserer Mitte ist, bezahlt man etwas. Es ist nicht ganz so leicht, wie es zu sein scheint.

Stichwort: Sklavenzeit und Freiheit

Am Ende dieses Textes steht die Erinnerung an den Auszug aus Ägypten. Sehr oft kommt diese Erinnerung an den Auszug aus Ägypten in der Bibel vor. Man muss sich erinnern, dass sie dort Sklaven waren, sie waren nicht frei. Sie mussten anderen Leuten dienen. Die neue Gesellschaft, die unter Gott aufgebaut werden soll durch Mose und diese Gesetze, muss wirklich im Gegensatz zu Ägypten und dieser Sklaverei stehen.

Es ist kein Zufall, dass das erste Gesetz in Exodus 21, der Anfang des ganzen Bundesgesetzes, besagt, dass Menschen nach sieben Jahren frei sein sollen von der Sklaverei. Man muss Leute freilassen. Viele andere Elemente in diesen Gesetzen haben dasselbe Interesse, nämlich eine Gesellschaft so aufzubauen, dass Menschen ihre Freiheit genießen, aber nicht auf Kosten der anderen.

Ich verstehe, dass es manchmal schwer ist, diese Gesetzestexte zu lesen. Sie scheinen ein bisschen seltsam zu sein. Sie gehören zu einer ganz anderen Welt. Wir halten sie für langweilig oder unwichtig. Sie beinhalten auch ganz technische Sachen. Aber meistens haben sie die folgende Richtung: Sie zeigen Situationen, wo etwas Falsches passiert. Das muss korrigiert werden, so dass eine Gesellschaft wieder zusammenkommt.

Menschen sollen zum Beispiel nicht immer in Streit miteinander bleiben. Denn durch Recht und Gerechtigkeit gibt es die Möglichkeit, etwas zu verändern und besser zu machen. Es gibt eine Heilung für den Streit, der da war. Diese Gesetze sind so aufgebaut, um zu zeigen, wie man die Probleme lösen kann, so dass dann in der Mitte ein ganzer freier Raum ist. Da ist dann die positive Verbindung zwischen Menschen zu finden.

Stichwort: Thora – Gesetz – eine Richtung zeigen

Die Bibel umfasst ja nicht nur Gesetze. Es gibt auch Erzählungen und Gedichte und Gebete und noch viel mehr. Aber oft denkt man, das ganze Alte Testament ist gesetzlich und so weiter. Das ist nicht der Fall. Das entscheidende Wort, das wir uns dazu ansehen müssen, ist »Thora«, das sehr oft als Gesetz übersetzt wird. Die Quelle des Wortes »Thora« ist »jara«, und das heißt, Pfeile zu einem Ziel zu schießen. »Thora« heißt richtig übersetzt: »Eine Richtung zeigen, einen Weg angeben.« Das ist immer existenziell.

»Thora« enthält auch Gesetze, aber nicht nur. Alle Elemente der »Thora« sind eine Art Gesprächspartner. Sie helfen, eine Gesellschaft aufzubauen, und darum ist »Thora« nicht nur individuell zu verstehen, sondern gesellschaftlich.

Stichwort: Sünde – Viele hebräische Worte, in deutsch nur eines

Wenn die Thora als eine Richtungsgebung verstanden wird, dann gehören dazu hebräische Begriffe, die als »Sünde« übersetzt werden. Leider gibt es im Deutschen und auch im Englischen nur das eine Wort »Sünde«. Wenige wissen, was dieses Wort denn bedeutet und woher es kommt. Man weiß nur, dass man das tut, wie man das tut. Im Hebräischen gibt es viele Worte für diese problematischen Sachen.

Nun ist es ja so: Wenn es einen Kern der Gesellschaft gibt, dann gibt es dafür in der Sprache dieser Gesellschaft viele Begriffe. So haben Eskimos viele Worte für Schnee, weil das ihre tägliche Existenz betrifft. Bei den Beduinen gibt es viele Worte für Kamel, weil ein Kamel für sie eine ganz besondere Sache ist.

Bei den Hebräern gibt es viele Worte für Sünde. Und vielleicht hat das etwas mit ihrer Gesellschaft zu tun, mit ihrem Denken. Die Begriffe sind ganz differenziert, und das ist wichtig zu verstehen. Das erste Wort, das sehr oft gebraucht wird, ist »chet«.

»Chet« heißt »eine falsche Richtung nehmen«. Es hat also unmittelbar zu tun mit der Ziel-Frage. Man gerät in eine falsche Richtung, merkt das irgendwann und kann es korrigieren. Es ist ein Umweg.

Das zweite Wort ist »Awon«. Es bedeutet krumm. Man macht bewusst einen Bogen um etwas. Man weicht aus, man will etwas vermeiden.

Das dritte Wort, »Päscha«, bedeutet Rebellion. Da weiß man genau, dass das, was man tut, falsch ist. Trotzdem tut man es. Das ist »Päscha«.

Und es gibt ein viertes Wort: »Avära«. Das heißt, über die Grenze zu gehen. Da wird eine Grenze bewusst überschritten.

Alle diese Begriffe von »Sünde« hängen davon ab, dass es einen Grundbegriff vom Leben gibt: Es gibt für unser Leben eine Richtung. Aber man kann falsch gehen. Man kann manchmal ohne Wahl etwas Falsches tun. Man weiß, man sollte es nicht, aber dennoch . . . Manchmal tut man es, gerade weil man weiß, dass man es eigentlich nicht sollte. Immer aber ist es möglich, dies zu korrigieren.

Thora zeigt eine Richtung. Wir können falsch gehen oder richtig gehen. Aber man kann immer zur Sache zurückkommen.

Der Text, den wir hier haben, ist nur der Anfang. Hier geht es um die Verheißungen von Gott, um das, was sie bekommen werden, wenn sie zum Gesetz halten. Aber was die Folge ist, wenn sie weggehen, das steht in den folgenden 20 oder 30 Versen.

Aber immer – auch darin – besteht die Möglichkeit zurückzukommen. Man ist nie abgeschnitten von diesem Bund. Ein alter Rabbiner hat mir erzählt. »Du sollst Gott immer gehorchen, nur einmal nicht! Wenn Gott sagt: Geh weg von mir. Das ist die einzige Zeit, zu der man Gott nicht mehr gehorchen soll. Du musst trotzdem an dem Tor klopfen und hineingehen. Du darfst Gott nicht erlauben, dich wegzuschicken.«

Stichwort: aufrecht – hebräisch: kum

Als Gott zu Jona sagt, er soll nach Ninive gehen, heißt es: »kum«, steh auf. Aufrecht. – Sie waren Sklaven. Sklaven sind unter ihrer Situation gebeugt, unter dem Gewicht ihrer Leiden und ihrer Arbeit. Aufrecht gehen heißt: man ist wirklich unabhängig. Man geht, wie ein Mensch gehen soll. Dieser Begriff »Aufrecht, unabhängig« kommt wieder darauf zurück, dass wir beides sind: Abhängig von Gott und unabhängig vor Gott.

Stichwort: Messianische Hoffnung

Alle diese Texte hier haben nicht nur eine Vergangenheit sondern auch eine Zukunft. Sie schauen in die Zukunft, in die messianische Zeit. Die ganze Geschichte Israels und die Gesellschaft, die sie hier aufbauen sollen, ist nicht nur eine Sache für sich selbst, sondern es soll etwas für die ganze Menschheit sein, ein Modell, dem andere folgen könnten. Eine Geselllschaft, die auf Gesetz, auf Gerechtigkeit aufgebaut ist.

Oft wird gesagt, das Judentum sei eine sehr partikularistische Religion, wir seien zu sehr in uns selbst eingebunden und dächten nur an uns selbst. Aber das ist nicht der Fall. Man muss nicht durch Judentum zu Gott kommen. Nach unserem Denken kann man durch jede Religion zu Gott kommen. Die Rabbiner haben von den sieben Gesetzen Noahs gesprochen. Das sind sieben allgemeine Gesetze. Jeder Mensch und jede Gesellschaft, die sich daran hält, kommt direkt in den Himmel. Man braucht nicht zum Judentum zu kommen.

Manchmal denkt man, das Christentum ist universal und das Judentum ist partikularistisch. Das Christentum ist aber genauso partikularistisch, es ist nur größer. Wenn man denkt, nur durch Christsein könne man in den Himmel kommen, dann ist das eine partikularistische Idee.

Sechs Teile des noachitischen Gesetzes handeln von dem, was man nicht tun soll: Keinen Diebstahl, keinen Mord usw. Nur ein positives Gesetz ist da: Es soll in eurer Gesellschaft Gerechtigkeit sein. Das ist eine Kernidee, die von diesem Text sozusagen in die Welt exportiert wird. Mit diesen Elementen in einer Gesellschaft ist dann Hoffnung auf eine messianische Zukunft. Das ist die Zeit, wenn die Welt zusammenkommt. Alle Nationen werden freundlich zueinander sein. Die Welt wird unter die Regeln Gottes kommen. Und diese Ideen kennen sie natürlich von den späteren Entwicklungen im Christentum.

Manche messianischen Bilder sind von den Propheten entwickelt worden. Das ist diese schöne Zeit in der Zukunft, wenn Löwe und Lamm zusammenliegen.

In Jerusalem gibt es einen Zoo. Und darin findet man einen Platz, an dem Löwe und Lamm den ganzen Tag zusammensitzen. Ganz phantastisch. Jemand hat gefragt: »Wie ist das möglich?« Und die Antwort war: »Es ist ganz leicht. Man muss nur jeden Tag ein neues Lamm hineinbringen.«

Dazu möchte ich ergänzen: Messianische Hoffnungen sind auch mit Praxis und Wirklichkeit verbunden. Und in der mittelalterlichen Zeit waren die Rabbiner, vor allem Maimonides, sehr realistisch. Er hat gesagt: Das messianische Bild meint ja nicht, dass sich wirklich die Natur ändern würde. Mit den Tieren wird nur etwas beschrieben. Die Nationen werden miteinander gut auskommen. Aber es ist besser, das mit ein bisschen Romantik anzuschauen.

Tanzlied zum Purimfest

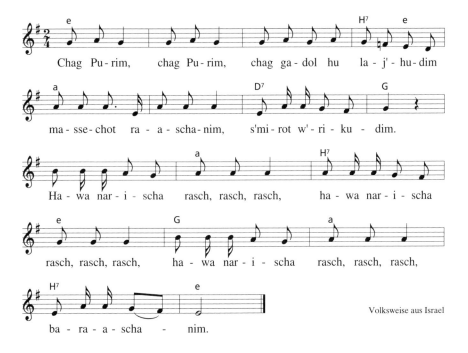

Chag Pu- rim, chag Pu- rim, chag ga- dol hu la- j'- hu- dim

ma - sse- chot ra - a - scha- nim, s'mi- rot w'- ri- ku - dim.

Ha - wa nar- i - scha rasch, rasch, rasch, ha - wa nar- i - scha

rasch, rasch, rasch, ha - wa nar- i - scha rasch, rasch, rasch,

ba - ra- a - scha - nim.

Volksweise aus Israel

Tanzbeschreibung

(Aufstellung im Kreis, an den Händen fassen, Tanzrichtung nach links.)

Rechter Fuß kreuzt vor linkem Fuß, linker Fuß neben rechten Fuß.
Rechter Fuß kreuzt hinter dem linken Fuß, linker Fuß neben rechten Fuß.
(2x wiederholen, weiter mit ganz kleinen Schritten.)

Rechter Fuß ein Schritt zur Mitte,
linker Fuß ein Schritt zur Mitte,
Stampfschritte am Platz: rechts, links, rechts.

Linker Fuß ein Schritt zurück,
rechter Fuß ein Schritt zurück,
Stampfschritte am Platz: rechts, links, rechts.

Rechter Fuß ein Schritt zur Mitte,
linker Fuß ein Schritt zur Mitte,
Stampfschritte am Platz: links, rechts, links.

Linker Fuß ein Schritt zurück,
rechter Fuß ein Schritt zurück,
linker Fuß ein Schritt zurück und…
(Der Tanz beginnt von vorne.)

III

Steht auf
für die Kleinen,
für die Kinder
dieser Welt

Öffentliches Signal
»Kinder haben Rechte«

Kinder haben Rechte – und zwar gerechte

Kinderrechte und Kindergottesdienst

Hans-Martin Grosse-Oetringhaus

»Lasset die Kinder zu mir kommen und wehret ihnen nicht, denn ihrer ist das Reich Gottes.« Wir kennen alle diese Worte Jesu Christi aus der Geschichte von der Kindersegnung (Markus 10,13–16). Er fordert mit deutlichen Worten dazu auf, Kinder ernst zu nehmen. Seit Jesus ist diese Forderung mit unterschiedlichen Worten millionenfach wiederholt und noch öfter missachtet worden.

Jeden Tag sterben 39.000 Kinder auf der Welt an Hunger und vermeidbaren Krankheiten. Über 50 Millionen junge Menschen müssen schon im Kindesalter arbeiten. 120 Millionen Kinder zwischen sechs und elf Jahren haben keine Chance, eine Schule zu besuchen. 45 Prozent der in armen Ländern lebenden Kinder unter fünf Jahren – das sind etwa 155 Millionen – wachsen am Rand des Existenzminimums auf.

Die schwersten Kinderrechtsverletzungen wie Kinderprostitution, sexueller Missbrauch, Kriegseinsatz von Minderjährigen, Kinderarbeit, Ausbeutung, Obdachlosigkeit, Verlassenheit, Bildungslosigkeit, Nahrungsmangel und das Fehlen einer medizinischen Versorgung finden sich auch nicht etwa nur in den Ländern des Südens, sondern tatsächlich in allen Teilen der Welt.

Wenn ich heute über die Rechte der Kinder zu Ihnen spreche, dann kann ich das nicht aus der Perspektive eines Theologen oder Religionspädagogen. Und was das konkrete Engagement im Kindergottesdienst angeht, da haben Sie alle viel mehr Erfahrung als ich.

Ich kann Ihnen aber einige Informationen über die Rechte der Kinder geben, über die Kinderrechtskonvention, kann Fragen und Gedanken anstoßen und von eigenen Erfahrungen im Umgang mit Kinderrechten durch meine Arbeit als Medienpädagoge bei der Kinderhilfsorganisation *terre des hommes* und als Kinder- und Jugendbuchautor berichten.

In meinem Beitrag möchte ich zunächst auf die *Rechte der Kinder* näher eingehen. Möchte dann von Kindern berichten, die sich in Bolivien für ihre Rechte einsetzen, und anschließend Überlegungen zu einem *Globalen Lernen,* auch im Kindergottesdienst, anstellen. Danach möchte ich noch einmal – wieder anhand von Dias – über Erfahrungen in Lateinamerika berichten.

Zwischendurch gestatten Sie mir bitte ein paar literarische Zwischenrufe. Es sind Texte, die ich für die Rückseiten des Fotowandkalenders von *terre des hommes* geschrieben habe.

Ein Druck auf die Fernbedienung des Fernsehers kann uns schnell bewusst machen: Kindheit wird zunehmend idealisiert und kommerzialisiert. Gleichzeitig werden Gegenwart und Zukunftsperspektiven von Kindern immer düsterer: Immer weniger Kindergartenplätze, immer weniger Entfaltungsmöglichkeiten von Kindern in unseren Städten, bei unserem Verkehr. 50.000 Kinder in einem reichen Land wie dem unseren sind obdachlos. Es gibt zunehmend mehr vereinsamte und verlassene Kinder – weltweit. Immer mehr hungernde Kinder. Und gleichzeitig immer mehr Werbung für Kinder. Mehr Produkte für Kinder. Meinen wir dadurch, Kinder ernst zu nehmen?

Großschreibung

Wenn kleine Menschen
große Rechte bekommen,
dann müssen die Kleinen
den Großen
nicht klein beigeben
und haben eine Chance,
groß zu werden.
Darum ist es wichtig,
die Rechte der Kleinen
ganz groß zu schreiben.

Anhängsel der Erwachsenen

»Das Kind wird nicht erst ein Mensch, es ist schon einer.« Dieser Satz von Janusz Korczak mutet banal an. Und doch macht er das Verständnis von Kindheit in unserer Gesellschaft deutlich. In ihr wird das Kind nicht als eigenständiges Individuum gesehen. Vielmehr wird es als Anhängsel der Erwachsenen betrachtet. Bisher wurden Kinder nie als eigenständige Gruppe der Gesellschaft begriffen. Sie wurden als Arbeitskräfte benötigt, als Versicherung für die Alten. Immer wurden sie der jeweils herrschenden Gesellschaft angepaßt. Und immer waren sie Objekt von Herrschaftsinteressen.

Auch heute werden Kinder bei uns gebraucht: als künftige Bürger, die als Wähler das politische System mit tragen, als Steuerzahler, als Renteneinzahler, als Konsumenten und vieles mehr. Kinder als Anhängsel der Erwachsenen, als Objekte. Diese Grundeinstellung wirkt bis in die Gesetzgebung. Die Debatte um das Grundgesetz machte erneut deutlich: Kinderrechte werden in ihm auch in Zukunft eine untergeordnete Rolle spielen. Wie sollen sie auch, wo doch die Gesetze von Politikern verabschiedet werden, die auf Wählerstimmen schielen! Und Kinder können nicht wählen.

Natürlich wollen Politiker sich als Freunde von Kindern profilieren. Das macht sich immer gut. Im politischen Machtkampf setzen sich aber regelmäßig andere Interessen als die der Kinder durch. Sie werden oft instrumentalisiert und zu Opfern politischer Heuchelei. Kinderinteressen werden systematisch negiert. »*Strukturelle Kinderfeindlichkeit*« lässt sich bei uns an zahlreichen Stellen ausmachen: in der Stadtplanung, in der Wohnungsarchitektur, im Verkehr, in der Zahl von außerhäuslichen Betreuungsmöglichkeiten. Gleichzeitig dienen Kinder –

zum Beispiel in der Werbung – als »kollektives Schmuseobjekt« und parallel dazu einer rücksichtslosen kommerziellen Vermarktung.

Die Generation der Erwachsenen hat vorrangig ein Interesse am Jetzt, die der Kinder an der Zukunft. In dieser Konfrontation siegt der Stärkere. Ellenbogengesellschaft auch hier. In einer solchen Situation Rechte zu haben – selbst wenn für ihre Verwirklichung hart gekämpft werden muss – ist wichtig.

Es ist noch nicht lange her, da waren in Europa Kinder rechtlich kaum anders gestellt als das Vieh ihrer Väter. Das war noch zu Beginn des letzten Jahrhunderts so. Kinder konnten genauso wenig Rechte und genauso wenig staatlichen Schutz in Anspruch nehmen wie die Kühe, Pferde und Schweine im Stall. Die Väter konnten über Kinder und Vieh wie über Privateigentum bestimmen. Dies änderte sich erst nach und nach. Die väterliche Macht wurde mehr und mehr begrenzt und die Kinder gegen wirtschaftliche Ausbeutung geschützt.

Der 20. November 1989 war ein großer Tag für die Menschenrechte. Nach zehnjähriger Vorbereitungszeit und 30 Jahre nach der *Internationalen Charta des Kindes* von 1959 verabschiedete die Vollversammlung der Vereinten Nationen ein neues Artikelwerk, das die elementaren Notwendigkeiten für eine menschenwürdige Kindheit erstmals in einem umfangreichen Rechtekatalog festhält: die *UN-Konvention über die Rechte der Kinder.* Sie ist inzwischen der verbindliche, internationale Maßstab für den Umgang mit Kindern. Bis auf die USA und Somalia haben alle Staaten die Konvention unterzeichnet.

Dabei fordert die Konvention auch eine wichtige Veränderung im Verhältnis von Erwachsenen und Kindern: Sie werden vom Verfügungs- und bestenfalls Schutzobjekt zum Subjekt in einer speziellen Lebenssituation mit verbrieften Rechten. Zu diesen Rechten zählen unter anderem das Recht auf einen Namen, das Recht auf Gleichheit, das Recht auf Ernährung, Kleidung und Wohnung, das Recht auf Gesundheit, das Recht auf Frieden, das Recht auf Bildung, das Recht auf kulturelle Identität, das Recht auf die eigene Meinung, das Recht auf Schutz vor Ausbeutung, das Recht auf soziale Sicherheit, das Recht auf Schutz auf der Flucht, ein spezielles Recht behinderter Kinder.

Neben Schutzrechten, Leistungsrechten und Integrationsrechten benennt die Konvention für jedes Kind auch spezielle Rechte auf Partizipation, auf Teilhabe und Mitbestimmung. Es ist ein besonderes Ziel der Konvention, Kindern sowohl eine aktive Mitsprache in der Gesellschaft als auch genügend Einflusschancen auf ihre eigenen Anliegen und Interessen zu geben.

Die Konvention verpflichtet zunächst die unterzeichnenden Regierungen. Sie haben die Verantwortung für die Verwirklichung der Kinderrechte. Der Appell zu mehr Gerechtigkeit im Sinne des Wohles aller Kinder richtet sich jedoch an alle gesellschaftlichen Institutionen und Kräfte eines Landes und fordert somit letztlich auch das Engagement und die Tatkraft jedes einzelnen Erwachsenen und jedes einzelnen Kindes. Demzufolge würde die Verwirklichung der Kinderrechte auch zu einer Aufgabe des Kindergottesdienstes, wenn sie es nicht schon lange wäre. Denn der Appell ist ja bereits 2000 Jahre alt: *Lasset die Kinder zu mir kommen . . .*

Wenn sich die Sichtweise von Kindheit, wie sie in der Kinderrechtskonvention zum Ausdruck kommt, durchsetzen würde, hätte dies eingreifende Auswirkungen auf die Stellung des Kindes in der Gesellschaft – weltweit.

Paragraphen, Konventionen auf Papier, verändern noch nicht die Welt. Das können nur wir. Aber die Gesetze und Konventionen können dabei ein hilfreiches und nützliches Werkzeug sein. Damit Kinder sich auch selber für ihre Rechte einsetzen können, müssen sie sie zunächst einmal kennen. Darum hat *terre des hommes* in Deutschland eine Kampagne durchgeführt, die auf die Kinderrechte aufmerksam machen soll. Aber auch in verschiedenen Ländern Lateinamerikas wurde die Durchführung einer solchen Kampagne unterstützt.

Fragen eines Kindes

Rechte soll ich haben?
In einer Konvention sollen sie stehen?
Eigens für Kinder gemacht?
Auch für mich?
Feierlich unterzeichnet?
Mit vielen Seiten?
Und vierundfünfzig Artikeln?
Dich beeindruckt das?
Was ich davon halte?
Ich sage es dir,
wenn du aus Paragraphen
Taten gemacht hast.

Globales Lernen – auch im Kindergottesdienst

Ich habe über pädagogische Überlegungen, Begriffe und Erfahrungen in Lateinamerika berichtet. Das Gleiche möchte ich jetzt auch für unseren Zusammenhang hier in Deutschland tun. Ein zentraler Begriff ist dabei der des *Globalen Lernens.* Er besagt eigentlich nichts wirklich Neues. Aber er setzt neue Schwerpunkte, öffnet neue Blickwinkel.

Auch *Globales Lernen* braucht Leitbilder. Sie stellen allerdings keine engen Konzepte dar, sondern sind Wegbeschreibungen und Momentaufnahmen und fordern zur Umgestaltung und Weiterentwicklung heraus. Der zugrundeliegende Bildungsbegriff ist normativ, aber offen und entwicklungsfähig. Die auf diesem Weg angestrebte Bildung zielt im Kern auf die Fähigkeit, über eigene Lebensentwürfe weitgehend selbstbestimmt zu entscheiden, in gesellschaftlichen Zusammenhängen sinnvoll mitzugestalten und Solidarität für und mit denjenigen zu praktizieren, denen Grundrechte vorenthalten werden.

Ein solches Lernen ist dem Prinzip der globalen Gerechtigkeit und dem sehr offenen Leitbild verpflichtet, unsere Welt ökologisch und sozial zukunftsfähiger zu gestalten. Das entworfene Menschenbild wird von kultureller Vielfalt, Solidarität, Partizipation und ethischen Grundsätzen geprägt.

Die Themenauswahl *Globalen Lernens* sollte sich allerdings nicht an der Abarbeitung globaler Risiken allein orientieren: Die Felder, wo Kinderrechte verletzt werden, hätten da einiges zu bieten. Hier steckt allerdings die Gefahr eines

katastrophenorientierten Betroffenheitsenga-
gements. *Globales Lernen* muss sich aber
ebenso auf den Weg machen, faszinierende
und Freude bereitende Weltbilder zu entdek-
ken und zu entwerfen.

Das Fremde muss zum Beispiel nicht als
Bedrohung empfunden werden. Das Anders-
artige kann vielmehr eine großartige Berei-
cherung sein. Und es kann einfach Spaß und
Freude und das Leben bunter und abwechs-
lungsreicher machen. Schon das allein wäre
ein Grund, neugierig darauf zu sein, wie die
Menschen anderswo leben, singen, spielen,
kochen. Denn der Süden besteht nicht nur aus
Elend, Mangel und Armut. Er kann reich sein.

Farbenlehre

Die Menschheit
ist wie ein Regenbogen:
farbenprächtig und bunt.
Alle Farben sind da.
Würde nur eine fehlen,
der Bogen wäre bald
ganz verschwunden.
Die Menschen
sollten daraus lernen.

Reich an Phantasie, Kreativität und Ideenreichtum. Prall an Freude. Voll von
Rhythmus. Verführerisch in Geschmack und Gerüchen. Schillernd in den bunte-
sten Farben. Beeindruckend in Ausdauer und Geduld. Überwältigend in Gastfreundschaft und selbstverständlicher Hilfsbereitschaft. Ansteckend in Gemeinsamkeit und Zusammenhalt, in Solidarität.

Praktische Aktionsideen

Die traditionelle narrative Form, das heißt das Erzählen von Geschichten,
halte ich nach wie vor für eine gute und geeignete Form, jungen Menschen die
Kinderrechte zugänglich und verstehbar zu machen, vor allem Kindern der Altersgruppe, die für den Kindergottesdienst besonders wichtig ist. Solche Geschichten finden sich in vielen meiner Kinder- und Jugendbücher.

Rechte – was fällt dir dazu ein?

Alle Kinder einer Gruppe werden aufgefordert, fünf Substantive und fünf
Verben, die ihnen spontan zum Thema *Kinderrechte* einfallen, auf einen Zettel zu
schreiben. Danach lesen sich alle ihre Wörter vor. Aus jenen, die mehr als einmal
genannt wurden, wählen alle gemeinsam fünf Substantive und fünf Verben aus,
die für besonders wichtig gehalten werden und etwas über Kinderrechte aussagen. Jedes Kind soll dabei Gelegenheit haben zu begründen, warum es ein be-
stimmtes Wort für besonders aussagekräftig oder wichtig hält.

Wenn die fünf Substantive und fünf Verben ermittelt worden sind, können
alle versuchen, eine Geschichte zum Thema *Kinderrechte* zu schreiben, in denen
diese zehn Wörter – in beliebiger Reihenfolge – vorkommen. Zum Schluss erzählen alle ihre Geschichte oder lesen sie vor. Auf diese Weise werden zunächst einmal Ideen und Begriffe gefunden, die einem selbst zum Thema einfallen, ehe Informationen *von außen* gegeben werden.

Diaserie im Kopf

Die Gruppe stellt sich vor, sie müsste eine Diafolge über Kinderrechte erstellen. Die Serie darf aber nur aus zehn Dias bestehen. Alle denken sich Bilder aus und besprechen miteinander, was die wichtigsten Aussagen und Bilder zu diesem Thema sind. Noch sind es Bilder im Kopf. Sie lassen sich natürlich auch aufmalen. Die Bilder können mit einem Diafilm abfotografiert werden, so dass eine echte Diaserie entsteht. Die Kinder können dem Thema auch mit der eigenen Kamera nachspüren. Unter den Medien der Schule, in Mediotheken, Bildstellen, Pfarrämtern und anderen Einrichtungen können Dias aus der Dritten Welt gefunden werden.

Rechte raten

Die Spielleiterin schreibt die einzelnen Rechte der Kinder aus der Kinderrechtskonvention auf kleine Zettel. Die Gruppe teilt sich in Zweier-Teams auf. Einer der beiden Mitspieler in jeder Gruppe ist der Zeichner, der andere der Rater. Beide dürfen nicht miteinander sprechen. Die Spielleiterin zeigt nun allen Zeichnern die erste Karte mit dem Begriff. Auf ein Kommando hin dürfen die Zeichner beginnen, das Recht zu malen, und zwar so, dass der Partner möglichst schnell das Recht, das gemeint ist, errät. Das Team, dessen Rater als erster die richtige Antwort gerufen hat, erhält die entsprechende Karte.

Jetzt wechseln die Aufgaben innerhalb der Teams. Der Zeichner wird Rater, der Rater wird Zeichner. Wieder zeigt die Spielleiterin den Zeichnern die Karte und auf ein Signal hin beginnen sie zu zeichnen. Buchstaben und Zahlen sind verboten! Das Team, das am Schluss die meisten Kärtchen hat, hat gewonnen.

Das Ballonspiel

Alle Mitspieler erhalten ein Blatt. Außerdem wird eine große Tabelle mit den Namen der Spielerinnen und Spieler benötigt, um am Schluss die Ergebnisse vergleichen zu können. Auf dem Blatt steht:

Das Recht auf mein eigenes Zimmer
Das Recht, saubere Luft atmen zu können
Das Recht auf Taschengeld
Das Recht auf Liebe und Zuneigung
Das Recht, nicht herum kommandiert zu werden
Das Recht, einzigartig zu sein
Das Recht auf Ferien jedes Jahr
Das Recht auf Essen und Trinken
Das Recht auf Zeit zum Spielen
Das Recht, dass mir zugehört wird

Alle Mitspieler stellen sich vor, dass sie alleine in einem Ballon schweben. An Bord haben sie zehn Rechte. Jedes Recht wiegt zwei Kilo.

Plötzlich verliert der Ballon an Höhe. Um den Abstieg aufzuhalten, muss ein Recht über Bord geworfen werden. Der Ballon fängt sich wieder, verliert aber nach einer Weile abermals an Höhe. Ein weiteres Recht muss also abgeworfen werden. Dies geht so weiter, bis nur noch ein einziges Recht an Bord ist.

Alle werden gebeten, die Liste sorgfältig durchzusehen und zu überlegen, welche Rechte sie leicht aufgeben können und welche sie solange wie möglich behalten wollen. Dann entscheiden sie – ohne Diskussion – und setzen auf ihrem Blatt eine 1 vor das Recht, das sie zuerst über Bord werfen, eine 2 vor das, auf das sie am zweitleichtesten verzichten könnten, und so weiter. Das Recht, das übrig bleibt, erhält die Nummer 10.

Zum Schluss wird auf einer großen Tabelle gut sichtbar festgehalten, wie sich jede Teilnehmerin und jeder Teilnehmer entschieden hat. Damit ist für Zündstoff und für eine angeregte Diskussion gesorgt.

Bitte an die Kinder

Bitte, Kinder,
nehmt euch
uns Erwachsene nicht zum Vorbild.
Denn was dabei herauskommt,
wenn wir die Sachen in die Hand nehmen,
wisst ihr.
Wie die Welt aussieht,
wenn wir sie ausschlachten,
seht ihr.
Ihr habt die Suppe auszulöffeln,
die wir euch eingebrockt haben.
Bitte, nehmt uns nicht zum Vorbild.
Aber setzt alles daran,
dass eure Kinder euch einst
zum Vorbild nehmen können.

Mein Buch »Kinder haben Rechte – überall«, in dem diese Aktionsideen und Lernaktionen enthalten sind, ist über *terre des hommes* erhältlich:
Postfach 41 26, 49031 Osnabrück; Telefon 0541/7101–0; Telefax 0541/707233.

Die Kinderhilfsorganisation bietet darüber hinaus noch eine ganze Reihe weiterer Medien und Materialien zum Thema an. Wen diese Materialien interessieren, kann entsprechende Listen zu den verschiedenen Medien anfordern. Sie eignen sich nicht allein für den Einsatz in Schulen. Einige sind sicherlich auch gut im Kindergottesdienst oder auf Freizeiten einsetzbar.

An mein Kind

Ich kann dir
die Stadt nicht geben,
die für Kinder
und nicht für Autos gebaut ist.

Ich kann dir
die Schule nicht geben,
die dir hilft zu fragen,
und nicht deine Fragen erstickt.

Ich kann dir
die Wälder nicht geben,
die üppiges Leben zeigen,
und nicht ihr eigenes Sterben.

Ich kann dir
die Luft nicht geben,
die dich frei atmen lässt,
und nicht krank macht.

Ich kann dir
den Frieden nicht geben,
der dich zum Schmetterling macht,
und nicht zum Wolf.

Ich kann dir
die Gerechtigkeit nicht geben,
die dich davor bewahrt,
anderen Unrecht zu tun.

Das alles kann ich nicht.
Nur eines kann ich:
dich lehren,
für dies alles zu kämpfen.
Und wie könnte man
besser lehren,
als durch
Vorleben?

Gehören Sie auch zu den Merkzettel-Typen, die sich wichtige Dinge, um sie nicht zu vergessen, aufschreiben und an Stellen heften müssen, die ihnen täglich ins Auge fallen? Wenn ja, dann sollten Sie sich diese drei Vorsätze notieren:

▶ **Kinder ernst nehmen!**
▶ **Kinderrechte verwirklichen, zu Hause und weltweit!**
▶ **Mut statt Resignation zeigen und aktiv werden!**

An meinem Arbeitsplatz heften sie auch. Vielen Dank.

»Kinder haben Rechte«

Öffentliches Signal der Gesamttagung am Samstag, den 23. Mai 1998 um 12.00 Uhr vor der St. Lorenz Kirche in Nürnberg (Ausschnitte aus dem Kundgebungstext)

ULRICH WALTER

Ich begrüße alle, die sich hier um 12.00 Uhr vor St. Lorenz versammelt haben.

Kinder haben Rechte, aber wer hilft ihnen dabei, diese Rechte auch einzuklagen und durchzusetzen? Wir, die Teilnehmenden der Gesamttagung, wollen ihnen dabei zur Seite stehen.

Wir sind an diesem Wochenende Gäste in Nürnberg bei der Gesamttagung für Kindergottesdienst mit 4.000 von insgesamt 60.000 Mitarbeiterinnen und Mitarbeitern in der EKD. Und wir wollen nicht verheimlichen, was die Kinder uns im Kindergottesdienst erzählen. Wir kennen ihre Sorgen und Nöte und deshalb wollen wir Anwälte ihrer Rechte werden.

So geht es zu in unserem Land! Das wollen wir heute der Welt vor Augen halten und zu Ohren bringen.

Denn unsere Kinder brauchen »Kümmerer«, wie der NRW-Kinderbeauftragte Dr. Reinald Eichholz sie nennt. Menschen, die nicht nur am Sonntag darüber reden, was den Kindern überall auf der Welt recht sein sollte, sondern Menschen, die sich um die Rechte der Kinder in ihrem Alltag kümmern, denen sie ein Herzensanliegen sind, und die sich aktiv dafür einsetzen, dass die Kinder ihren Platz bekommen.

Wie steht es bei uns um die Rechte der Kinder, wie sie in der Kinderrechtskonvention der Vereinten Nationen festgelegt, von Bundestag und Bundesrat verabschiedet und im März 1992 mit der Ratifikationsurkunde beim Generalsekretär der Vereinten Nationen hinterlegt wurden?

Dort heißt es in Grundsatz 2:

> ■ Das Kind genießt besonderen Schutz; ihm werden Gelegenheiten und Erleichterungen durch Gesetz und auf andere Weise gegeben, sich gesund und natürlich in Freiheit und Würde körperlich, geistig, seelisch und sozial zu entwickeln. Das Beste des Kindes ist für diese Gesetzgebung bestimmend.

Die Menschheit ist es dem Kinde schuldig, ihr Bestes zu geben.

Das höre ich wohl, aber was muss ich sehen?

Wie steht es mit dem Raum, den Kinder bei uns haben?

Wofür werden bei unserem Haus- und Wohnungsbau mehr Quadratmeter eingeplant, für das Kinderzimmer oder für die Garage?

Wie sieht es in unseren Siedlungen aus? Vergleichen Sie einmal die Flächen von naturbelassenen Spielplätzen und asphaltierten Autoabstellplätzen!

Viele Kinder bleiben sich selbst überlassen. Es ist wohl so, wie Walter Wilken, der Bundesgeschäftsführer des Deutschen Kinderschutzbundes sagt: »Wir sind eine kinderentwöhnte Gesellschaft.«

Und wie sehen das unsere Kinder? Wir haben nach ihren Bildern zu diesem Thema gefragt.

Dieses Bild z. B. malte ein siebenjähriges Kind. Es hat den 1. Preis des Malwettbewerbes gewonnen.

Ein Wort schwebt da auf seinem Bild zum Thema Kinderrechte vom Himmel: LIEBE.

Und darin steckt alles, was unsere Kinder brauchen wie das tägliche Brot. Oder, um es mit den Worten der Erklärung der Rechte der Kinder zu sagen:

— Gerechte und gleiche Chancen zum Aufwachsen,
— gesunde Lebensverhältnisse und Gesundheitsversorgung,
— die Fürsorge der Eltern,
— eine Erziehung ohne Gewalt,
— Zeit und Raum für Spiel und Freizeit,
— Schule und Bildung.

Jedes Kind hat ein Recht darauf zu spüren: Gut, dass du da bist! Und darum stehen wir heute hier, damit die Kinder in unserer Mitte und die Kinder dieser Welt zu ihrem Recht kommen. Es sind Gottes Kinder, er hat jedes einzelne in sein Herz geschlossen.

Ein Gast dieser Stadt, der Reformator Martin Luther, hat es so gesagt: »Immer, wenn du ein Kind siehst, hast du Gott auf frischer Tat ertappt.«

Geben wir ihnen die Chance, als Kind unter Kindern zu leben und aufzuwachsen in einer Gesellschaft, die sich über ihre Gegenwart freut, und die ihnen Chancen gibt, später einmal die Welt selbst zu gestalten.

Kinder haben Rechte

Zu diesem Thema gibt es ein Material- und Arbeitsheft mit grundlegenden Informationen zur UN-Konvention über die Rechte des Kindes sowie Bausteinen zur Gestaltung von Gottesdiensten mit Kindern und Familien, kreativen Vorschlägen, Liedern, Texten, Geschichten und Medienhinweisen. – Einzelpreis DM 12,– + Versandkosten.

Eigens dazu wurde eine Maxi-CD »Kinder haben Rechte« von der Musikgruppe Jericho produziert mit dem fetzigen Kinderrap (S. 130) oder dem Schlager »Wenn du Spaß am Leben hast, soll ein Engel zu dir kommen« wie auch eine Karaoke-Version zum Kinderrap. – Einzelpreis DM 17,– + Versandkosten.

Paketpreis: Arbeitsheft und CD: DM 25,– + Versandkosten.

Erhältlich bei: Landesverband für Kindergottesdienst, Postfach 44 04 65, 90209 Nürnberg, Tel. (0911) 43 16-130/135, Fax (0911) 43 16-101

Steht auf für die Kleinen

Capo im 3. Bund

Kehrvers: Steht auf für die Klei-nen, für die Kin-der die-ser Welt! Er - hebt eu - re Stim-me für ihr Le - ben, für ih - re Träu - me von ei - ner Zu - kunft, die Gott er - hält. Steht auf für die Klei-nen, für die Kin- der die- ser Welt! Steht auf! Steht auf!

1. Kein Tag oh - ne Bil - der von Angst und Ge - walt, Mäd - chen und Jun - gen, die lei - - - den. Und die Kin- der die- ser Welt ha - ben ei - nen Traum: Hän - de, die nicht län - ger schla - gen, Hän - de, die ei - nan - der rei - chen Zei - chen von Got - tes Frie - den.

Text: Ulrich Walter; Melodie: Fritz Baltruweit. Rechte: tvd-Verlag, Düsseldorf

Verse ▶

Die Säule der Kinderrechte

Erläuterungen zum Kunstwerk

Andreas Föhl

Die Idee zur Entstehung der Säule stammt von Pfarrer Dr. Johannes Blohm aus Nürnberg. Er wollte, angelehnt an die Straße der Menschenrechte in Nürnberg, speziell eine Säule der Kinderrechte verwirklicht haben.

Die Form der Säule, die ich hergestellt habe, ist der Romanik entlehnt. Mich fasziniert die Schlichtheit der Kunst dieser Epoche. Für meine Säule habe ich Holz verwendet, weil es ein lebendiges, wachsendes Material ist, das auch noch nach der Fertigstellung weiter arbeitet. Wachsen, sich verändern – damit möchte ich auch an die Kinder erinnern. Holz wirkt auch nicht monumental in dem Sinne, sondern hat einen eher einladenden Charakter und ist damit gut geeignet, etwas über Kinder auszusagen und in einem Umfeld zu stehen, in dem sich Kinder aufhalten.

Die Rechte der Kinder muss man immer wieder deklarieren und in die Öffentlichkeit bringen, um sie zum Leben zu erwecken. Mit meiner Säule hoffe ich, einen guten Kompromiss zwischen »einladend« und »anmahnend« gefunden zu haben.

Da in Deutschland Hölzer aus fernen Ländern nicht mehr so einfach zu beschaffen sind, ergab sich die Holzauswahl wie von selbst. Die Säule besteht aus afrikanischem Limba (helles Holz), indonesischem Meranti (rosa), amerikanischem Kirschholz (rötlich), europäischem Birnbaum (gelblich) und südamerikanischem Sippo-Mahagoni (dunkelbraun). Die Säule enthält aber auch Elemente aus Stein (am Sockel) und Metall (am Kapitell). Das Zusammenbringen verschiedener Materialien ist ein typisches Merkmal meiner Kunst. Mit der Vielfalt der Werkstoffe möchte ich auch die Vielschichtigkeit der Welt symbolisieren. Es ist ein Stück weit Alchimie oder magisches Denken, aber es bringt den materiellen Charakter der Dinge am besten zum Ausdruck.

(Siehe dazu auch die Abbildungen im Farbbildteil)

---

2. Mit großen Augen schau'n sie vom Plakat, stumm ist ihr Schrei vor Hunger.
Und die Kinder dieser Welt haben einen Traum: Brot genug für alle Menschen,
Brot zum Teilen und Vertragen – Zeichen von Gottes Segen.

3. So viele bleiben einsam und allein. Niemand ist da, der sie tröstet.
Und die Kinder dieser Welt haben einen Traum: Herzen, die sich nicht verweigern,
Herzen voller Liebe und Wärme – Zeichen von Gottes Liebe.

Kinderrap

VERS 1

Hallo, Ihr da!
Ja.
Ist schon recht,
den Rasen zu betreten;
ist schon recht,
um Sonnenschein zu beten;
ist schon recht,
ein Loch in den Bauch zu fragen;
ist schon recht,
über Lehrer Kunz zu klagen;
ist schon recht,
in der U-Bahn rumzurennen;
ist schon recht,
in der Kirche mal zu pennen;
ist schon recht,
zu singen mit den Prinzen;
ist schon recht,
durchs Schlüsselloch zu linsen;
ist schon recht,
die Nase platt zu drücken;
ist schon recht,
zu lachen mit Zahnlücken;
ist schon recht,
im nassen Sand zu matschen;
ist schon recht,
bei diesem Lied zu klatschen.
Denn ein Kind ist ein Kind,
ist ein Kind, ist ein Kind.
Denn ein Kind ist ein Kind,
ist ein Kind, ist ein Kind.

VERS 2

Ist schon recht, hej,
mal richtig auszuflippen;
ist schon recht,
Papis Auto zuzuschippen;
ist schon recht,
vorm Donner Angst zu haben;
ist schon recht,
mich von Susi zu begraben;

ist schon recht,
Karawane Kinderrecht;
ist schon recht,
denn so vielen geht es schlecht.
Denn ein Kind ist ein Kind,
ist ein Kind, ist ein Kind.
Denn ein Kind ist ein Kind,
ist ein Kind, ist ein Kind.

VERS 3

Ist schon recht,
in der Brause rumzublubbern;
ist schon recht,
Vogelscheuchen bau'n aus Schrubbern;
ist schon recht,
über Wassersprengern springen;
ist schon recht,
auch 'ne Fünf mal heimzubringen;
ist schon recht,
dass wir lernen müssen dürfen;
ist schon recht,
nach Gold im Garten schürfen.
Denn ein Kind ist ein Kind,
ist ein Kind, ist ein Kind.
Denn ein Kind ist ein Kind,
ist ein Kind, ist ein Kind.

VERS 4

Ist schon recht,
dass wir für uns selber sprechen;
ist schon recht,
dass wir auch mal Regeln brechen;
ist schon recht,
dass die Großen auf uns hören;
ist schon recht,
auch wenn's manche Menschen stört;
ist schon recht,
dass ihr immer daran denkt,
dass auch euch Gott seine Kinder
nennt.
Denn ein Kind ist ein Kind,
ist ein Kind, ist ein Kind.
Denn ein Kind ist ein Kind,
ist ein Kind, ist ein Kind.

Aus den Arbeitsgruppen

Lebendige Steine wollen wir sein

Text und Melodie: Ulrich Walter. Rechte beim Autor

Vom Ki-Go zum Kids-Go

Mit älteren Kindern Gottesdienst feiern

ELFRIEDE EHEMANN

Warum Gottesdienste für ältere Kinder?

In unterschiedlichen Variationen wird das Kürzel Ki-Go in der Kindergottesdienstarbeit verwendet und jeder weiß, was gemeint ist: Gottesdienste mit Kindern in verschiedenen Altersstufen von drei bis dreizehn Jahren. In den letzten Jahren hat es sich allerdings abgezeichnet, dass immer weniger »Große«, d.h. Kinder im Alter von ca. 9 bis 13 Jahren, kurz Kids, in den Kindergottesdienst kommen. Ihr Wegbleiben hat verschiedene Gründe:

— Kinder im Alter ab etwa neun Jahren befinden sich in einer für sie wichtigen und notwendigen (meist schwierigen) Findungsphase, gemeinhin als Pubertät bezeichnet. Sie suchen ihren Platz in und den Anschluss an die Jugend- und Erwachsenenwelt. Dies bringt automatisch eine deutliche Abgrenzung zu den »Kleinen« mit sich, weil man/frau ja schon groß ist.

— Viele Kindergottesdienste haben sich aus unterschiedlichsten Gründen verjüngt. Weil jetzt Kinder ab dem 3. Lebensjahr dabei sind, ist ein Dabeibleiben für die Älteren nicht angesagt.

— In den meisten Ki-Go-Teams arbeiten nur Erwachsene, überwiegend Mütter, mit, bzw. das Team besteht nur noch aus solchen. Auch deshalb ist ein Dableiben out, weil man/frau sich ja gerade in deren Welt seinen/ihren Platz sucht und dies nicht ohne Konflikte mit der Erwachsenenwelt abgeht.

Grundsätzlich gilt die Einladung allen, auch den Kids. Doch wie sollen sie zum Kommen bewegt werden, wenn die äußeren Bedingungen dagegen sprechen?

Hier setzt unsere Überlegung nach Veränderungen ein. Ein kleiner Buchstabe, das »d« zeigt diese Veränderungen: Er bringt Neues ein und knüpft gleichzeitig an Vertrautem an. Die Kinder gehen nun nicht mehr in den Kindergottesdienst (»Wir sind doch keine Kinder mehr«), sondern Kids »go« zum Gottesdienst für ältere Kinder, dem Kids-Go. Dort finden die Kids, die schon bald zu den Präparanden und Konfirmanden gehören werden und sich für den Ki-Go zu alt fühlen, einen neuen und eigenen Platz.

Wodurch unterscheidet sich der Kids-Go vom Ki-Go?

Natürlich muss sich der gutklingende Name mit Inhalt füllen, soll er nicht als bloße Worthülse wieder in der Versenkung verschwinden. Deshalb braucht es einige besonders beachtete Grundlegungen. Diese sind einzubinden in den Rahmen des bisher Vertrauten. Das total Neue, das »Mega-Andere« ist erstaunlicherweise nicht nötig. Das gibt den Kids den notwendigen (und gesuchten) Raum der Geborgenheit, der gleichzeitig aber auf sie und ihre besondere Lebenssituation ausgerichtet ist. Zu diesem Spannungsfeld gehören:

— Eine »eigene« Liturgie mit rhythmischen Liedern mit Klatschen und Bewegungen aus dem Discotanz, mit Gebärden und meditativen Tänzen (auch die Jungs machen da mit), frei formulierte Gebete, Gebete mit verschiedenen Sprechern, ganzheitliche Gestaltung.
— Themen, die aus dem Lebens- und Erfahrungshorizont dieser Altersgruppe stammen.
— Etwas »Eigenes«, z.B. die eigene Kids-Go-Mappe, die von jedem mit gestaltet wird und jedem gehört.
— Die weitgehende räumliche und zeitliche Trennung zum Ki-Go, um die Eigenständigkeit auch nach außen zu unterstreichen.
— Die Einbindung des Entdeckungs- und Bewegungsdranges dieser Altersstufe. Im Sommer bietet es sich an, den Kids-Go ins Freie zu verlegen, eventuell gekoppelt mit einer Radtour zum Gottesdienstplatz. Mobilität und Unabhängigkeit können als neu gefundenes Selbstbewusstsein gezeigt werden (»Wir waren in . . . zu unserem Gottesdienst.«)
— Die Kids sind in besonderem Maße für vielfältige Aktionen, z.B. in der Vorweihnachtszeit, zu gewinnen. Sie putzen mit Feuereifer Schuhe zugunsten der Straßenkinder in Brasilien, sammeln für Schwerstbehinderte in diakonischen Einrichtungen, sammeln Geld für eine Paketaktion zugunsten mittelloser Strafgefangener. Das Ergebnis von 1.000,- DM bis 2.000,- DM zeugt vom Engagement der Kids. Da die örtliche Presse solche Aktionen wohlwollend begleitet, ist das für die Kids zugleich Herausforderung, Anerkennung und Dank zugleich. Gerade da, wo sich Sammler und Spender persönlich kennen, sind die Ergebnisse besonders gut.
— Die Kids präsentieren sich auch durch Mitgestaltung oder Darbietungen z.B. im Seniorenkreis.
— Sie gestalten bei entsprechender Thematik auch gerne Gottesdienste für Erwachsene oder Familiengottesdienste (da auch mit dem Ki-Go) mit.

Dies zeigt, dass die Kids sich gerne in das kirchliche Leben einbringen, es mit gestalten und sich auch zu Gottesdienstbesuch und -gestaltung motivieren lassen, sofern sich dies von dem »sicheren« Terrain Kids-Go aus tun lässt und auch ein Zurückziehen auf dieses Terrain möglich ist.

Nach Sternstunden im Kids-Go kehrt natürlich auch wieder der Alltag ein. Aber dennoch braucht es diese Form der Arbeit mit den älteren Kindern, um die sonst zur möglicherweise tiefen Kluft werdende Zeit zwischen Ki-Go und Konfirmandenzeit sinnvoll zu füllen und kirchliche Bindungen zu erhalten und dem Glauben weiterhin einen Nährboden zu bieten. Nötig ist dafür aber die Verbesserung der Rahmenbedingungen in den Gemeinden ebenso wie bei den Arbeitsmaterialien.

Praktische Tips / Erfahrungen

Kids-Go findet bei uns einmal im Monat statt. Besser wäre zweimal im Monat, damit der Abstand zwischen den einzelnen Gottesdiensten nicht zu groß ist. Wegen des größeren zeitlichen Abstandes der Gottesdienste ist eine feste Bezugsperson besonders wichtig.

Ein Muss ist die zeitliche (und räumliche) Trennung vom Ki-Go. Empfehlenswert ist auch ein anderes Team. So nebenbei lässt sich Kids-Go nicht machen.

In der Vorstellung, den Älteren einen niveauvollen Gottesdienst in einer stets wechselnden Gestaltung zu bieten (damit sie weiterhin kommen), liegt die Gefahr, dieses Niveau zu hoch anzusetzen. Auch die Kids hören gerne Geschichten, singen, malen, gestalten und basteln mit Begeisterung.

Anknüpfungen an vertraute, aber anders verpackte Angebote aus dem Ki-Go sind erlaubt.

Die Kids übernehmen gerne besondere Aufgaben im Gottesdienst, wie z.B. das Austeilen der Mappen, Gestalten der meditativen Mitte des Stuhlkreises mit Kerzen, Tüchern etc.

Die Einbindung besonderer Begabungen von einzelnen Kindern bringt Abwechslung in den Kids-Go und entlastet das Mitarbeiterteam.

Die Kids lassen sich zu einem diakonischen Engagement motivieren und zeigen da erstaunliche Fähigkeiten in der Umsetzung ihrer Vorstellungen.

Und was sagen die Kids zu ihrem Kids-Go?

Ergebnisse einer Umfrage

Wir gehen gerne in den Kids-Go, weil
— es Spaß macht;
— ich es dort schön finde;
— ich schon größer bin;
— wir dort singen, beten, reden und helfen.

Was macht mir am Kids-Go besonderen Spaß?
— Lieder,
— Geschichten,
— Aktionen.

Ab Februar 1999 kann das Arbeits- und Materialheft »Kids-Go. Mit älteren Kindern Gottesdienst feiern« mit verschiedenen Modellen und Materialien bestellt werden. Bezug: Landesverband für Evang. Kindergottesdienst in Bayern, Postfach 44 04 65, 90209 Nürnberg, Tel.: 0911/43 16–130/135; Fax: 0911/43 16–101.

Integrativer Kindergottesdienst

... damit Kinder mit Behinderung einfach dazugehören

RENATE SCHINDELBAUER-HARTMANN / ANNEGRET SCHNEIDER

Wie sind wir zu diesem Thema gekommen?

Wir leben seit Jahren gemeinsam in Bruckberg, einem Dorf in Bayern mit großen Heimen für Menschen mit geistiger Behinderung, die zur Diakonie Neuendettelsau gehören. Wir machen miteinander (und noch mit anderen) Kindergottesdienst. Daneben gibt es einen extra Kindergottesdienst für etwa 50 Kinder und Jugendliche aus den Heimen. Ein paarmal im Jahr (z.B. Advent, vor den Sommerferien) feiern wir miteinander.

Die Stichworte »Integration« und »Normalisierung« sind für unsere Arbeit sehr wichtig. Ein möglichst normales Leben soll auch für Menschen mit Behinderung ermöglicht werden. Wir erleben, dass Menschen mit Behinderung und Menschen, die ohne Behinderung leben, mehr gemeinsam machen können, als auf den ersten Blick möglich erscheint.

Wir erleben auch, wie in vielen anderen Lebensbereichen außerhalb unseres Dorfes Menschen mit Behinderung höchstens am Rand vorkommen und kaum wahrgenommen werden.

Wir wünschen uns, dass Kirche ein Ort ist, wo das anders ist und wo auch Leben mit Behinderung seinen Platz hat.

Jede Gemeinde hat dabei ihre eigenen Chancen und Grenzen – bedingt durch Räume und Menschen, Zeit und andere Gegebenheiten. Die Chancen entdecken und mögliche Grenzen ausloten, Impulse oder einen neuen Blickwinkel mitgeben für den Weg durch die Gemeinde, das wollten wir mit unserer Arbeitsgruppe während der Gesamttagung.

Arbeitsthesen für die Arbeitsgruppe während der Gesamttagung

1. In vielen Kirchengemeinden leben Kinder mit einer körperlichen oder/und geistigen Behinderung.
2. Die meisten Kinder mit Behinderung sind im Dorf, im Stadtteil, in der Kirchengemeinde nur wenig integriert. Sie gehen in »Spezialschulen«, sind nur selten auf dem Spielplatz. Manchmal fallen die Kinder auf durch Rollstühle oder weil sie sich anders verhalten, nicht sprechen können usw. Bei vielen anderen Gemeindegliedern entsteht Unsicherheit, wie sie mit Familien, in denen Kinder mit Behinderung leben, umgehen sollen.

3. Viele Eltern von Kindern mit Behinderung erleben auch, dass andere Menschen ihnen mit Ablehnung begegnen. Die Unkenntnis über das Leben in einer Familie, deren Kind/er mit Behinderung leben, ist oft groß. Viele andere Eltern können sich nicht vorstellen, wie der Alltag strukturiert ist. Oft ist ihr Leben viel aufwendiger zu organisieren, belasteter. Viele Eltern von Kindern mit Behinderung wollen nicht, dass sich andere durch ihr Kind belastet fühlen.

4. **Eine Kirche, die Anwältin für** *alle* Kinder sein will, muss auf Kinder mit Behinderung deshalb besonders zugehen. In einigen Gemeinden kommen die Familien mit ihren Kindern ganz selbstverständlich zum Kindergottesdienst dazu, das ist aber eher selten. Meistens ist es notwendig, dass Familien, in deren Mitte ein Kind mit Behinderung lebt, besonders angesprochen und eingeladen werden.

5. Damit dies gelingt, sind einige Voraussetzungen nötig:
   — Einfühlungsvermögen,
   — Spontanität,
   — eine klare Linie,
   — ein wenig Sachkenntnis über Kinder und ihre Besonderheiten,
   also genau das, was auch zu jeder guten Kindergottesdienstarbeit nötig ist.

Nach unserer Meinung hat der Kindergottesdienst gute Voraussetzungen für eine Begegnung von Kindern mit und ohne Behinderung.

— Im Kindergottesdienst geht es nicht nur um die »Liebe Gemeinde!« als Gruppe, sondern jedes Kind wird (im Idealfall) persönlich begrüßt, *mit einbezogen, wahrgenommen* mit seinen Möglichkeiten.

— Liturgie, die von der *Wiederholung* lebt, gibt Sicherheit. Gerade Kinder mit geistiger Behinderung orientieren sich am Bekannten, Vertrauten und freuen sich über das Wiedererkennen.

— Im Kindergottesdienst ist außerdem das *Elementarisieren* der biblischen Botschaft eine grundlegende Aufgabe. Geschichte und Bastelarbeit, Gespräche, Spiele, Lieder, Tänze und die Raumgestaltung usw. machen (im Idealfall) ein Thema von verschiedenen Seiten deutlich.

— Verschiedenste *Sinne werden angesprochen* und nicht nur die Kanäle »Ohr« und »logisches Verstehen« genützt.

— Nicht zuletzt sind die meisten Kinder offen für die *Begegnung* mit anderen Kindern.

Wie kann man im Kindergottesdienst damit anfangen?

Das Thema »Kinder mit Behinderung« muss erst einmal Thema im Kindergottesdienstteam werden. Manchmal entstehen die Gedanken dazu auch durch die Themen, die im Plan für den Kindergottesdienst vorgeschlagen sind. Manchmal gibt ein Erlebnis im Alltag den ersten Anstoß. Manchmal kommt auch ein

Kind mit Behinderung in den Kindergottesdienst und dann entsteht die Überlegung: Wie passt eigentlich unsere Art, Kindergottesdienst zu feiern, zusammen mit diesem Kind?

Einige Informationen über die Situation in der Gemeinde und in den Familien müssen gesammelt werden:

— Wo leben in unserer Gemeinde Kinder mit Behinderung?
— Wie leben sie?
— Wie alt sind sie?
— Was ist ihre Besonderheit?
— Wer kennt sie?

Manchmal wissen die Pfarrerinnen oder Pfarrer in der Gemeinde Bescheid, manchmal ist der Kontakt zu den ambulanten Diensten (Frühförderung . . .) oder den Schulen sinnvoll. Die Familien selbst freuen sich meistens auch, wenn jemand aus dem Kindergottesdienstteam auf sie zugeht.

Eine Entscheidung im Kindergottesdienstteam muss getroffen werden: *Kinder mit Behinderung sollen zu unserem Kindergottesdienst dazugehören.*

Kontakte werden zu den Familien mit einem behinderten Kind geknüpft. Die Familie wird persönlich zum Kindergottesdienst (oder zu einem Fest des Kindergottesdienstes, zur Kinderbibelwoche o.ä.) eingeladen. Für viele Kinder ist es leichter, wenn (am Anfang) eine vertraute Person dabei ist.

Es ist gut, wenn jemand aus dem Kindergottesdienstteam sich Zeit nehmen kann, auf so ein neues Kind zuzugehen.

Wichtig ist es, die Geduld nicht zu verlieren, wenn es nicht gleich so klappt, wie alle sich das vorstellen. Es braucht manchmal lange Zeit und viele Anläufe. Die Ziele sollen nicht so hochgesteckt sein.

Anmerkungen nach der Gesamttagung

In unserer Arbeitsgruppe hat es eine ziemlich lange und kontroverse Diskussion über die Frage gegeben, ob die Kindergottesdienst-Kinder mit dem Thema »Behinderung« konfrontiert werden sollen, bevor das Kindergottesdienstteam Familien mit Kindern, die eine besondere Behinderung haben, zum Kindergottesdienst einlädt.

Wir denken, dass es gut ist, »allgemein« mit Kindern über dieses Thema zu sprechen. Egal, ob Kinder dann kommen oder nicht. Dies soll nicht in ein »Vorwarnen« ausarten. Aber es soll Kinder aufmerksam machen auf die Besonderheiten, Chancen und Grenzen, die *jedes* Kind hat.

Wir meinen, dass Kinder besser mit Behinderung umgehen können, wenn sie ein wenig über Menschen mit Behinderung wissen, als wenn sie »ins kalte Wasser« fallen.

Ich finde dabei die Fragen meiner eigenen Kinder, die ja Behinderung täglich sehen, spannend: »Warum kann der Mann nicht sprechen?« – »Kann der dann auch nicht denken oder denkt er anders als wir?« – »Warum hat Gott sich das so ausgedacht?« – »Ist die Mama von dem Kind schuld daran, dass es behindert ist?« – »Ist der . . . eigentlich traurig, dass er im Heim lebt?« Und tausend andere Fragen.

Uns ist es wichtig, dass Kinder erfahren:

— (geistige) Behinderung ist *eine* Form, eine Möglichkeit menschlichen Lebens.
— Menschen mit einer (geistigen) Behinderung sind nicht besser, nicht schlechter als andere Menschen. Wir würden nicht einmal von vornherein sagen, dass sie besser oder schlechter dran sind als andere Leute. Viele falsche Vorstellungen vom Leben in einem Heim prägen da unsere Überlegungen.
— Sie dürfen genauso leben wie wir auch. Gott hat sie genauso lieb wie jeden Menschen. Menschen mit einer Behinderung sind nicht an sich doof oder blöd. (Ein alter Slogan aus der Gehörlosengemeinde: Taub ist nicht stumm, taub ist nicht dumm.) Und auch nicht an sich toll. Sondern genauso verschieden wie alle anderen Menschen auch. Sie sind nicht an sich zu bemitleiden.
— Können wir es akzeptieren, dass ein Mensch so anders ist als wir? Finden wir einen Zugang zu seiner/ihrer Welt – und sie zu uns?
— Es gibt viele Menschen, die mit einer Behinderung leben. Manchmal kann man das schnell erkennen und manchmal erkennt man das gar nicht so leicht. Mit manchen Behinderungen kann man ganz leicht umgehen (zum Beispiel eine Brille aufsetzen, ein Hörgerät tragen . . .), für manche Behinderungen braucht man viele Hilfen.
— Am schlimmsten ist es, wenn ein Mensch »am Herzen behindert« ist. In unserer Welt sind viele am Herzen behindert, d.h. unbarmherzig. Aber wir haben uns so sehr daran gewöhnt, dass wir das gar nicht mehr als Behinderung empfinden. Diese »Herzensbehinderung« gehört auch zu dem, was in der Bibel mit »Sünde« benannt ist.

Kinder, die uns auffallen

Schweigend oder störend, immer im Mittelpunkt oder ständig abgelehnt.
Wir versuchen, unseren Blick zu schärfen für diese Kinder

JOHANNES DE FALLOIS

Manche Mitarbeitenden im Kindergottesdienst klagen, dass sie in ihrem Kindergottesdienst mit erheblichen Disziplinstörungen zu kämpfen haben. »Der ist doch gestört!« – »Die ist total verhaltensauffällig!« oder andere »Wertschätzungen« drücken die Not mit solchen Kindern aus.
Bevor Sie weiterlesen, stellen Sie sich bitte diesen Fragen:
1. Wie begegnete man mir, als ich ein schwieriges Kind war. Warum? Eigene Berichte!
2. Welche Begegnungen und Erfahrungen mit »schwierigen« Kindern im Kindergottesdienst habe ich?

Woran erkenne ich »schwierige« Kinder?

Verhaltensauffälligkeiten mit und ohne organische Läsionen (= Verletzungen):

— Motorische Unruhe
— Konzentrationsstörungen
— Beeinträchtigung der Bewegungskoordination
— Herabgesetzte Belastbarkeit
— Erhöhte Reizbarkeit
— Stimmungsschwankungen
— Formerfassungsstörungen (Figur-Hintergrund-Differenzierungen)
— Verminderte Realitätsanpassung
— Neigung zu Kurzschlusshandlungen (mangelnde Kontrolle)
— Begrenzte Reizfilterung
— Ausfälle des planenden Denkens

Solche Auffälligkeiten bleiben zunächst oft lange unerkannt, da frühkindlich keine Leistungsanforderungen gestellt werden, durch die diese Läsionen erkennbar wären.

Symptome der Verhaltensstörung:

● motorisch: Hypermotorik
nervöse Handlungen (Nägelkauen / Daumenlutschen usw.)
unkontrollierte Muskelkontraktion (Stottern / Mutismus = Sprachlosigkeit)

- vegetativ: Magen-/Darmbeschwerden
                  Essstörungen
                  Schlafstörungen
                  Kopfschmerzen
                  Allergien (Asthma)
- affektiv: Aggression
                  Aggressionshemmung (zu angepasst)
- pragmatisch: Antriebslosigkeit
                  Konzentrationsschwäche
                  Ermüdbarkeit (mangelnde Belastbarkeit)
- dissozial: Lügen
                  Stehlen
                  Vagabundieren

Die Gründe für Verhaltensauffälligkeiten sind vielschichtig.

■ Kinder sind heute *lebhafter und weniger ausdauernd* als früher. Das hängt mit der modernen, d.h. von Technik und Medien bestimmten Umwelt zusammen, in der die Kinder aufwachsen. Die Kinder sind einer Flut von Informationen, Bildern und »action« ausgesetzt. Ihre Spiele und Spielsachen sind temporeicher und mit sehr viel mehr Variationsmöglichkeiten ausgestattet als früher. Kinder sind heute deshalb nicht mehr so daran gewöhnt, länger bei einer Sache zu verweilen. Der Kindergottesdienst allein kann da nicht gegensteuern. Er kann sich nur darauf einrichten und beispielsweise dieses höhere Tempo durch Methoden, Medien, Gestaltungen, Spiele und Bewegungen berücksichtigen. (Erinnern Sie sich mal an den Kindergottesdienst, den Sie selbst vor Jahren besucht haben. Vergleichen Sie ihn einmal mit dem, den Sie heute selbst halten . . .)

Kinder sind heute in manchem anders, als wir sie uns für einen reibungslosen Ablauf wünschen würden. Doch dass Kinder heute lebhafter und selbstbewusster geworden sind, ich denke, das ist zunächst einmal positiv zu bewerten. Selbst wenn man diese Entwicklung nicht befürwortet, ist nicht zu vergessen: die Kinder sind in vielem Produkt der Welt, für die wir Erwachsenen Verantwortung tragen. Darum sollten sie nicht ausgeschimpft werden, wenn sie nicht nach unseren Vorstellungen reagieren. Dafür können sie nichts.

■ Kinder stören, wenn der *Kindergottesdienst langweilig* ist. Das geschieht meist dann, wenn er nicht gut vorbereitet ist, z.B. wenn er zu wenig strukturiert wird, wenn zu viel improvisiert ist, oder wenn er schlichtweg nicht altersgemäß gestaltet wird. Wenn der Ablauf den Kindern nicht klar ist, wenn zu viel »schief geht«, oder wenn Kinder zu wenig bzw. zu viel gefordert sind, dann kann es schnell sein, dass sie ihre Aufmerksamkeit anderen Dingen zuwenden. Überoder Unterforderung erleben Kinder immer als »langweilig« und nur wenige stören dann nicht.

■ Kinder werden heute *selbstbewusster* erzogen als früher. Auch die Angebote, die professionelle Anbieter für Kinder gestalten, sind perfekter geworden als früher. Die Kinder sind dann auch *anspruchsvoller* geworden. Durch Störungen klagen sie Qualität ein. Ein Kindergottesdienst, der in jeder Geschichte dasselbe theologische Ziel vermitteln will (z.B. Gott ist gut, er behütet und beschützt. / Wir sollen helfen.) oder immer dieselben Methoden auswählt, muss langweilig sein, weil den Kindern alles schon bekannt vorkommt.

■ Kinder leben heute zunehmend *isolierter.* Soziale Beziehungen und zwischenmenschliche Bindungen sind immer weniger vorgegeben, sondern müssen gesucht und gestaltet werden.

Verstärkt wird diese Isolation durch den Einfluss der Medienvielfalt, die über Kabel oder Satellit, in Form von Videos, Computerspielen, Musikträgern und anderen Technologien verfügbar ist. Sogenannte »visuelle Welten« tun sich auf, die dazu beitragen werden, dass die Teilhabe an der wirklichen, konkret erfahrbaren Welt weiter zurückgehen wird. Schätzungsweise 50% der Kinder in der alten Bundesrepublik besitzen heute ihren eigenen Fernseher. 6–12jährige verbringen – je nach Schicht und Alter – durchschnittlich 3 Stunden vor dem »Apparat«. Häufig werden die Kinder auf diese Weise ruhiggestellt und passiviert. Dadurch leidet ihre Artikulationsfähigkeit und ihre Erfindungsgabe. Sie werden de-intellektualisiert, verängstigt und in ihrem Sozialverhalten geschädigt. Die hohe Verunsicherung in einer plural gewordenen Welt wird durch Interpretationsdissonanzen noch verstärkt. Kinder wissen relativ früh »alles« – einschließlich von Sex und Gewalt. Kinder geraten in Werbeabhängigkeit und Realitätskonkurrenz.

Der Kindergottesdienst sollte die Lebenswelt der Kinder zur Sprache bringen. Ein Kindergottesdienst, in dem es um die Kinder selbst, um ihre Grunderfahrungen und Lebensprobleme geht, wird nicht so schnell langweilig.

Zu beachten ist auch, dass das zahlenmäßige Verhältnis von Mitarbeitenden und Kindern im Kindergottesdienst einigermaßen stimmt und die Altersspanne zwischen den Kindern der Gruppe nicht zu sehr auseinanderklafft. Je kleiner die Kinder sind, desto mehr Mitarbeitende sind nötig. Eine zu große Altersspanne führt zwangsweise zur Über- oder Unterforderung eines Teils der Kinder.

Kinder von Mitarbeitenden fallen manchmal auf. Dies kann daran liegen, dass sie zum Kindergottesdienst gehen müssen. Es kann auch sein, dass sie Zuwendung erzwingen wollen, weil ihre Mutter sich anscheinend fremden Kindern mehr zuwendet als dem eigenen Kind. Auch *Pfarrerskinder* verhalten sich manchmal wie »Platzhirsche«, sei es, dass sie weniger Ehrfurcht vor dem für sie »alltäglichen« Kirchenraum haben, oder dass sie anderen zeigen wollen, wie sehr sie hier zu Hause sind und sich darum auch mehr Rechte herausnehmen als andere.

Verhaltensauffälligkeiten, die um Aufmerksamkeit und Zuwendung buhlen, können aber auch dadurch veranlasst sein, dass *Kinder mit persönlichen Schwierigkeiten* zu kämpfen haben. Die gewohnten Familienstrukturen sind heute nicht mehr so selbstverständlich wie früher. Die Zahl der Kinder, deren Eltern geschieden sind oder in Scheidung leben, wächst ständig. Ebenso die Zahl der sogenannten »Schlüsselkinder« (d.h. Kinder, die – aus welchen Gründen auch immer – bis weit in den Nachmittag hinein auf sich selbst gestellt sind). Häufig erleben Kinder solche Lebenssituationen als Mangel an Zuwendung. Es kann sein, dass Kinder diesen Mangel durch auffälliges Verhalten ausgleichen, um Aufmerksamkeit und Zuwendung zu »erbetteln«.

- Konfliktsituationen: Verlusterfahrungen: Tod, Scheidung, Umzug usw.
                         Überforderungen: Hilflosigkeit und Frustration
                         Angsterfahrungen: Trennungsangst, Angst vor . . .
                         emotionale Frustration

- Übertragungs-Erfahrungen:
                         z.B. ungewollte Kinder

- Organminderwertigkeiten:
                         Kleinwuchs, Großwuchs

In eine ähnliche Richtung kann auch der wachsende Leistungsdruck – schon im Grundschulalter! – wirken. Wenn Kinder glauben, in der Schule versagt zu haben, dann kann es vorkommen, dass sie sich nicht anerkannt fühlen. Nicht selten versuchen solche Kinder dann durch auffälliges Verhalten, die Anerkennung der anderen Kinder oder die Zuwendung der Mitarbeitenden im Kindergottesdienst zu erzwingen.

Nur selten werden massive *psychische Störungen* in der Entwicklung eines Kindes Ursache des Konflikts im Kindergottesdienst sein. Solche massiven Verhaltensstörungen können durch psychische Krankheiten, Missbrauch und Misshandlungen verursacht sein.

Hilfreich zum Erkennen einer solchen Störung – die durch Fachleute therapiert gehört, nicht durch Mitarbeitende im Kindergottesdienst – ist die Erkenntnis des sozialen und schulischen Umfeldes der Kinder. Gespräche mit Lehrern, Klassenkameraden und Eltern helfen oft weiter.

Dazu kommen immer auch die *psychopathogenen (= seelisch krankmachenden) Elemente* der Schule/Jugendzeit (Beobachtung: ca. 30% aller Schüler/innen bräuchten psychotherapeutische Behandlung, bei ca. 10% der Kinder bereits chronisch). Verstärkt zu beobachten sind Krankheiten, die sonst nur (eher) für Heimkinder typisch waren:

— Autismus (= Beziehungslosigkeit) und
— Aggression ohne Kontrolle (= Vandalismus).

Zu fragen wäre dabei:

Wo ordne ich das Kind ein:
— überangepasst – der Situation angepasst – dissiziativ?

Was ist das »Schlimmste«, was einem Jugendlichen passieren kann?
— wenn einer ausgestoßen wird
— Lügen hintenherum erzählen
— Abhängigkeit (Drogen)
— Urteil nach dem Beruf der Eltern
— Angst vor Urteil/Missbilligung der Lehrer/Eltern
— wenn ein Freund sich nicht durchsetzen kann (z.B. aus Angst, den Freund zu verlieren)
— Clique: Mutprobe zum Einstieg
— von Älteren »untergebuttert« werden
— Urteil nach Benehmen, nicht nach Leistung
— Lehrer, die benachteiligen (sozialer Rassismus)
— von Freunden unter Druck gesetzt werden
— Angst vor dem »Durchfallen«
— Grundschule – Gymnasium: Notensprung
— zumeist Veränderung im Arbeitsstil

Was ist das »Beste«, was einem Jugendlichen passieren kann?
— Eltern haben Vertrauen und erlauben mehr
— mehr Verantwortung
— bessere Freunde
— Anreiz: Leistung
— kumpelhaftes Lehrerverhalten: verständnisvoll, auf Einsicht ausgerichtet

Was kann man tun?

Das Wichtigste ist zunächst, die eigene Beobachtung zu schärfen. Es kann nicht darum gehen, Kinder unüberlegt als »verhaltensgestört oder -auffällig« zu verurteilen. Beobachten und nicht (ver-)urteilen! Hilfreich ist es, zunächst im Mitarbeiterkreis über das Kind zu reden und die gemeinsamen Beobachtungen zusammenzutragen:

— Um welches Kind handelt es sich (Kinder haben einen Namen, sind eine eigene Persönlichkeit)?
— Wie alt ist das Kind? Welches Verhalten ist in dieser Altersstufe möglicherweise angemessen und normal? Besteht eine Über- oder Unterforderung durch das Angebot?
— Wie verhält sich das Kind konkret (beobachten, nicht beurteilen!)?
— Was wissen wir über das soziale und schulische Umfeld des Kindes (z.B. mit welchen Problemen es konfrontiert ist)?

Erst im letzten Schritt kann man sich vorsichtig an eine Beurteilung der Situation herantasten, um dann gemeinsam zu überlegen, was im Einzelfall getan werden kann.

Ansätze zur Lösung im Konfliktfall sind zu suchen durch:

▶ abwechslungsreichere Gestaltung des Kindergottesdienstes
▶ altersgemäße Gestaltung des Kindergottesdienstes
▶ Verteilen von Aufgaben an Kinder, die Beachtung oder Anerkennung suchen
▶ näheren, vertrauensvolleren Kontakt mit dem Kind suchen
▶ Gespräche zum Verstehen dessen, was Gottesdienst ist, führen
▶ klare Strukturen schaffen
▶ klare Spielregeln aufstellen (und sich auch selbst daran halten)

● Kinder, die nur ein anderes Programm durchsetzen wollen und damit (hoffentlich!) nicht durchkommen, bleiben von selbst weg oder sie entdecken allmählich, dass Gottesdienst feiern schön ist. Dass Kinder das erleben können, ist Aufgabe der Mitarbeitenden.
● Der Gottesdienst ist eine gemeinschaftliche Feier. Das Erleben dieser Gemeinschaft ist nicht nur unabdingbar, es kann auch dazu helfen, dass den Kindern vermittelt wird:»Jede/jeder ist uns wichtig.« So kann der Kindergottesdienst den Kindern auch Halt geben, die Zuwendung und Anerkennung suchen. Dies kann langfristig dazu führen, dass »schwierige« Kinder immer mehr darauf verzichten, die gewünschte Aufmerksamkeit durch auffälliges Verhalten zu erzwingen.
● Für die Teilnahme am Kindergottesdienst darf es keine andere Bedingung geben als die, bereit zum gottesdienstlichen Feiern zu sein. Dies ist die Vorgabe, der sich Mitarbeiter/innen und Kinder unterzuordnen haben. Dann werden sich »Störungen« auf ein Minimum begrenzen.
● Beobachtungsraster »Wie gehe ich mit schwierigen Kindern um?«
— Vorname / Alter des Kindes / männlich? weiblich?
— Wie verhält sich das Kind im Kindergottesdienst? (Beobachtungen, nicht Vermutungen!)
— Was wissen wir überhaupt von dem Kind? (Schule – Elternhaus – Freunde?)
— Was können wir im Kindergottesdienst tun? (Wie haben wir bislang auf das Kind reagiert? Können, sollen, wollen wir etwas verändern? Was sonst tun?)

Hilfen bei Störungen:
Pädagogische Maßnahmen und ihre jeweilige Funktion

Maßnahme	Funktion
bewusstes Ignorieren	störendes Verhalten nicht verstärken
Zeichen geben	bereits gelernte Verhaltensweisen reaktivieren
Verschieben der physischen Distanz und Kontakt halten	beruhigen

Öffentliches Signal der Gesamttagung vor St.Lorenz

„Wir sind die ‚Kümmerer', d.h. Menschen, die sich für die Rechte der
Kinder einsetzen!" Ulrich Walter mit der Tagungs-Band „Jericho", die
die Maxi-CD „Kinder haben Rechte" produziert hat.

Viele tausend Menschen unterstützen unsere Forderung: „Steht auf für die Kleinen, für die Kinder dieser Welt!"

Kinder aus Nürnberg enthüllen die
weltweit erste Kinderrechtssäule.
Gestaltet wurde sie von Andreas Föhl
(im Bild links)

Die Kinderrechtssäule bei ihrem ersten Einsatz
bei der Veranstaltung der „Kinderkarawane ´98
- Für mehr Kinderfreundlichkeit" in Nürnberg.

„Und er stellte ein Kind in ihre Mitte"
Szenen aus dem Anspiel mit dem Anwalt der Kinder

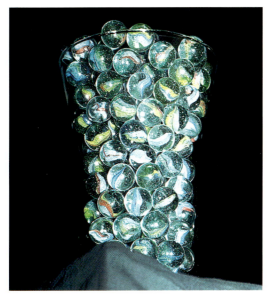

Vase mit Glasmurmeln für die Murmel-Meditation

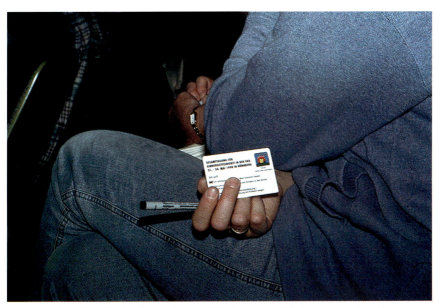

„Ich will mich für die Rechte von Kindern in der Kirche stark machen!"

Kommt, wir teilen ...

... Brot und Wein am Tisch des Herrn.

„Dankeschön ...

... und herzlich willkommen ...

... zur nächsten Gesamttagung 2002 in Duisburg!"

Unser Kollektenprojekt: Ein neues Dach auf dem zukünftigen Haus
für Kinder und Jugendliche in Tachov.

Maßnahme	Funktion
unauffällige affektive Zuwendung	trösten
Entspannung der Situation durch Humor	entkrampfen
Hilfestellung zur Überwindung des Hindernisses	darüber hinweghelfen
Umstrukturierung der Situation	verfremden
Umgruppierung der Kinder	entreizen
Intellektuelle Gegenbeweise	aufklären
Bewusstmachen und Beseitigen der emotionalen Spannung	rationale Erhellung
Appelle an das Ich, Über-Ich oder Verhaltensnormen der Gruppe (Wir)	Ich-Stützung
Beschränkung von Aktivität, Raum und Gegenständen	desensibilisieren
erweiterter Freiraum bei gleichzeitig schärferer Grenzziehung	verdeutlichen
Verbote	Hoffnungen wecken, ermuntern
Belohnung	Dank, Freude zeigen

Stille und Besinnung durch Wahrnehmungserlebnisse

● Hörspiele:
— Lied, oder Sprechvers immer leiser singen/sprechen, bis nur noch eine Lippenbewegung zu bemerken ist.
— Augen schließen. Zur Musik sich ein Bild vor Augen malen. Später davon berichten, malen . . .
— Dem Nachklang eines Hängebeckens oder einer Triangel lauschen.
— Musikalische Stimmungen zuordnen (Trauer, Jubel, Angst, . . .).

● Tastspiele:
— Sich gegenseitig ein Zeichen auf den Rücken malen (Kreuz, Kelch, Taube . . .).
— In einem Stoffsack versteckte Gegenstände werden ertastet.
— Handflächen aneinander legen, langsam ein bisschen voneinander entfernen. Augen schließen. Spürt man noch die Wärme der Hände? Ebenso die Wärme an der Wange spüren, obwohl sie die Wange nicht berührt (Heiligenschein / Aura am Kopf fühlen!).

— Vorbereitete Pappkärtchen, die mit Nadelstichen in bestimmten Formationen präpariert wurden (ähnlich Blindenschrift). Mit geschlossenen Augen die Form ertasten.

● Riechspiele:
— Kinder stehen als Orangenbäume auf einer imaginären Wiese. Sie schließen die Augen und wiegen sich sanft im Wind. Orangenduft im Raum (auf Papiertaschentuch, dann wedeln) verteilen.
— Duftöl auf die Hand nehmen, dann damit Stirn, Schläfen und Handgelenke einreiben, mit geschlossenen Augen riechen.
— Eine Segnung mit einer Salbung verbinden. Zu einem Segensspruch Kind mit Duftöl ein Kreuz auf die Stirn streichen.
— Aufgeschnittenes Obst blind erschnuppern und mit Genuss in kleinen Stükken essen.

● Schauspiele:
— Einer rinnenden Sanduhr zusehen, mit den Händen den oberen Sandspiegel darstellen und langsam sinken lassen.
— Einen Goldfisch im Glas beobachten.
— Bunt bemalte Dias auf die Hände der Kinder projizieren. Die Kinder sitzen auf dem Boden und legen ihre Hände auf eine weiße Tischdecke. Der Projektor wird von oben gehalten und nach unten auf die Tischdecke gerichtet.

● Bewegungsspiele:
— Reigen mit brennenden Kerzen tanzen.
— Bewegung und Tanz zur Musik.
— Zu fließender Musik stellen Kinder das Aufblühen einer Blütenknospe dar und das Sich-wieder-Schließen am Abend.
— Zur Musik mit Händen aus unsichtbarem Schaum eine unsichtbare Burg oder ein unsichtbares Schloss bauen.
— Tuch von allen Seiten gehalten. Durch kleine Bewegungen Welle von einem zum anderen schicken.

Die Grundaussagen sind überwiegend folgender Literatur entnommen:

Die verletzlichen Jahre. Handbuch zur Beratung und Seelsorge an Kindern und Jugendlichen. Hg. v. Richard Riess und Kirsten Fiedler, 1993

Krause, Johanna: Leben mit hyperaktiven Kinder. Informationen und Ratschläge. 2. Aufl. 1996

Mit Kindern Gottesdienst feiern. Eine Arbeitsmappe zur Gestaltung von lebendigen Gottesdiensten mit Kindern und Erwachsenen. Hg. von Johannes Blohm, 4. Aufl. 1996
Handbuch der Seelsorge, bearb. von Ingeborg Becker u.a., 3. Aufl. 1986

Die Kindergottesdienstkinder erzählen uns...

»Ich habe keine Freunde / Unsere Wohnung ist zu klein / Meine Eltern verstehen nicht, dass ich kein kleines Kind mehr bin...«

Kinder vertrauen uns manches an.
Wie gehen wir damit verantwortlich und vertraulich um?

ARIANE VERMEIL

Steffi kommt hereingerannt und sprudelt schon los: »Ich muss dir unbedingt was erzählen...«

Das kennen wir. Die Mitarbeiterinnen und Mitarbeiter im Kindergottesdienst sind für viele Kinder wichtige Ansprechpartner für das, was sie beschäftigt.

Oft sind es schöne Dinge, die sie uns erzählen. Voller Freude berichten sie vom Geburtstag, vom Schwimmengehen, von den Ferien. An den freudigen Schilderungen teilzuhaben, fällt uns meist leicht.

Aber die Kinder erzählen auch von ihren Problemen und Schwierigkeiten. Sie vertrauen uns manches an. Das kann beim Zuhören Druck auslösen. Unsicherheit kommt auf, manchmal auch Angst: Was sage ich denn jetzt dazu? Was mache ich?

Wenn mir etwas auf der Seele liegt...

Es ist hilfreich, sich selbst zu fragen: Wie ist das denn, wenn mir etwas auf der Seele liegt, wenn mich etwas belastet? Was brauche ich dann? Was tut mir gut? Was hilft mir? In der Arbeitsgruppe wurden dazu genannt:

— Ich brauche dann jemanden, der mir zuhört, dem ich einfach alles sagen kann.
— Mir hilft, wenn jemand da ist, der mich versteht.
— Es muss jemand sein, dem ich vertraue, der verschwiegen ist.
— Es tut gut, wenn die andere dableibt, auch wenn ich gar nicht in Worte fassen kann, was los ist.

Bei diesen Sätzen waren sich alle einig: Ja, das brauche ich, das tut mir gut. Dabei fällt auf: Niemand hat gesagt, ich wünsche mir Antworten, Lösungen von dem, der mir zuhört.

Es ist also eine Diskrepanz festzustellen: Wenn mir etwas anvertraut wird, ist sofort der beklemmende Gedanke da: Was mache ich denn jetzt? Was sage ich? – Wenn mich etwas belastet, wünsche ich mir jemanden, der zuhört, der da ist. Dann rechne ich nicht mit schnellen Antworten.

Es ist wichtig, im Kopf zu behalten, was mir selbst in solchen Situationen hilft und was ich erwarte. Das nimmt den inneren Druck und öffnet mich zum Zuhören, mich der/dem anderen zuzuwenden.

Wo sind die Räume im Gottesdienst, wo die Kinder erzählen?

Oft geschieht es in der Ankommensphase oder nach dem Kindergottesdienst, dass Kinder zu einer Mitarbeiterin oder einem Mitarbeiter kommen und von ihren Schwierigkeiten, ihrer Angst erzählen. Dann zuzuhören ist eine wichtige, aber auch intensive Sache. Ich kann dabei nichts anderes tun. Also muss ich entscheiden: Geht das jetzt gerade, kann ich mich aus allem andern rausziehen, oder muss ich das Kind um etwas Geduld bitten, z.B. bis nach dem Gottesdienst oder bis die anderen weg sind.

Gut ist es auch, wenn der Gottesdienst selbst ein Ort ist, wo die Kinder spüren: Hier kann ich alles mitbringen, was mich beschäftigt. Hier ist Raum für meine Freude oder meine Angst, meine Wut oder meine Sorgen.

Klagen und Loben sind ja Bestandteile unserer Gottesdienste. Eine bekannte Form ist die Verdeutlichung mit Steinen und Kerzen:

Klagen:

Wenn ich traurig bin, ist mein Herz schwer wie ein Stein. Vielleicht habe ich manches im Kopf, was mich in den letzten Tagen traurig oder wütend gemacht hat. Überlegt, ob da etwas ist. In der Mitte liegen Steine. Wer mag, nimmt einen Stein und legt ihn zur Kerze (zum Kreuz). Dabei könnt ihr sagen, was euch belastet. Ihr könnt das laut uns allen sagen oder ganz leise Gott.

Wenn einer einen Stein hingelegt hat, bitten wir Gott, dass er bei uns ist und singen: Herr, erbarme dich.

Loben:

Wenn ich mich freue, strahle ich über das ganze Gesicht. Überlegt, ob da etwas ist, was euch fröhlich gemacht hat. In der Mitte liegen Teelichter. Wer mag, zündet eins an. Ihr könnt sagen, worüber ihr euch freut, entweder uns allen oder ganz leise Gott. Gott hört euch auch dann. Bevor die nächste weitermacht, loben wir Gott und singen zusammen: Hallelu, hallelu, hallelu, halleluja . . .

Wenn solch eine Runde fester Bestandteil im Gottesdienst ist, erfahren die Kinder: Hier kann ich loswerden, was mich beschäftigt. Die anderen hören mir zu. Ich kann das alles aber Gott auch leise sagen. Gott hört mich und ist für mich da. Und alle anderen bringen, was mich beschäftigt, im Singen mit mir vor Gott, auch wenn ich es nur leise gesagt habe. Sie tragen es mit.

So eine Klage- und Lobrunde ist eine intensive Form des gemeinsamen Gebets. Zugleich nimmt sie auch den Druck: ich muss jetzt gleich reagieren und etwas dazu sagen.

Manchmal kann es sinnvoll sein, ein Kind später noch einmal auf das Gesagte anzusprechen und nachzufragen oder anzubieten: Du kannst noch weiter mit mir sprechen.

Was tue ich, wenn Kinder mir etwas anvertrauen?

Ohne Anspruch auf Vollständigkeit möchte ich einige Schritte benennen, die mir wichtig erscheinen:

— Ich höre intensiv zu.

— Ich nehme ernst, was mir anvertraut wird. Angst z.b. kann bei jedem durch etwas anderes ausgelöst werden. Auch wenn mir das Erzählte überhaupt keine Angst macht, weiß ich doch, wie es ist, Angst zu haben.

— Ich versuche zu verstehen und mitzufühlen. Das ist das Entscheidende. Es gibt nicht auf alles eine Antwort oder für alles eine Lösung. Das wird auch nicht erwartet. Aber ich kann zuhören, das Gehörte ins Gebet nehmen und auch später wieder nachfragen, ob sich etwas verändert hat.

— Ich mache das Angebot: Du kannst mit mir weiterreden.

— Ich behandle vertraulich, was mir erzählt wird. Ohne Rücksprache und die Erlaubnis des Kindes tue ich nichts und rede ich nicht darüber mit den Eltern oder anderen.

— Im Kindergottesdienst kommen Geschichten, Lieder und Gesten vor, die Mut machen und stärken.

— Ich lasse die Kinder teilnehmen an meinen Gefühlen, an meinem Umgang mit Schwierigkeiten oder mit Angst.

— Es kann sein, dass ich mit dem mir Anvertrauten nicht alleine klarkomme. Dann ist es wichtig, dass ich mit anderen sprechen kann. Dabei muss ich mich darauf verlassen können, dass nichts weitererzählt wird. Eigentlich müsste im Vorbereitungskreis diese Verschwiegenheit möglich sein. Ich kann aber auch mit der Pfarrerin oder dem Pfarrer reden und das Gehörte im Gebet vor Gott bringen.

Vorbereitung für die Vorbereitung

Petra Hofmann, Martin Löffelbein*

* Wir trauern um Martin Löffelbein, der kurz nach Fertigstellung dieses Artikels plötzlich verstorben ist.

Wöchentlich, vierzehntägig oder monatlich trifft sich das Kindergottesdienstteam einer Gemeinde. Einen Abend lang wird erzählt und gelacht, geplant und verabredet – wir staunen immer wieder, wieviel Phantasie und Kreativität so ein Vorbereitungskreis entwickelt und was alles dabei entsteht.

Ehrenamtliche opfern einen beträchtlichen Teil ihrer Freizeit für die Mitarbeit im Kindergottesdienst. Ein ganzes Bündel von Motivationen leitet sie dabei, z. B der Wunsch, Freizeit gemeinsam mit anderen zu verbringen und soziale Kontakte zu pflegen, oder der Wunsch nach Freundschaften. Das Vorbereitungstreffen bietet unserer Erfahrung nach auch einen willkommenen Anlass, einmal von zu Hause fortzukommen usw.

Die Mitarbeit der Hauptamtlichen ist demgegenüber meist stärker ergebnisorientiert, immerhin sollen ein oder mehrere Kindergottesdienste so gut vorbereitet werden, dass »alles klappt«.

Ein gut eingespieltes Kindergottesdienstteam entlastet die Hauptamtlichen beträchtlich, wenn es gelingt, die Vorbereitung selbst gut vorzubereiten und einen Ausgleich zwischen unterschiedlichen Interessen zu schaffen. Das wiederum ergibt sich nicht von selbst, sondern erfordert sorgfältige Planung: Konflikte und schwierige Gruppenkonstellationen bleiben nicht aus. Die »Vorbereitung der Vorbereitung« ist also eine anspruchsvolle Leitungsaufgabe!

Schon vor der Gesamttagung haben wir die Haupt- und Ehrenamtlichen unserer Arbeitsgruppe gefragt: Wie steht's bei euch mit der »Vorbereitung der Vorbereitung«? Welche Erwartungen habt ihr an unser Thema, was möchtet ihr für euch klären? – Ihre Antworten und Berichte lassen sich *verschiedenen Aspekten* zuordnen, die für die Arbeit eines Vorbereitungskreises immer relevant sind (wir dokumentieren einige Beispiele):

Ausgleich zwischen verschiedenen Wünschen und Motivationen schaffen

▶ »Eigentlich laufen unsere Treffen ganz gut. Trotzdem fällt es uns oft schwer, einen Mittelweg zwischen Konzentration und Unterhaltung zu finden. Für die Jugendlichen gehören Späße und Herumalbern eben dazu, die Erwachsenen fühlen sich nach ihrem Arbeitstag davon oft gestört.«

▶ »Es nervt mich, dass sich einige in unserem Team nicht an die Absprachen halten. Der eine verschläft seinen Einsatz, die andere kommt zu spät . . . das kostet viel Geduld! Manchmal frage ich mich, wie wichtig den Einzelnen der Kindergottesdienst wirklich ist.«

▶ »Wir haben für die Vorbereitung im Kindergottesdienstteam meist zu wenig Zeit. Oft sind wir in Eile, weil die eine früher nach Hause muss, der andere noch dies und das vorhat.«

▶ »Andacht – Vorbereitung des Kindergottesdienstes – geselliges Beisammensein: wir kriegen das manchmal nicht unter einen Hut, dann geht das eine auf Kosten des anderen.«

Arbeitsmittel und Methoden für effektive Vorbereitung zur Verfügung stellen

▶ »Unser Kindergottesdienstteam gibt es in dieser Form noch nicht sehr lange. Alle sind sehr motiviert, aber ich habe das Gefühl, wir sind noch sehr unerfahren in der Zusammenarbeit. Darum suche ich nach Methoden und Hilfsmitteln, unsere Treffen effektiver zu gestalten.«

▶ »Wie kann ich unserer Vorbereitung einen Rahmen geben, der offen ist für alles, aber trotzdem ›im Rahmen bleibt‹?«

▶ »Wir haben viele Begabungen und Kreativität im Team – aber manchmal gehen uns die guten Ideen aus. Außerdem fände ich es besser, wenn wir uns selbst Sachinformationen über einen Bibeltext beschaffen könnten. Das muss nicht immer der Pfarrer machen.«

Leitung und Verantwortung auf befriedigende Art organisieren

▶ »Unser Treffen läuft eigentlich nur, wenn der Pfarrer dabei ist. Aber dann redet nur er, und die anderen hören zu. Ich fände es gut, wenn sich die Ehrenamtlichen mehr zutrauen würden. Die haben doch auch theologische Kompetenz! Wenn wir mehr zu unseren Fähigkeiten stehen würden und die entwickelten, könnten wir auch mal ohne den Pfarrer auskommen, und der hätte einen freien Abend mehr.«

▶ »Ich frage mich, wie ich unser Kindergottesdienstteam anders leiten kann als bisher. Ich möchte schon Akzente setzen und Verantwortung übernehmen, aber nicht immer alles selbst entscheiden. Auch die anderen sollten ruhig mehr Verantwortung übernehmen.«

▶ »Ich bereite mich intensiv auf unsere Treffen vor – aber dann habe ich oft das Gefühl, die anderen nicken nur und können ihre eigenen Ideen zu wenig einbringen.«

Anerkennung geben und Mitarbeiterpflege betreiben

▶ »Wir suchen dringend neue Mitarbeiter/innen für unseren Kindergottesdienst, aber es ist nicht einfach, Ehrenamtliche zu finden.«

▶ »Manche Ehrenamtliche trauen sich einfach zu wenig zu. Ich würde das gerne ändern.«

Was die Teilnehmer/innen unserer Arbeitsgruppe über »Lust und Frust« im Zusammenhang mit ihrer Vorbereitungsgruppe mitteilten, wird vielen Kindergottesdienstleuten bekannt vorkommen. Viel Zeit hatten wir darum für die »kollegiale Beratung« in Kleingruppen reserviert: Da konnten gute Erfahrungen und erfolgreiche Lösungen weitergegeben werden – oder die Gruppe suchte gemeinsam einen Ausweg aus einer geschilderten Situation.

Die verbleibende Zeit nutzten wir zur Präsentation einiger Gesichtspunkte, die unserer Meinung nach bei der Arbeit mit Vorbereitungsgruppen beachtet werden sollten. Hierbei flossen Erfahrungen ein, die wir selbst als Gemeindepädagogin bzw. Gemeindepfarrer im Laufe der Jahre mit Kindergottesdienstteams gesammelt haben. Wir haben unser Material in Form von Thesenpapieren bzw. Checklisten zusammengestellt und hoffen, dass sie sich für die »Vorbereitung der Vorbereitung« (oder auch einmal als Grundlage für ein Gespräch im Mitarbeiterkreis) nutzen lassen:

Der Vorbereitungskreis: Rahmenbedingungen für erfolgreiche Arbeit

Folgende Aspekte sind für die Arbeit eines Vorbereitungskreises auf jeden Fall von Bedeutung:

● **Zeit:** Hier sind u. a. folgende Absprachen und Entscheidungen wichtig:
— *Beginn:* Wann können wirklich alle da sein?
  (Nachzügler stören die Gruppe in jedem Fall bei ihrer Arbeit!)
— *Pünktlichkeit* (Wie lange warten wir auf Nachzügler? Was brauchen sie, um beim nächsten Mal pünktlich zu sein?)
— *Dauer des Treffens:* 1 1/2 Std. – 2 Std. – einen Vormittag – einen ganzen Tag? Was ist angesichts der Bedürfnisse und Ressourcen der Mitarbeiter/innen sinnvoll und machbar?

● **Anzahl der Treffen:** Hier ist u. a. zu bedenken:
— Bereiten wir jeden Kindergottesdienst gemeinsam vor (wöchentliches Treffen)? Oder ist für uns ein vierzehntägiges / monatliches Treffen sinnvoller?
— Planen wir miteinander eine Einheit – und die Teams für den jeweiligen Sonntag treffen sich noch einmal separat?
— Gibt es reine Arbeitstreffen – und von Zeit zu Zeit gemeinsame Unternehmungen?

● **Ort:** Als Treffpunkte kommen wohl meist das Gemeindehaus, die Kirche oder ein privater Raum in Frage. Hier ist u. a. zu bedenken:
— Ist der Ort wirklich dafür geeignet, konzentriert zu arbeiten – welche Störungen sind schon »vorprogrammiert«? Sollte das Vorbereitungstreffen anderswo stattfinden?
— Eine gemütliche Wohnzimmeratmosphäre ist immer angenehm, fördert aber nicht unbedingt effektive Arbeit.
— Sind alle notwendigen Arbeitsmittel vorhanden (Bibeln, Papier, Stifte, Schreibunterlagen, Nachschlagewerke, Bastelhefte etc.)? Können sie u. U. mitgebracht werden?

● **Ablauf und Rituale:** Nicht nur der Gottesdienst, auch das Vorbereitungstreffen braucht eine gewisse »Dramaturgie«. Folgende Strukturelemente können hilfreich und sinnvoll sein:

— Andacht – Losung – »Spruch zum Tag«.
— Was ich mitbringe / Was ich heute erlebt habe / Was ihr heute über mich wissen müsst. (Ein Stein wird von einem zum andern nach dem Redebeitrag weitergegeben. Achtung: diese Phase sollte unbedingt zeitlich begrenzt sein!)
— Verabredungen über den Ablauf des Treffens: Was wir heute miteinander tun wollen. (Grundregel: Wichtiges immer zuerst!)
— Sachinformationen (theologische Informationen, Einführung in eine Einheit, z. B. anhand des Plans für den Kindergottesdienst, kann auch von Ehrenamtlichen übernommen werden!).
— Kreative Techniken zur Erarbeitung des Themas, z.B. Brainstorming (alle sagen, was ihnen zu einem Thema einfällt, ohne Zensur o. ä., sortiert und entschieden wird später).
— Verabredungen: Aufgaben verteilen; nächstes Treffen festlegen; Termine.
— Und wenn etwas schief geht? (Telefonliste etc.)
— Schlussrunde: Was nehme ich mit? Ich freue mich auf . . . Beim nächsten Mal sollten wir besprechen . . .

● **Arbeitsformen und Methoden:** Hier gilt nicht selten der Grundsatz: Kleine Ursache – große Wirkung! Eine kleine Veränderung der Arbeitsweise und/ oder Struktur kann für das Vorbereitungstreffen bereits wesentliche Verbesserungen bringen. Hilfreich können u. a. sein:

— *Geteilte Vorbereitung:* Sie hilft, Verantwortung auf verschiedene Schultern zu verteilen (einer sorgt für die »Atmosphäre«, z.B. Getränke einkaufen etc., eine andere bereitet die Andacht oder einen Einstieg in den Bibeltext oder Sachinformationen vor usw.). Geteilte Vorbereitung ist auch eine gute Möglichkeit, die Kompetenz der Ehrenamtlichen zu stärken, Vielredner und »Platzhirsche« im Laufe der Zeit einzuschränken . . .
— *Ein Wechsel zwischen Plenum und Kleingruppen* bringt Abwechslung, fördert die Kreativität und kann zu einem besseren Umgang mit der Zeit helfen (Kleingruppen arbeiten zeitgleich an verschiedenen Themen / am selben Thema, die Ergebnisse werden dann zusammengetragen).
— *Rollenspiele* eignen sich nicht nur für die Präsentation einer biblischen Geschichte, sondern auch dazu, eine schwierige Situation aus dem Kindergottesdienst im Mitarbeiterkreis darzustellen und miteinander zu besprechen!
— *Kreative Techniken*, z. B. Brainstorming (s.o.).
— Ein *Kindergottesdiensttagebuch* erleichtert Teams, die sich monatlich treffen, die Orientierung darüber, was am letzten Sonntag geschah.

● **Hilfsmittel:** Der Kindergottesdienst steht bei vielen Kirchenvorständen in der Rangfolge leider immer noch weit hinter dem Erwachsenengottesdienst, der Kirchenmusik, der Seniorenarbeit. Hier gilt es, beharrlich Lobbyarbeit zu leisten und Ehrenamtliche dazu zu ermächtigen, für ihre Interessen einzutreten, z. B. im Verlauf einer Sitzung des Kirchenvorstandes, in der sie als geladene Gäste über ihre Arbeit berichten:

— Stellt der Kirchenvorstand im Haushaltsplan der Gemeinde überhaupt *Geld* für den Kindergottesdienst zur Verfügung? Ist dieser Etat ausreichend, kann alles Notwendige angeschafft werden? Gibt es andere Geldquellen, um Anschaffungen zu tätigen? (Spendenmittel, Kollekten, Sponsoren . . .)
— Sind die vorhandenen *Hilfsmittel auch für alle zugänglich?* Sind genügend *Schlüssel* zur Kirche, zum Gemeindebüro, zum Bücherschrank vorhanden?
— Sind die *Räume* für den Kindergottesdienst und den Vorbereitungskreis fest reserviert – oder muss der Kindergottesdienst oft anderen Veranstaltungen weichen?

Diese Liste erhebt natürlich keinen Anspruch auf Vollständigkeit, sondern sollte immer wieder einmal durchgesehen und je nach Bedarf erweitert werden!

Der Vorbereitungskreis:
Inhaltliche Gesichtspunkte für die Gruppenarbeit

Folgende Gesichtspunkte aus der Arbeit mit Gruppen sind unserer Erfahrung nach auch für die Leitung eines Kindergottesdienstteams hilfreich:

● **Zu jeder Gruppe gehört nur eine begrenzte Anzahl von Menschen**
Eine Binsenweisheit! Konkret aber sind dabei Überlegungen impliziert wie:
— Ist die Gruppe noch überschaubar – oder ist das Team zu groß? Können wir in dieser Zusammensetzung gut arbeiten?
— Haben wir genügend Mitglieder, um unsere Aufgabe zu erfüllen – oder nehmen wir uns zuviel vor?
— Wer gehört zum Vorbereitungsteam – und wer hat (warum?) eigentlich nur Gaststatus?
— Die Aufgabe bestimmt die Größe der Gruppe: Was können wir besser in Großgruppen machen – was besser in Kleingruppen?

● **Gefühle spielen immer eine Rolle**
— Die Mitarbeiter/innen sind durch Beziehungen mehr (oder weniger) miteinander verbunden, Sympathie/Antipathie, verschiedene Lebenserfahrungen, Hoffnungen und Ängste, verschiedene Lebensthemen spielen immer eine Rolle und beeinflussen die Kontakte in der Vorbereitungsgruppe (auch unbewusst) positiv bzw. negativ.
— Gibt es in der Vorbereitungsgruppe ein Zusammengehörigkeitsgefühl (»Wir-Gefühl«) – und wenn nicht: Was können wir dazu tun, damit eines entsteht? Wer fühlt sich wirklich als »Mitglied« der Gruppe – und woran zeigt sich das (Verbindlichkeit etc.)?

● **Welche Ziele hast du – welche Ziele haben wir?**

Menschen finden sich in der Regel durch freien Entschluss zur Mitarbeit – z.B. in einem Vorbereitungsteam – zusammen. Der Entschluss zum Mitmachen ergibt sich aus einer besonderen *Motivation*, einem bestimmten *Interesse* (und nicht aus einer »Anordnung« bzw. »Verpflichtung«), z.B. um bestimmte *Aufgaben* zu übernehmen (Vorbereitung eines Kigo, einer Kibiwo):

— zu einem speziellen *Zweck* (Kontakte, Spaß, Freizeitgestaltung etc.),
— oder um ein *Ziel* zu erreichen (z.B. »kinderfreundlichere« Gottesdienste, Entlastung bei der Vorbereitung).

Gruppen entstehen also, wenn die Situation es erfordert und/oder Menschen das *Bedürfnis* haben zusammenzukommen. Kristallisationspunkt ist immer ein Ziel. Manche Ziele erweisen sich – so sehr wir es auch bedauern mögen – nach einiger Zeit als trügerisch oder unerreichbar. Dann findet sinnvollerweise eine Neuorientierung statt. Wird das Ziel verändert, muss es durch die Gruppe verändert werden. Das Gemeinsame der Gruppe ist immer wichtig.

● **Die Kontinuität der Gruppe/ der Zusammenarbeit ist abhängig**

— vom Rhythmus und der Anzahl der Treffen (treffen wir uns zu selten, zu häufig?),
— von einer gemeinsamen Zielsetzung (s.o.),
— von guter / förderlicher / positiver Atmosphäre (»Hier fühle ich mich wohl!«).

Ehrenamtliche im Kindergottesdienst – Mitarbeiterpflege

Freiwilligkeit gewährleisten

Mitarbeiter/innen sollten ihre Zeit, Kraft und Energie immer freiwillig einbringen! Angesichts der Tatsache, dass sich ehrenamtliche Mitarbeit meist aus persönlichen Kontakten ergibt, ist diese Forderung sicher nicht immer einfach umzusetzen. Trotzdem: Werden Ehrenamtliche zur Mitarbeit mehr oder weniger überredet bzw. sagen sie aus einem Gefühl der Verpflichtung zu, entstehen daraus fast zwangsläufig unklare Erwartungen, Spannungen, Überforderung, Unzufriedenheit usw.

Anerkennung (»Gratifikation«) geben

Ehrenamtliche bekommen für ihre Mitarbeit meist keine finanzielle Entschädigung. Das bedeutet jedoch nicht, dass sie überhaupt keine Anerkennung erwarten. Im Gegenteil haben Mitarbeiter/innen – oft unausgesprochen, vielleicht sogar unbewusst – ganz bestimmte Bedürfnisse (nach Anerkennung, Bestätigung, Abwechslung, sozialen Kontakten, Freundschaft, Unterhaltung, Spaß etc.), die sie befriedigen möchten. Das ist nicht ehrenrührig, sondern gesund und normal: Jede Form von Mitarbeit sucht gewissermaßen ihren »Gewinn«. Es ist gut, diesen Aspekt im Auge zu behalten und ihn in angemessener Form bewusst zu machen:

Mitarbeiterpflege heißt nichts anderes, als den unterschiedlichen Bedürfnissen auf sinnvolle Art Rechnung zu tragen – es zahlt sich immer aus.

Mögliche Formen der Anerkennung / Gratifikation: Dankeschön-Essen, Geburtstagsgeschenke (möglichst nicht das universale Mitarbeiterheftchen, sondern individuell ausgesucht!), gemeinsamer Ausflug, dessen Kosten die Gemeinde übernimmt etc.

Kompetenz anerkennen, fördern und entwickeln

Eine besondere Form der Anerkennung besteht darin, den Ehrenamtlichen eigene Kompetenz – auch theologische! – zuzutrauen und diese Kompetenz weiter zu fördern (z.B. durch die Übernahme von Kosten für Fortbildungsveranstaltungen). Wo Ehrenamtlichen ausdrücklich ein eigener Entscheidungs- und Ermessensspielraum eingeräumt wird, werden sie sich anerkannt und geschätzt erleben. Dies macht die Mitarbeit für sie noch attraktiver und entlastet – zumindest mittelfristig – auch die Hauptamtlichen. Ehrenamtliche bringen ihre unterschiedlichen Fähigkeiten um so mehr in den Vorbereitungskreis ein, je mehr Freiraum sie dafür finden und erfahren, dass diese Fähigkeiten geschätzt werden.

Mitarbeit auf Zeit ermöglichen

Viele – wenn nicht die meisten – Hauptamtlichen erwarten von Ehrenamtlichen immer noch ein Engagement auf unbegrenzte Zeit. Das aber schreckt mittlerweile immer mehr potentielle Ehrenamtliche ab: Die wenigsten können – oder wollen – sich heute noch auf Jahre für eine bestimmte Aufgabe verpflichten. Manchmal aber gelingt es, Mitarbeiter/innen für ein zeitlich begrenztes Engagement (ein Jahr, zwei Jahre) zu gewinnen. Die Ehrenamtlichen werden in einem Gottesdienst in ihr Amt eingeführt – und nach Ablauf der vereinbarten Zeit auch wieder verabschiedet.

Erwartungen miteinander klären:

Wer Leitungsverantwortung für einen Vorbereitungskreis trägt, sollte von Zeit zu Zeit immer wieder Gelegenheit zur Verständigung über gegenseitige Erwartungen schaffen:

— Wie lange möchte ich hier (noch) mitarbeiten? Wieviel Zeit kann und will ich investieren?
— Was kann und will ich einbringen – und was nicht?
— Wo brauche ich Hilfe – und wo fühle ich mich (bisher) allein gelassen?
— Habe ich alle Arbeitsmittel, die ich brauche – was bräuchte ich außerdem?
— Sind unsere Arbeitsformen für mich befriedigend? Was würde ich gerne verbessern?
— Warum arbeite ich im Kindergottesdienstteam mit (Motivation)? Was »gewinne« ich dabei?
— Fühle ich mich ernst genommen? Bekomme ich die Anerkennung, die ich brauche?
— Was macht die Mitarbeit in unserem Kindergottesdienstteam attraktiv?

Erzählen mit dem Bilderbuch

Bilderbücher zu biblischen Geschichten –
Verwendungsmöglichkeiten für den Kindergottesdienst abwägen

THOMAS BACH

Erzählen mit dem Bilderbuch – was ist das?

Erzählen meint in der Kindergottesdienstpraxis in der Regel das Nacherzählen von (meist biblischen) Geschichten durch Mitarbeiter. Zuhörer und Erzähler kommunizieren unmittelbar, also ohne ein Medium. Der Erzähler tritt entweder hinter den erzählten Text zurück, nimmt die eigene Person aus der Erzählung heraus oder er wählt den Blickwinkel einer agierenden Person, in deren Rolle er schlüpft. Im letzteren Fall wird ein guter Erzähler mit Mimik, Gestik, Sprache und auch mit Requisiten die angenommene Rolle füllen: Bartimäus trägt möglicherweise eine gelbe Armbinde mit schwarzen Punkten, dunkle Brille und führt einen Blindenstock mit sich, er wird sich tastend vorwärts bewegen, sich demjenigen Kind zuwenden, das er mit dem Gehör wahrnimmt etc.

Natürlich können beide Grundmuster der Erzählhaltung in ein- und derselben Geschichte auftreten, sofern der dramatische Aufbau einer Erzählung dies erlaubt oder sogar verlangt. Auch kann der Erzähler die Perspektive wechseln, also von einer Rolle in eine andere schlüpfen, um so den Spannungsbogen der Erzählung oder bestimmte Aussagen zu verstärken.

Erzählen ist also weit mehr als die bloße Wiedergabe einer Geschichte mit Worten. Der Erzählende muss sich bewusst sein, dass die eigene Person der Mittler, das Medium zwischen Text und Zuhörer ist, und er muss dieses Medium entsprechend den Fähigkeiten der Zuhörer und den Vorgaben des Textes entwickeln.

Das **Erzählen mit dem Bilderbuch** hat eine grundsätzlich andere Ausgangsposition. Medium ist hierbei das *Bilder*buch oder für Gruppen von mehr als ca. sieben Kindern eine zum Buch gehörende Diaserie. Bilderbücher erzählen ihren Inhalt in aller Regel auf zwei Ebenen, nämlich der des gesprochenen oder gelesenen Textes und jener der Bilder.

Dem Erzähler bietet sich mit diesem Medium die Möglichkeit, sich selbst weitgehend zurückzunehmen. Gerade für unerfahrenere Erzähler eröffnet dies die Chance, sich langsam an die Kunst des Erzählens heranzutasten. Die Illustrationen vieler Bilderbücher haben eine hohe Aussagekraft und erschließen dem Betrachter kontextuelle wie emotionale Zusammenhänge, die verbal nicht zu vermitteln wären. Dies gilt für Erwachsene ebenso wie für Kinder. Mit anderen Worten: Die Bilder sprechen für sich selbst, allein das Zeigen der Bilder kann schon die einfachste Form des Erzählens sein.

Geeignetes Material

Themen

Der Bilderbuchmarkt produziert nicht nach den Bedürfnissen von Kindergottesdienstmitarbeitenden. Aber es gibt doch zu bestimmten Themenbereichen eine gute bis befriedigende Auswahl von Bilderbüchern. Die größte Auswahl findet sich bei biblischen Geschichten. Beispielsweise nennt das Verzeichnis »Christliche Kinder- und Jugendbücher« vier im Buchhandel erhältliche Bilderbücher zum Thema Sintflut bzw. Arche Noah, zum Gleichnis vom Verlorenen Sohn werden ebenfalls vier Titel genannt. Ein Blick in die Bestände von öffentlichen Büchereien (und hier vor allem derer in kirchlicher Trägerschaft) zeigt, dass die Zahl der nicht mehr lieferbaren, aber noch ausleihbaren Titel sogar um einiges größer ist. Dem Verfasser sind beispielsweise 13 Titel zu Noah bekannt, 7 zu Jona, und ca. 20 zum Verlorenen Sohn.

Bilderbücher, die sich mit allgemeiner religiöser Thematik beschäftigen, gibt es schon weniger, auch springen sie nicht unbedingt sofort ins Auge wie jene Bücher, die biblische Motive behandeln. Das Verzeichnis »Christliche Kinder- und Jugendbücher« führt immerhin 35 lieferbare Titel an. Auch hier ist der Bestand an Büchern, die in Büchereien und Bibliotheken entliehen werden können, um einiges größer.

Bei den an Kirchenjahr und Liturgie orientierten Büchern bilden die unzähligen Advents- und Weihnachtsbücher einen wesentlichen Schwerpunkt, gefolgt von den Ostertiteln. Liturgisches wird nur selten behandelt, ein äußerst gelungenes Beispiel dafür ist jedoch »Das Vaterunser« (s.S.159f.). Legenden und Vorbildgeschichten spielen auch im evangelischen Bereich eine wichtige Rolle, da die meisten Bücher die Handlungen eines Menschen in den Vordergrund stellen und nicht seinen Status als Heiligen. »Franz und das Rotkehlchen« von Willi Fährmann/Annegert Fuchshuber mag hier als Beispiel dienen, ebenso wie die unterschiedlichen Darstellungen der Martinslegende bis hin zu »Juli tut Gutes« von Kirsten Boie/Jutta Bauer.

Der Rest der auf dem Markt befindlichen Bilderbücher behandelt allgemeine Themen. Sie beschäftigen sich mit Erfahrungen von Menschen und versuchen, diese Erfahrungen mittels geeigneter Illustrationen und Texte Kindern in deren Erlebniswelt nahe zu bringen. Die Bibel tut auf anderer Ebene nichts anderes. Altes wie Neues Testament berichten uns von Erfahrungen von Menschen mit dem einen Gott und schildern das Erlösungswerk dieses Gottes in der Person Jesus Christus. Wenn Autoren und Illustratoren allgemeine Lebenserfahrungen schildern, können Parallelen zu Inhalten, Themen und Stoffen der Bibel nicht ausbleiben. Das heißt, dass ein Bilderbuch eine biblische Geschichte oder wichtige Elemente daraus erzählen kann, ohne diese Geschichte ausdrücklich zu benennen. Beispielsweise erzählt Maurice Sendaks »Wo die wilden Kerle wohnen« vom kleinen Max, der nach einem Tag voller Unfug am Abend Streit mit seiner Mutter bekommt. Er muss ohne Essen auf sein Zimmer, wo er sich in eine Phantasiewelt flüchtet. Er reist in das Land, in dem die wilden Kerle wohnen, und dort avanciert er zu deren König. Er ist derjenige, der bestimmt, er kann sein Ego, seine Wünsche und Bedürfnisse hemmungslos ausleben. Und doch erwartet ihn, als ihn diese Freiheit schließlich langweilt, zu Hause die Liebe und Zuneigung der Mutter in Form des vorher verweigerten Abendessens. »Und es war noch warm . . .« heißt der letzte Satz, das zugehörige Bild zeigt einen dampfenden Teller. Ein starkes Symbol für elterliche Liebe, für Angenommensein und Versöhnung.

Abbildungen

Sobald die Auswahl eines Bilderbuches getroffen ist, stellt sich die Frage, wie das Bildmaterial im Kindergottesdienst präsentiert werden kann. Die wenigsten Bücher verfügen über Illustrationen, die in Format, Auflösung und Aussage so deutlich sind, dass sie direkt in Buchform gezeigt werden können. Dort, wo dies jedoch möglich ist, sollte diese Methode stets bevorzugt werden, nicht zuletzt um die Kinder mit dem Medium Buch vertraut zu machen. Im anderen Fall bleibt die Möglichkeit, eine Diaserie selbst zu erstellen (hier gilt es, die urheberrechtlichen Bestimmungen einzuhalten) oder fertige Bilderbuchkinos einzusetzen. Bilderbuchkinos sind Diaserien zu Bilderbüchern, die mit zusätzlichen didaktisch-methodischen Hinweisen und Vorschlägen zur Umsetzung versehen sind. Solche Bilderbuchkinos können zum Beispiel bei den Landesverbänden der Evangelischen Büchereiarbeit entliehen werden *(Adressen im Anhang)*.

Vereinzelt existieren Filme, Videos und Computerspiele zu Bilderbüchern. Auskünfte hierzu geben die Medienzentralen und landeskirchlichen Bildstellen.

Möglichkeiten der Umsetzung

Grundsätzlich bestehen keine Unterschiede zwischen der Umsetzung von Bilderbuchgeschichten und der von herkömmlich erzählten Geschichten. Ob kreative Formen gewählt werden wie Basteln, Malen, Singen etc. oder ob gruppenpädagogisch-spielerische Elemente zum Einsatz kommen, ist zum einen abhängig von Inhalt und Darstellung der Geschichte einerseits, andererseits von Kenntnissen, Fähigkeiten und Vorlieben von Kindern wie Vermittlern.

Beispiel für ein Bilderbuchkino

»Das Vaterunser« von Benoît Marchon und Andrée Prigent

Die Autorinnen meditieren in insgesamt elf Gebeten über die Aussagen und Bitten des Vaterunsers. Text und Bild (Bilderbuch und Diaserie) ergänzen sich auf ideale Weise. Dort, wo für kleinere Kinder etwa der Text zu komplex oder zu lang ist, eröffnen die Bilder Zugang zur Aussage, ersetzen sie den Text. Das Buch eignet sich ebenso zur Andacht mit Jugendlichen oder Erwachsenen wie für einen Einsatz im Kindergottesdienst. Eine Aufteilung auf vier Sonntage ließe genügend Raum, den Input, den Text und die Illustrationen zu vermitteln, hinreichend zu vertiefen und umzusetzen. Auch könnte jeder der vier Sonntage für sich alleine stehen. Das Vaterunser als immer wiederkehrendes Element im (Kinder-)Gottesdienst bildet einen idealen Einstieg in jede Einheit.

∗

**Adressen der Landesverbände und Büchereifachstellen
im Deutschen Verband Evangelischer Büchereien e.V.** (DVEB)

Die aufgeführten Stellen verleihen Bilderbuchkinos, bieten Ihnen Listen, Auswahlverzeichnisse und Arbeitshilfen. Sie nennen Ihnen die Anschrift der nächsten evangelischen öffentlichen Bücherei und beraten Sie in Fragen des Lesens und der Büchereiarbeit.

Landesverband evangelischer Büchereien in Baden
Blumenstraße 1   Tel.: 0721/9175–316   Christine Kratzschmann
76133 Karlsruhe   Fax: 0721/9175–313

Bayerischer Verband evangelischer Büchereien
Sperberstraße 70   Tel.: 0911/4316–241   Thomas Bach
90461 Nürnberg   Fax: 0911/4316–103

Berliner Verband Evangelischer Büchereien e.V.
Goethestraße 26–30   Tel.: 030/3191–226   N.N.
10625 Berlin   Fax: 030/3191–300

Büchereifachstelle der Ev.-luth. Kirche in Braunschweig
Gesamtkirchliche Dienste   Tel.: 05331/802–546   Almut Schröder
Dietrich-Bonhoeffer-Straße 1   Tel.: 05331/76851   Elke Simon
38300 Wolfenbüttel   Fax: 05331/802–714

Evangelische Buch- und Büchereiarbeit
Medienzentrale im Amt für Gemeindedienst
Archivstraße 3   Tel.: 0511/1241–561   Alexandra Mast
30169 Hannover   Fax: 0511/1241–970

Verband Evangelischer Gemeindebüchereien in Hessen und Nassau e.V.
Pallaswiesenstraße 63 Tel.: 06151/893537   Ingeborg Kautzmann
64293 Darmstadt   Fax: 06151/893537

Landesverband Evangelischer Büchereien in Kurhessen-Waldeck
Heinrich-Wimmer-Straße 4   Tel.: 0561/9307–148   Claudia Lutz
34131 Kassel   Fax: 0561/9307–155

Nordelbischer Verband Evangelischer Büchereien e.V.
Holsatenring 89   Tel.: 04321/43207   Sabine Scheuermann
24539 Neumünster

Büchereifachstelle im Bildungswerk der Ev.-Luth. Kirche in Oldenburg
Haareneschstraße 58   Tel.: 0441/7701–480   Ilse Riedel
26121 Oldenburg   Fax: 0441/7701–499

Evangelischer Büchereiverband für die Pfalz
c/o Bibliothek   Tel.: 06232/667–148   N.N.
Domplatz 5   Fax: 06232/667–232
67346 Speyer

Landeskirchliche Büchereifachstelle der Evangelischen Kirche im Rheinland
Hans-Böckler-Straße 7   Tel.: 0211/4562–525   Helga Schwarze
40418 Düsseldorf   Fax: 0211/4562–444

Verband Evangelischer Büchereien in Westfalen
Cansteinstraße 1   Tel.: 0521/9440–150   Dörte Melzer
33647 Bielefeld   Fax: 0521/9440–181

Büchereifachstelle der Evangelischen Landeskirche in Württemberg
Gymnasiumstraße 36   Tel.: 0711/2068–229   Angelika Markmann
70174 Stuttgart   Tel.: 0711/2068–230   Eva v. Lukowicz
                    Fax: 0711/2068–322

Deutscher Verband Evangelischer Büchereien (DVEB)
Bürgerstraße 2a   Tel.: 0551/74917   Gabriele Kassenbrock
37073 Göttingen   Fax: 0551/704415

Auswahlhilfen

Verzeichnis »Christliche Kinder- und Jugendbücher«
Hrsg. von der Deutschen Akademie für Kinder und Jugendliteratur
Bezug über: Buchhändler-Vereinigung, Postfach 10 04 42, 60004 Frankfurt/M.
Oder bei den Büchereifachstellen und Landesverbänden (Adressen s.o.).

Besprechungsorgan des DVEB:
»Der Evangelische Buchberater«, Zeitschrift für Buch- und Büchereiarbeit
Hier besonders Themenheft 1998/2 »Christliches in der Kinder- und Jugendliteratur«
Bezug über DVEB oder Büchereifachstellen bzw. Landesverbände.

Wenn es beim Erzählen auch etwas zu sehen gibt

Wir lernen verschiedene Möglichkeiten kennen, Geschichten mit einfachen Mitteln anschaulich zu machen

ANNETTE KRIECK, ANKE SCHOLLENBERGER

Die Arbeitsgruppe begann gleich ganz praktisch. Schon in der Vorstellungsrunde wurden einfache Mittel zur Gestaltung eingebracht. Um die Fülle der Möglichkeiten (aus Platzgründen) zu erhalten, wurde die vorgegebene skizzenhafte Darstellung beibehalten.

Vorstellungsrunde:

● Wir werfen uns einen Wollknäuel zu, ein Fadenstück behalten wir dabei immer in der Hand; wem die Wolle zugeworfen wird, stellt sich kurz vor. So entsteht ein »Netz«, passend zu: Fischzug des Petrus (Lukas 5,1–11), Am See Tiberias (Johannes 21,1–14), Vom Fischnetz (Matthäus 13,47–50), Wie ein Vogel dem Netz des Vogelfängers entronnen ist (Psalm 124,7).

● Auf einer Decke in Stuhlkreismitte liegen verschiedene Gegenstände. Welcher Gegenstand passt zu welcher Geschichte? Welche biblischen Geschichten können wir den Materialien zuordnen? Was würde sich bei den Kindern einprägen? Was kennen sie von zu Hause? Was zu Hause erinnert die Kinder an die Geschichte?

Sehr viele Materialien aus dem Alltag eignen sich als Anschauungsobjekte für biblische Geschichten. Weitere Möglichkeiten: Dias, Bilderbücher, Flanellbilder, Musik, Musikinstrumente, einzelne Bilder aus Kinderbibeln oder aus Zeitschriften/Büchern; Puzzles wie z.B. Arche-Noah-Puzzle; Pappfiguren oder Knetmännchen und Holztiere; Essen wie Feigen, Brot, Trauben, Käse.

Viele Materialien können im Kindergarten, beim Bezirksjugendwerk oder beim Schuldekan ausgeliehen werden. Einiges läßt sich selbst herstellen (Puzzle, einfache Musikinstrumente zum Gestalten einer Geschichte). Anderes wie z.B. Fladenbrot kann selbst gebacken werden (mit den Kindern?).

Einfache Anschauungsmaterialien

— Kleiner Teppich/Läufer zu »Heilung des Gelähmten« (Lukas 5,17–26)
— Weinkaraffe oder Musikinstrumente zu »Hochzeit zu Kana« (Johannes 2,1–11)

— Kerze zu »Ich bin das Licht der Welt« (Johannes 8,12)
— Holzschaf oder Bild zu Psalm 23 und zum »Guten Hirten« (Johannes 10,11–16)
— Netz von Zwiebeln oder Orangen und Fische aus Angelspiel zu »Fischzug des Petrus« (Lukas 5,1–11)
— Triumphbogen, Kölner Dom o.ä. zu »Tempel des Demetrius« (Apostelgeschichte 19,23f)
— Parfümflasche zu »Salbung in Bethanien« (Matthäus 26,6–13)
— Steine zu »Der hat sein Haus auf Fels gebaut« (Matthäus 7,24–27), Jesu Versuchung (Steine zu Brot/seinen Fuß nicht an einen Stein stoßen: Matthäus 4,1–11); Jesus ist zum Eckstein geworden (Matthäus 21,42); Die Ehebrecherin (Johannes 8,1–11), David und Goliath (1. Samuel 17,49)
— Mit Mauersteinen oder aufeinander stapelbaren Kartons verdeutlichen: Die Mauern von Jericho (Josua 6), Der Turmbau zu Babel (1. Mose 11,1–9), Wiederaufbau von Jerusalem (Buch Nehemia)
— Einsatz von Spielgeld (Monopoly oder Münzen aus dem Urlaubsland) zu: Die Arbeiter im Weinberg (Matthäus 20,1–16), Der reiche Jüngling (Matthäus 19,16–26), Der Schalksknecht (Matthäus 18,21–35), Tempelsteuer (Matthäus 17,24–27), Berufung des Matthäus (Matthäus 9,9–13), Zachäus (Lukas 19,1–10), Zinsgroschen (Matthäus 22,15–22), Opfer der Witwe (Lukas 21,1–4), Judas' 30 Silberlinge (Matthäus 27,3–10)
— Blumenstock zu »Seht die Blumen auf dem Felde« (Matthäus 6,28)
— Öllampe zu »Die klugen Jungfrauen« (Matthäus 25,1–13)
— Aus Zeitung Schiff falten oder ein Paddel von Schlauchboot mitbringen und zeigen zu »Schiffsreisen des Paulus« (Apostelgeschichte 27,1–44) und zur Sturmstillung (Matthäus 8,23–27)
— Tür zu »Ich bin die Tür« (Johannes 10,7), »Klopfet an, so wird euch aufgetan« (Matthäus 7,7), an Ostern waren die Türen vor Angst verschlossen (Johannes 20,19)
— Korb zu »Mose im Schilf« (2. Mose 2,1–10), zum Abendmahl, zur Speisung der 5000 (Lukas 9,10–17)
— Gemüse, Obst, Getreide u.ä. zu Erntedank, zu Daniel 1 (seine Kost am babylonischen Hof), zum reichen Kornbauern (Lukas 12,13–21)
— Kalender oder Sanduhr zum Thema »Zeit« (Prediger 3,3–15) und zur Schöpfung (1. Mose 1)
— Baum (echt oder aus Holz oder als Bild) zu »Der ist wie ein Baum« (Psalm1,3), Zachäus auf dem Baum (Lukas 19,1–10), Baum des Lebens und Baum der Erkenntnis (1. Mose 2,9)
— Esel zu »Saul sucht Eselinnen« (1.Samuel 9), Bileams Eselin (4. Mose 22,21–35)
— Auf Dachziegeln mit Nagel Zahlen aufmalen oder mit Kreide zu »Die Gesetzestafeln« (2.Mose 24,12–18 und 31,18 und 32,15–19)
— Zelt zu »Mose schlug das Zelt draußen auf und nannte es Stiftshütte« (2. Mose 33,7–11)

— Tuch, Schwungtuch oder Plastikfolie schwingen zu »Sturmstillung« (Matthäus 8,23–27) und »Elia am Horeb« (1. Könige 19)
— Schriftrolle zu Baruch (Jeremia 36), der Kämmerer (Apostelgeschichte 8,26–40), der 12jährige Jesus im Tempel (Lukas 2,41–52)
— Unverständliches Mathe- oder Physikbuch zu »Der Kämmerer aus dem Morgenland« (Apostelgeschichte 8,26–40)
— Becher zu »Abendmahl« (Markus 14,12–26), Belsazars Gastmahl (Daniel 5)
— Schirm (Sonnen- oder Regenschirm) allgemein zum Himmelszelt und zu Psalm 91: Wer unter dem Schirm des Höchsten sitzt.
— Fotokarton, z.B. aus Curriculum »Soziales Lernen« als Bildbetrachtung und als Einstieg zu vielen Geschichten (Was meint ihr, warum schaut der Mann so finster ? Davon handelt unsere heutige Geschichte); es gibt hierbei eine Menge an Fotos mit fröhlichen, wütenden, ärgerlichen Gesichtern bzw. Situationen, die neugierig machen.
— Tücher, Hüte, Stock, Tasche und weitere Requisiten zur Verkleidung passend zu sehr vielen Erzählungen (für die Kinder zum Nachspielen der Geschichte oder für den Erzähler, der nun mit Umhang in andere Rolle schlüpft und berichtet)
— Handpuppe oder andere Figur, die die Geschichte erzählt.
— Samen zum Sämann (Lukas 8,1–15)
— Disteln, Brennesseln zu »Unkraut unter dem Weizen« (Matthäus 13,24–30)
— Kresse oder Senfkörner säen zu »Vom Senfkorn« (Matthäus 13,31–32)
— ein Glas Wasser vermischen mit Tinte, Salz oder Zucker zu »Vom Sauerteig« (Matthäus 13,33)
— Ostergeschichte im dunklen Raum erzählen, erst bei der Passage der Auferstehung eine Kerze anzünden.
— Kalender mitbringen oder die Kinder die Dauer von 10 Sekunden erraten lassen und mit einer Armbanduhr abstoppen bei »Ich bin bei euch« (Matthäus 28,16–20)
— Es gibt so viele Geburtsgeschichten in der Bibel – warum nicht einmal die Kinder Babyfotos der Mitarbeiter/innen erraten lassen?
— Zinnbecher und Strohsäcke bei »Josef und seine Brüder« (1. Mose 44,1–13), statt einem Zinnbecher kann ein Joghurtbecher mit Silberfolie beklebt und mit Glasperlen verziert werden.
— Bei Geschichten wie Noah oder Jesu Taufe, in denen eine Taube vorkommt, kann ein Brieftaubenzüchter gefragt werden, ob er nicht einmal vor der Kirche ein Tier starten läßt (wir hatten sogar einmal einen Esel im Kirchgarten zur Geschichte vom Einzug in Jerusalem)
— Kinderzelt aufbauen zu Abraham (1. Mose 18,1–15)

Basteln von einfachen Materialien

— Kleine Schriftrolle an 2 Zahnstochern zu »Der 12jährige Jesus« (Lukas 2,41–52)
— Sternenschablonen von Weihnachten aufheben für »Zahlreich wie die Sterne« (1. Mose 15,1–6) und die Weisen (Matthäus 2,1–12), jedes Kind bastelt mehrere Sterne verschiedener Größe, bei der Abrahamsgeschichte kann es die Namen der Familie in die Sterne schreiben.
— Wir basteln eine Taube zu 1. Mose 8,1–22 (Noah), zu Matthäus 3,13–17 (Jesu Taufe) und evtl. zu Pfingsten (wenn auch nicht so überliefert, erscheint dennoch oft die Taube auf Darstellungen von Pfingsten):
  Der Umriss einer Taube wird aufgemalt, ausgeschnitten, in die Körpermitte kommt ein Schlitz, durch den wir ein wie eine Ziehharmonika gefaltetes Papier als Flügel stecken.

Weitere einfache (Bastel-)Anregungen finden sich in dem Buch »Wir sind die Kleinen in der Gemeinde«, Manfred Hilkert/Annette Krieck, Verlag Ernst Kaufmann, Lahr.

Zur Veranschaulichung ein Spiel

— Wir können Figuren und Puppen benutzen oder bieten mit Tüchern und Verkleidungsutensilien ein Rollenspiel an, letzteres z.B. sehr geeignet beim »Großen Abendmahl« (Lukas 14,15–24):
  Der Knecht wird vom Herrn geschickt, Freunde einzuladen, die auch gleich zusagen. Der Herr und der Knecht richten mit Tüchern und Bechern den Festplatz. Der Knecht geht ein zweites Mal, um die Gäste abzuholen, die nun absagen. Der Herr ist wütend. Er lässt nun die Blinden, Lahmen, Armen usw. einladen. Der Knecht geht nun auf die Kinder zu, lädt sie ein; sie setzen sich um die Tücher, es gibt Saft und Kekse, wir singen ein Danklied vor dem Essen. Die Rollen der Erstgeladenen, des Herrn und des Knechtes sind von den Mitarbeitenden besetzt.
— Der Glanz auf Moses Angesicht (2. Mose 34,29–35): Moses Gesicht glänzt, nachdem er mit Gott geredet hatte. Die Kinder erhalten Goldstaub auf die Nase und geben diesen von Nase zu Nase weiter, es reicht bis ca. zur 6. Nase. Bei Mose hielt der Glanz. Sooft er mit Gott oder von Gott zum Volk Israel sprach, glänzte sein Gesicht. Da das Volk jedoch Angst bekam, legte sich Mose eine Decke über den Kopf.
— Zur Sturmstillung (Matthäus 8,23–27): Wir stellen die Stühle in Schiffsform, alle sitzen innen und zeigen Ruderbewegungen; mit einer großen Plane wird von außen der Sturm entfacht.
— Heilung des Blinden (Markus 10,46–52): einem Kind werden die Augen verbunden, ein anderes hat die Verantwortung, das »blinde« Kind sicher durch den Raum zu führen.

— Geschichte vom Schätze sammeln (Matthäus 6,19–21): Vor der Erzählung werden alle Uhren, Ringe und sonstiger Schmuck der Anwesenden eingesammelt und erst nach der Geschichte wieder ausgegeben; auch zu: Der reiche Jüngling (Matthäus 19,16–26) und zu: Der reiche Kornbauer (Lukas 12,13–21).

— Heilung eines Taubstummen (Markus 7,31–37):
a) alle Kinder müssen eine Minute lang den Mund halten und dürfen nicht mal husten, kichern usw.;
b) ein »taubstummes« Kind versucht, den anderen etwas mitzuteilen;
c) ein »gesundes« Kind hat die Aufgabe, mit dem »taubstummen« Kontakt aufzunehmen.
Diese Übungen verdeutlichen die Isolation dieser Kranken und schärfen die Sensibilität der Kinder.

— Die 10 Aussätzigen (Lukas 17,11–19): verteilte Rollen, die Geschichte wird während des Zuges durch die Kirche gespielt/erzählt, an diversen Standorten geschieht etwas, z.B. das Zusammentreffen mit den Aussätzigen; die Kinder sind auf diesem Weg integriert.

— Abraham macht sich auf den Weg (1. Mose 12): Zwei Spielvariationen von »Ich packe meinen Koffer«:
a) Dinge werden aufgezählt und aneinandergereiht;
b) »Ich packe meinen Koffer und lege hinein: rote Socken, blaue Schuhe, weiße Hemden« usw.: die Kinder, die diese Dinge anhaben, dürfen sich hintereinander auf den Boden setzen, bis der Koffer »voll« ist.

— Hiskias Krankheit und Genesung (Jesaja 38,1–22): Wie Jesaja legen wir beim »Kranken« einen Pflasterverband an, statt mit Feigen mit getrockneten Blättern. Könnte auch bei der Geschichte vom barmherzigen Samariter gemacht werden (Lukas 10,30–37) oder können wir Verbandsmaterial vom Erste-Hilfe-Kasten verwenden?

— Die Fußwaschung (Johannes 13,1–20) nicht nur erzählen, sondern machen! Wenn sich die Kinder genieren, kann der Erzähler einem anderen Mitarbeiter die Füße waschen (sehr eindrücklich!) oder: Schuhe putzen.

Spiel- und Bewegungslieder

Neben Anschauungsobjekten, Bastelarbeiten und Spielen gibt es auch Spiel- und Bewegungslieder, mit denen eine Geschichte verdeutlicht und vertieft werden kann. Angesichts der Fülle an Liedern und Büchern (von Rolf Krenzer, Detlev Jöcker, Ludger Edelkötter u.a.) soll der Hinweis an dieser Stelle genügen.

»... und nach dem Erzählen diskutieren wir«

Wie kann ich mit Kindern wirklich ins Gespräch kommen?

GOTTFRIED MOHR

Gründe für das Gespräch im Kindergottesdienst

Im Kindergottesdienst wird erzählt. Die Kinder sollen und dürfen zuhören. Sie bekommen mit den Geschichten, die wir ihnen erzählen ein Geschenk. Aber: Geschichten lösen Geschichten aus. Wenn jemand etwas erzählt, dann fallen mir Geschichten ein, die ich erzählen möchte. Geht es den Kindern im Kindergottesdienst genauso? Kommen Kinder zu Wort?

Wenn einem im Leben Wichtiges passiert, muss man darüber reden. Wir wollen den Kindern im Kindergottesdienst Wichtiges mitteilen. Sie sollen Wichtigem begegnen. Geben wir ihnen Möglichkeiten, darüber zu reden?

Der Glaube will Hilfe zur Bewältigung des alltäglichen Lebens sein. Das Leben ist voller Probleme. Auch das Leben der Kinder kennt große und kleine Probleme. Probleme löst man auch dadurch, dass man darüber redet. Wo dürfen Kinder im Kindergottesdienst ihre Probleme an- oder aussprechen?

Kindergottesdienst hat ein Plus vor dem Fernsehen und dem Computer. Im Kindergottesdienst begegnen uns leibhaftige Menschen. Mit ihnen kann man reden. Nutzen wir diese Chance?

Was braucht ein gutes Gespräch?

1. Ohne *Vertrauen* gelingt kein Gespräch. Jedes Gespräch hat somit eine Vorgeschichte. Ich kann auf eine Beziehung aufbauen, die sich schon gebildet hat (vertrauensbildende Maßnahmen). Meinem Freund/meiner Freundin kann ich alles sagen. Die meisten Kinder schenken uns leicht Vertrauen. Zum Vertrauen gehört auch die Verschwiegenheit. Ich erzähle aus einem Gespräch nicht weiter, was nicht weitergesagt werden soll.

2. Gespräche sind etwas *Persönliches*. Ich erzähle gerne von mir selbst. Was ich von mir selbst erzähle ist interessant, weil es ein Stück von mir preisgibt. So braucht ein Gespräch die Bereitschaft zur Offenheit.

3. Gespräche brauchen *Zeit*. Ich muss signalisieren: Ich habe Zeit für dieses Gespräch. Kinder erleben oft, dass sie mit ihren Fragen lästig sind und dass Erwachsene lieber mit Erwachsenen reden.

4. Gespräche brauchen einen angemessenen *Raum*. Eine Sitzordnung, so dass jeder jeden sehen kann ist gut. Eine gemütliche Atmosphäre erleichtert das Reden. Die Gesprächsleitung sorgt dafür, dass jeder und jede zu Wort kommt.

5. Ein Gespräch muss den anderen *ernst nehmen*. Das heißt: Ich lasse mich darauf ein, dass Kinder auch etwas wissen und eine persönliche Meinung haben. Niemand wird wegen einer Meinung oder einer Äußerung ausgelacht oder bloßgestellt.

6. *Zuhören und zu verstehen versuchen*. Zuhören können ist eine Kunst. Der erste Schritt heißt: Ich lasse die anderen ausreden und zu Wort kommen. Ich nehme mir Zeit, bei einem Kind so lange nachzufragen, bis ich verstanden habe, was es meint. Es kann hilfreich sein, einen Gedanken eines Kindes mit meinen Worten zu wiederholen und zu fragen:»Habe ich dich jetzt richtig verstanden?«

7. Ein Gespräch in der Gruppe braucht *Regeln*. Es kann und darf immer nur eine oder einer reden. Die Gesprächsleiterin oder der Gesprächsleiter erteilt das Wort. Oder: Ein Gesprächsstein liegt in der Mitte. Wer was sagen will, nimmt den Stein. Nach dem Beitrag kommt der Stein wieder in die Mitte oder wird der Person gegeben, die etwas sagen soll.

8. Dumme *Fragen*: Es gibt keine dummen Fragen, es sei denn, sie sind nicht ehrlich gestellt. Solche Scheinfragen werden aber Kindern oft zugemutet. Scheinfragen sind Fragen, bei denen ich die Antwort selbst schon weiß, mit dieser Frage nur das Kind ausfragen will.

»Wie heißt die Mutter von Jesus?« Bei dieser Frage möchte nicht ich etwas für mich Neues erfahren, sondern ich will wissen, ob das Kind etwas weiß, was ich schon längst weiß. Wir müssen offene Fragen stellen, bei denen uns die Antwort etwas Überraschendes mitteilt.

9. Ein gutes Gespräch ist ein *interessantes* Gespräch. Wir fragen uns, was interessiert die Kinder entsprechend ihrem Alter in Bezug auf das Thema, das die Geschichte/das Thema des Kindergottesdienstes anschneidet? Dem wenden wir uns zu.

»Mama, bin ich zu klein für Jesus?«
Abendmahl feiern mit Kindern

Ermutigungen für Menschen, die sich in ihrer Gemeinde für die Teilnahme von Kindern am Abendmahl einsetzen und dazu Unterstützung suchen

Dr. Johannes Blohm, Hans-Martin Waltemath

Bei einer Trauung wird auf Wunsch der Eheleute das Abendmahl gefeiert. Bei dem Gottesdienst sind auch nichtkonfirmierte Kinder dabei. Alle Eltern werden gefragt, ob ihre Kinder auf die Abendmahlsfeier vorbereitet sind, ob sie in den Heimatgemeinden schon zur Feier des Abendmahles zugelassen sind oder ob sie den Empfang des Brotes (kein Wein, so der Wunsch der meisten Eltern) jetzt mittragen können. Bis auf eine Mutter stimmen alle Eltern zu. Die Mutter bittet um eine Segnung der beiden jüngeren Kinder, die älteste Tochter ist bereits konfirmiert. Während der Austeilung passiert es dann: das jüngste der Geschwister, ein etwa sieben Jahre alter Junge, sieht, dass die neben ihm Sitzenden (Mutter und konfirmierte Schwester) das Brot mit dem Gebewort empfangen, er aber kein Brot bekommt, sondern mit Handauflegung gesegnet wird. Mit weit geöffneten Augen und empfangsbereit hingehaltenen Händen lässt der Junge das geschehen. Als das Brot an die nächste Kommunikantin gereicht wird, bricht es leise und unter Tränen aus ihm heraus: »Mama, bin ich zu klein für Jesus?« Allen ging diese Frage unter die Haut. Was hatten wir da getan? Im Bemühen um eine »saubere« Lösung hatten wir den berechtigten Wunsch eines Kindes, auch an dem Anteil zu haben, was alle anderen in der Gemeinschaft bekommen hatten, ignoriert.

Gastgeber Jesus Christus: eingeladen zum Leben

Die Feier des Heiligen Abendmahles ist für Christinnen und Christen von besonderer Bedeutung. In ihr wird mit den Elementen Brot und Wein die Gemeinschaft mit dem lebendigen Christus und den übrigen Gliedern der Gemeinde gefeiert. Jesus Christus hat es selbst eingesetzt und erstmals mit den Jüngern des Zwölferkreises gefeiert. Diesen Jüngern hat er den Auftrag gegeben, das Abendmahl in der Gemeinschaft mit allen Jüngerinnen und Jüngern weiter in der vorgegebenen Weise zu feiern »zu meinem Gedächtnis«. Seit der Urgemeinde wird das Abendmahl gefeiert, so wie Jesus es gefeiert und dazu eingeladen hat. Er ist der Einladende, seit aller Zeit und für alle Zeit.

Alle sind eingeladen

In die Mahlgemeinschaft mit Jesus sind alle Menschen eingeladen. Grenzen des Alters, des Geschlechts oder der Herkunft gibt es nicht. Im Laufe der Kirchengeschichte hat sich allerdings die »Tradition« der Altersbegrenzung nach unten entwickelt. Kinder wurden vom Mahl ausgeschlossen mit der Begründung, dass sie die Bedeutung des Abendmahles nicht begreifen könnten und deswegen das Abendmahl unwürdig empfangen würden.

So kam es zu der Regelung, die Zulassung zum Abendmahl bei der Konfirmation und nach einem vorausgehenden Unterricht auszusprechen.

Abendmahl und Konfirmation

Ein fast immer geäußerter Vorbehalt gegen die Einladung der Kinder zum Abendmahl betrifft die Konfirmation. Welche Bedeutung soll diese noch haben, wenn ihr das »Entscheidende« genommen wird, nämlich die Erstzulassung zum Abendmahl. Dem ist entgegenzuhalten, dass die Konfirmation der gestaltete Ritus für die persönliche Tauf- und Glaubensbestätigung ist und mit dem Abendmahl zunächst einmal nichts zu tun hat.

Die Folgen dieser Regelung sind eindeutig: Kinder werden von einem wesentlichen Teil der Gemeinschaft ausgeschlossen. Das kann nicht mehr verantwortet werden. Theologisch, weil sich keine überzeugenden Argumente dafür aus der Bibel herleiten lassen. Pädagogisch und psychologisch, weil die damit für die Kinder erkennbare (weil erlebbare) Ausgrenzung Grenzen der Akzeptanz und des Heimatfindens im Glauben schaffen, die nur schwer wieder zu überwinden sind.

Glaube lebt von Erfahrungen, auch wenn diese verstandesmäßig erst im Nachhinein erfasst und interpretiert werden. Will die Kirche ernsthaft zur derzeitigen Kindertaufpraxis stehen und den Kindern den Glauben weitergeben, darf sie ihnen so wesentliche Erfahrungen wie die der Abendmahlsgemeinschaft nicht weiter vorenthalten. Diese Erfahrungen können mit der Zeit gedeutet und mit den entsprechenden Inhalten gefüllt werden. Kinder im Alter bis etwa 8/9 Jahre haben noch eine Offenheit und Unvoreingenommenheit, ja Neugierde für den Symbolgehalt des Abendmahles, verbunden mit einem positiven Spürsinn für die »Wirklichkeit dahinter«.

Gewiss ist es nötig, die Kinder auf das Abendmahl vorzubereiten. Sie erfahren dabei den Kontext des Abendmahles, die Bedeutung der Elemente, den Sinn des gemeinsamen Feierns und die gültige Praxis des Feierns in der Gemeinde. Sie brauchen dazu keine spezielle Sprache und Ausdrucksform, die meist auch die Erwachsenen kaum beherrschen. Mitfeiern, Miterleben und Mitgestalten sind gültige und ausreichende Prinzipien.

Neue Wege

Die Teilnahme von Kindern wird die bisherige Gestaltung der Abendmahlsfeiern verändern. Aber überall dort, wo Kinder in diese Gemeinschaft aufgenommen sind, wird von einer neuen Lebendigkeit und Akzeptanz für die ganze Gemeinde berichtet. Welche Veränderungen im Einzelnen gegenüber der bisherigen Praxis vorgenommen werden (müssen), liegt in der Entscheidung der Gemeinde.

Deutlich wird damit auch, dass die Teilnahme der Kinder am Abendmahl nicht in Extrafeiern geschehen sollte, sondern im Gottesdienst der ganzen Gemeinde. Günstig sind Familiengottesdienste oder Gottesdienste mit Kindern und Erwachsenen, in denen Eltern, Paten, Großeltern oder Erziehungsberechtigte die Kinder begleiten und auch die Kinder mitnehmen können, bei denen keine erwachsenen Bezugspersonen anwesend sind.

Der Weg ist nicht das Ziel

Von großer Bedeutung ist der Weg von der ersten Anfrage bis hin zu deren Umsetzung. Anfragen oder Anträge zur Zulassung von Kindern zum Abendmahl sind mit der Gemeindeleitung (Pfarrer/Kirchenvorstand) zu besprechen. Nachdem die Entscheidung darüber beim Kirchenvorstand liegt, braucht es Zeit, sich im Kirchenvorstand und auch in der Gemeinde mit dem Thema zu beschäftigen bei Seminaren, Veranstaltungen, Gemeindeabenden, Freizeiten. Am besten ist es, wenn in diesen Entscheidungsprozess möglichst viele Gemeindeglieder einbezogen werden und die Entscheidung am Ende als Entscheidung der Gemeinde zu sehen ist. Dazu gehört auch die Planung der Vorbereitung der Kinder auf die Feier des Abendmahles (geschieht sie in/durch die Gemeinde oder in/durch die Familien) und die erste gemeinsame Feier. Ebenso, wie es anschließend weitergehen soll mit der Vorbereitung der Kinder, die erst einige Zeit später der Einladung folgen können.

Abendmahl feiern im Kindergottesdienst?

Nach der liturgischen Ordnung der meisten Kirchen hat die Feier des Abendmahles keinen eigenen Platz im Kindergottesdienst. Oft aber wünschen Mitarbeiterinnen und Mitarbeiter die Feier des Abendmahles im Kindergottesdienst. Als Gründe werden angeführt, dass die Kinder in einer gewachsenen und ihnen vertrauten Gemeinschaft feiern können, dass die Gemeinschaft vertieft werden soll und es dem christlichen Glauben entspricht, das Abendmahl zu feiern.

Abgesehen davon, dass in jedem Falle der oben beschriebene Weg der Entscheidung eingehalten werden sollte, ist exakt zu klären, wer an diesen Feiern letztlich ein Interesse hat: die Kinder oder die Mitarbeitenden. Weiter: worum geht es dann, wenn die Gemeinschaft mit dem größten Teil der Gemeinde nicht möglich ist? Wer sich um sachorientierte Antworten bemüht, wird nicht an einer von allen getragenen Lösung vorbeikommen.

Eine ausführliche Zusammenstellung von Pro und Contra einer Zulassung und eine Beschreibung für die praktische Umsetzung von der erste Anfrage bis zur ersten gemeinsamen Feier, mit Vorbereitungsmodellen, Gottesdiensten, Texten und Liedern findet sich in dem Buch »Abendmahl feiern mit Kindern, Anregungen, Modelle, Bausteine« von Johannes Blohm, München 1998.

Aktion Tauftag

Tauferinnerung im Kindergottesdienst

ANNELIESE STOLL, ANNI SCHUSTER, ANITA FOISTNER

Taufgedächtnissonntage

Seit längerer Zeit feiern wir im Kindergottesdienst Taufgedächtnis. Wir wollten damit erreichen, dass die Taufe als wichtiger Bestandteil unseres christlichen Lebens den Kindern nahe gebracht und auch in den Familien des Tauftags gedacht wird und den Kindern ihr Tauftag und Taufspruch geläufiger wird.

Wir halten immer am ersten Kindergottesdienst-Sonntag des Monats Taufgedächtnisfeier und zwar für die Kinder, die an und ab diesem Sonntag Tauftag haben bis zu den Kindern, die einen Tag vor dem nächsten Taufgedächtnissonntag Tauftag haben. Hierzu haben wir eine Taufmappe erstellt, in der alle Kinder unserer Kirchengemeinde »registriert« sind. Um immer auf dem neuesten Stand zu sein, werden einmal jährlich alle neu Getauften aus dem Taufregister des Pfarramts in unsere Mappe übertragen.

Die Taufmappe ist nach Monaten geordnet. Wir tragen den Namen des Kindes, den Tauftag und die Bibelstelle des Taufspruches ein. Um zeitraubendes Suchen zu ersparen, haben wir uns angewöhnt, auch gleich die Telefonnummer der betreffenden Familie aufzuschreiben.

Wir laden alle betreffenden Kinder ab ca. 3 Jahren persönlich oder telefonisch einige Tage vor dem Taufgedächtnis ein. Wir möchten nicht, dass Kinder, die eigentlich immer kommen, gerade an »ihrem Tag«, an dem sie »dran« sind und im Mittelpunkt stehen, einmal nicht da wären. Zum anderen bietet sich so eine Chance, auf den Kindergottesdienst aufmerksam zu machen und auch Familien anzusprechen, deren Kinder wenig kommen bzw. wo auch die Erwachsenen keine »Kirchgänger« sind. Da wir die Kinder von 3 Jahren an bis zu dem Zeitpunkt, zu dem sie Präparanden / Konfirmanden werden, einladen, haben wir die Möglichkeit, z.B. eine Familie mit nur einem Kind ca. 10 mal persönlich anzusprechen. Wir achten auch darauf, neu Hinzugezogene möglichst schnell anzusprechen und die Kinder in unsere Taufmappe »aufzunehmen« bzw. in den Kindergottesdienst einzuladen.

Viele Kinder kommen mit 3 Jahren, nach ihrer ersten Einladung zum ersten Mal (oft in Begleitung eines Elternteils) und danach regelmäßig, bis sie vor ihrer Präparanden- / Konfirmandenzeit wieder verabschiedet werden.

Ablauf der Taufgedächtnisfeier

Das Taufgedächtnis selbst halten wir meist am Anfang des Kindergottesdienstes, um genügend Zeit dafür zu haben.

Wir verwenden zum Ablauf normalerweise die Taufliturgie, die im neuen Evangelischen Gesangbuch steht (Anm. d. Red.: Die Autorinnen sprechen hier von der bayerischen Ausgabe). Gelegentlich suchen wir etwas anderes aus, sind bisher aber immer wieder zu dieser Liturgie zurückgekehrt und halten es für wichtig, feste Bestandteile und Abläufe zu haben – gerade im Umgang mit Kindern.

Wir beginnen mit dem Aufrufen der »Taufkinder«, die nach vorne kommen und sich aufstellen dürfen. Dann folgt das Verlesen der Tauferinnerung und das Verteilen der Tauftagsgeschenke. Darauf folgen ein Gebet, das gemeinsame Glaubensbekenntnis und das Vaterunser. Ein »Tauflied«, das »für unsere Taufkinder und für uns« gesungen wird, beendet die Taufgedächtnisfeier, die Kinder dürfen sich wieder hinsetzen.

In letzter Zeit haben wir uns angewöhnt, verschiedene »Schwerpunkte« im Ablauf der Feier zu setzen. So stand einige Jahre die Bedeutung der Vornamen mit auf dem Programm (anhand einer eigens erstellten Liste, in der alle Vornamen unserer Kinder erklärt waren). Seit Beginn dieses Kirchenjahres sagen wir nach dem Aufrufen der Kinder auch noch den Tauftag dazu bzw. rufen die Kinder in der Reihenfolge ihres Tauftages auf.

Geschenke zum Taufgedächtnis

Als Geschenke haben wir jedes Jahr zwei verschiedene Arten von Verteilmaterial.

Auf das erste Geschenk schreiben wir den Namen, den Tauftag und den ganzen Taufspruch mit Bibelstelle auf. (Es handelt sich hierbei meist um eine Karte, eine spezielle Karte zum Tauftag, ein Poster oder auch einmal um eine Karte mit dem Photo des Taufsteins).

Dieses erste Geschenk bekommen die Kinder, die anwesend sind und auch die, welche nicht gekommen sind. Wir machen das deswegen, weil erstens die Karte ja bereits geschrieben ist und es zu schade (und zu teuer) wäre, sie wegzuwerfen und zweitens möchten wir die Kinder und ihre Familien noch einmal an ihre Taufe und an den Kindergottesdienst erinnern.

Das zweite Geschenk bekommen die Kinder, die der Einladung gefolgt sind. In diesem Punkt sind wir sehr streng und verteilen wirklich nur an die Anwesenden (und lassen auch Kranksein, Urlaub u.a. nicht gelten). Auch für dieses zweite Geschenk lassen wir uns jedes Jahr etwas neues einfallen (z.B. Gebetswürfel, Kette mit Holzkreuz, mit Bronzekreuz, mit Keramikanhänger, kleines Bild, Schiebespiel, kleines Gebetsbüchlein etc.). Wir wechseln das Verteilmaterial stets zu Beginn des neuen Kirchenjahres, um auch diese Zeit den Kindern geläufig zu machen.

Außerdem wählen wir alle paar Jahre z.B. eine spezielle Karte zum Tauftag als erstes Geschenk (das alle bekommen), um in den Familien die Tauftagsfeier zu Hause bekannt zu machen.

Ohne euch kippt's

Gemeinde im Elchtest

WOLF-PETER KOECH, INGE BÖHLE

Bitte beantwortet die folgenden sieben Fragen. Mal sehen, ob die A-Klasse (Amtsträger) eurer Gemeinde den Elchtest besteht? Die Auswertung findet ihr am Ende.

Habt ihr Schlüssel zu den Räumen und Schränken im Gemeindehaus oder dem Raum, in dem ihr Kindergottesdienst feiert?

☐ Ja [1 Pkt.]
☐ Nein [0 Pkt.]

Habt ihr Geld für euren Kindergottesdienst zu eurer Verfügung?

☐ Ja [1 Pkt.]
☐ Nein [0 Pkt.]

Beteiligt sich ein/e Hauptamtlicher/Hauptamtliche (Pastorin/Pastor; Diakonin/Diakon o.ä.) an der Vorbereitung?

☐ Ja [1 Pkt.]
☐ Nein [0 Pkt.]

Auch bei der Durchführung?

☐ Ja [2 Pkt.]
☐ Kann nicht [1 Pkt.]
☐ Nein [0 Pkt.]

Wann hat sich der Kirchenvorstand/Presbyterium das letzte Mal für eure Arbeit interessiert?

☐ Innerhalb des letzten Jahres? [2 Pkt.]
☐ Innerhalb der letzten zwei bis fünf Jahre? [1 Pkt.]
☐ Nie! [0 Pkt.]

Wird die Teilnahme an Fortbildungen von der Kirchengemeinde gefördert?

☐ Ja [1 Pkt.]
☐ Nein [0 Pkt.]

Bezahlt die Gemeinde die Fortbildung

☐ voll? [2 Pkt.]
☐ anteilig? [1 Pkt.]
☐ gar nicht? [0 Pkt.]

Stehen euch Arbeitshilfen und -materialien zur Verfügung?

☐ Text-Themen-Plan   ☐ Mitarbeiterzeitschrift ☐ Kinderbibeln

☐ KiGo-Literatur   ☐ .... ☐ ....
                     (je genannter Hilfe 1 Pkt.)

Werdet ihr als Mitarbeiter/in in irgendeiner Form in der Kirchengemeinde wahrgenommen?

☐ Einführung im Gottesdienst   ☐ jährliches Geschenk
☐ Kollekte für den KiGo   ☐ Vorstellung in der Gemeindezeitung

☐ gemeinsamer Ausflug   ☐ auf andere Weise

....

....
                     (je genannter Form 1 Pkt.)

Auswertung des Testes

0 – 6 Punkte:

Hoffentlich ist der Überrollbügel gut. In eurer Gemeinde überschlägt man sich geradezu, euch die ehrenamtliche Mitarbeit im Kindergottesdienst zu versüßen. Aber mal ehrlich, wäre es nicht in eurer Gemeinde an der Zeit, ein Gespräch mit der/dem Pastorin/Pastor zu suchen? Vielleicht kann die/der Beauftragte für Kindergottesdienst in eurer Region oder Landeskirche vermitteln oder wenigstens am Gespräch mitwirken. Lasst euch einmal beraten. Die Anschrift und Telefonnummer für die bei euch zuständigen hauptamtlichen Beauftragten/Landespfarrer findet ihr z.B. im Plan für den Kindergottesdienst oder in der Zeitschrift »Evangelische Kinderkirche« oder fragt im Dekanat danach (hoffentlich bestehen diese den Elchtest).

7 – 11 Punkte:

Bei euch schlingert die A-Klasse erheblich. Aber keine Sorge, man kann noch mit einigen Veränderungen viel erreichen. Sucht doch einmal das Gespräch mit denen, die bei euch Verantwortung tragen (Pastor/in, Kirchenvorstand oder

Presbyterium). Wo wären wir in den Gemeinden ohne euch? Vielleicht ist das einigen in eurer Gemeinde noch nicht ganz klar.

Auch ihr braucht eine fachliche Beratung und Begleitung (wegen der Adressen siehe oben).

12 – 17 Punkte:

Überall kann man noch mehr tun – auch in eurer Gemeinde. Dennoch gibt es auch schon einige gute Ansätze bei der Wahrnehmung eurer Mitarbeit in der Gemeinde. Aber ihr macht doch auch keine halben Sachen, sondern seid voll für euren Kindergottesdienst da und somit wäre es schön, wenn eure Gemeinde auch voll und ganz zu euch steht. Wenn ihr euch über das »Mehr« beraten lassen wollt, wendet euch an die Hauptamtlichen in eurer Landeskirche (wegen der Adressen siehe oben).

18 – 21 Punkte:

Bei eurer Gemeinde hat ein Elch so leicht keine Chance. Versucht das zu bewahren, was ihr in eurer Gemeinde erreicht habt. Und schaut einmal, wie es in eurer Nachbarschaft aussieht. Vielleicht könnt ihr den Mitarbeiter/innen dort wertvolle Tips geben, wie man das schafft. Bei euch werden Mitarbeiter/innen geschätzt. Wir gratulieren euch und eurer Gemeinde.

22 Punkte und mehr:

Wo wohnt ihr? Wie heißt eure Gemeinde? Bei euch muss es ja wohl nur Spaß machen mitzuarbeiten. Schön, dass es auch solche Gemeinden gibt. Wir gratulieren euch in dieser Gemeinde. Vielleicht könnt ihr aber mithelfen, dass noch mehr Gemeinden und vor allem die Mitarbeiter/innen dort in den Genuss kommen. Das Konzept in eurer Gemeinde könnte ein Verkaufsschlager sein. Und wie heißt es doch: »Ein Licht stellt man nicht unter einen Scheffel«.

V Kreative Bausteine

Strohkörbe – gemeinsam wird's ganz leicht

Gruppenarbeit für ca. 4–6 Kinder ab ca. 8 Jahre

MONIKA FLEISCHMANN

Material:

Stroh (möglichst lang)
oder Garten-, Schilfgräser
Bast
zwei Stopfnadeln, dick, mit großem Öhr

So wird's gemacht:

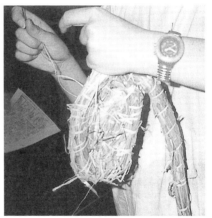

Das *erste Kind* dreht einige Strohhalme zu einem Strang zusammen (nicht zu fest, muss noch biegsam sein). Während es mit beiden Händen den Strang hält, umwickelt ihn das *zweite Kind* mit Bast.

Das *dritte Kind* kann dem ersten Kind immer wieder Stroh reichen, so dass es den Strang weiter verlängern kann. Ist dieser Strohstrang ca. 1,50 – 2 m lang, beginnt das *vierte Kind* diesen Strang schneckenförmig zu einer Scheibe zusammenzudrehen. Währenddessen verlängern die Kinder 1 bis 3 fortwährend den Strohstrang!

Das *fünfte Kind* näht nun mit Hilfe einer dicken Stopfnadel und eines Bastfadens den schneckenförmig liegenden Strohstrang aneinander. Das *sechste Kind* kann in dieser Zeit einen Bastfaden in die zweite Stopfnadel fädeln.

Ist nun die Strohscheibe als Korbboden groß genug, legt und näht man den Strang auf die Scheibe, um so den Rand zu bilden.

Wenn man gut »Hand in Hand« arbeitet und alle »an einem Strang ziehen«, kann man so in 30 – 60 Minuten einen Korb herstellen.

Papierhüte – leicht und schnell gemacht

Heike Walter

Material:

Für den Hut:
Doppelseiten von Zeitungspapier
Schmales Krepp-Klebeband (Tapezierbedarf)
Heftapparat (Bürobedarf. Nach Möglichkeit
kein Tischgerät, sondern eins, das gut in der
Hand liegt.)
Passende Heftklammern zum Nachfüllen

Zum Verzieren:
Wachs- und Filzstifte
Bunte Kreppapierbänder, Borten
Federn, Kunststoffblumen, Korken, Knöpfe
und anderer Krimskrams, den man auf dem
Hut haben will
Heißklebepistole

So wird's gemacht:

1. Die Zeitungsseiten bunt bemalen (pro Hut
zwei Doppelseiten). Die zu »behütende Person« sitzt auf einem Hocker.
2. Die Zeitungsseiten kreuzweise auf den
Kopf legen, so dass die untere mit der farbigen Seite nach unten liegt, die obere mit
der Farbe nach oben.

*Von nun an arbeitet man am einfachsten zu
zweit.*
3. Die erste Mitarbeiterin glättet die Zeitun-
gen mit beiden Händen nach unten hin und
hält sie. Die zu »behütende« Person zeigt
mit dem Finger, wo die Stirnmitte ist.
4. Die zweite Mitarbeiterin klebt mit dem
Kreppklebeband ein- bis zweimal stramm um
den Kopfumfang herum (an der Stirnmitte
anfangen und im Nacken etwa bis zum Haar-
ansatz hinuntergehen). So ergibt sich die
Hutform.
5. Das überstehende Papier wird nach oben
herumgekrempelt (nun erscheint die Farbe
der Unterseite). Die Krempe kann verschieden breit geformt werden. Mit dem Heftapparat wird die Hutkrempe rundum stabili-
siert.
6. Der Hut wird abgenommen und kann nun
verziert werden. Mit Heißkleber werden die
Materialien so angeordnet und befestigt,
wie man es wünscht.
Achtung: Niemals kleben, während der Hut
auf dem Kopf ist! Verbrennungsgefahr!

Marmorieren / Verschönern von Kerzen

Ulrike Buhren

Material:

95% Gießwachs
5% Carnaubawachs
Kerzenfarbe
Glitzergold
Kerzen jeder Art: Baumkerzen,
einfache Leuchterkerzen,
Spitzkerzen u.ä.
Schmale »Tauchgefäße« in entsprechender Höhe
(geeignet sind Marmeladengläser,
Würstchendosen, Tennisballdosen u.ä.)
Heißes Wasser

So wird's gemacht:

In einem kleineren Topf wird die entsprechende Menge Carnaubawachs zum Schmelzen gebracht (z.B. 50 g Carnaubawachs auf 950 g Gießwachs).

Vorsicht: nur geringe Wärmezufuhr – am besten im Wasserbad.

Wenn das Wachs flüssig ist, wird das Gießwachs dazu gegeben und auch geschmolzen. (Carnaubawachs erhöht den Schmelzpunkt des farbigen Wachsüberzugs, verhindert selbst bei billigsten Kerzen ein Tropfen und vermindert durch seine Härte die Gefahr des Zerkratzens der fertigen Kerze.)

Wasser wird stark erhitzt und in das Tauchgefäß gefüllt, gut halbvoll. Auf dieses Wasser wird eine Schicht von der flüssigen Gießwachs-/Carnaubawachsmischung gegossen und vorsichtig etwas Wachsfarbe (Pulver) dazugegeben. Nun werden die zu verzierenden Kerzen kurz eingetaucht und unter einer Drehbewegung wieder herausgezogen. Dabei legt sich um sie eine dünne Schicht von dem farbigen Wachs und es entsteht der Marmoreffekt.

Während die Schicht erstarrt, sollten die Kerzen weiter gehalten und gedreht werden. Anschließend können sie nochmals in eine andere Farbe getaucht oder gleich in Goldfarbe bzw. Glitzergold gerollt werden. Die Goldfarbe wischt sich hinterher etwas ab, weil sie nur lose aufgebracht wurde, meist bleibt aber genug Gold auf der Kerze haften. Die Goldfarbe ist ungefährlich, da es sich um Kosmetikfarbe handelt.

Einsatzmöglichkeiten:

• Kerzen als Geschenke zu allen denkbaren Gelegenheiten: Weihnachten, Taufe, Konfirmation . . .
• Bastelaktion im Kindergottesdienst, z.B. wenn das Thema »Licht« angesprochen wird. (Die Aktion ist, wenn man auf das heiße Wasser achtet, relativ ungefährlich, und selbst die Jüngsten erzielen wunderschöne Ergebnisse!)
• »Workshops« bei Gemeindeaktivitäten, beliebt bei Kleinen und Großen, mit kleinen und großen Kerzen.
• Verzierte Kerzen zum Verkauf bei Basaren.

Ein Beispiel: Vom Weihnachts-Familiengottesdienst sollte jeder eine Erinnerung mitnehmen. Dafür haben wir einfache, preiswerte Baumkerzen marmoriert, mit Tannengrün aufgebunden und jedem Gottesdienstbesucher am Schluss überreicht.

Hinweis: Die benötigten Materialien zum Marmorieren sind meist in Bastelbedarfsgeschäften erhältlich. Gießwachs und Kerzenfarbe können auch bezogen werden von: Fa. EXAGON, Erwin-Dietrich-Strasse 5, 78244 Gottmadingen; Telefon 07731 / 97 70 07, Fax 97 70 09.

Sägearbeit: Tannenbaum mit/für Teelicht

Anne Bremicker

Anlass für diesen Tannenbaum war das Bilderbuch »Der allerkleinste Weihnachtsbaum« von Masahiro Kasuya (erschienen im Friedrich Wittig Verlag, Hamburg). Mit ihm sollte die Geschichte auf eigene Weise »illustriert« werden. Das Buch erzählt die Weihnachtsgeschichte aus der Sicht des allerkleinsten Tannenbaums, der zu klein ist, um als Weihnachtsbaum geholt zu werden.

Natürlich ist der Tannenbaum auch ein schöner weihnachtlicher Schmuck.

Die Vorlage für den Tannenbaum mit dem Kopierer auf doppelte Größe (200 %) auf 17 cm Höhe vergrößern.

Material:

Fichtenleimholz in der Stärke 18 mm
oder Laubsägesperrholz 8 mm
Decoupiersäge für das 18 mm starke Holz
Laubsäge für das Sperrholz
Schmirgelpapier
Leinölfirnis oder Lack (kindergeeignet)

So wird's gemacht:

Den Tannenbaum mit Hilfe der Vorlage auf das Fichtenleimholz oder das Laubsägesperrholz aufzeichnen. Die beiden Bäume werden zweimal ausgesägt. Die Nut in der Mitte wird dabei in der Stärke des Holzes (also 18 oder 8 mm breit) ausgesägt, einmal von oben (gepunktete Linie in der Vorlagenzeichnung), einmal von unten (gestrichelte Linie in der Zeichnung).

Die beiden Teile werden geglättet und kreuzförmig zusammengesteckt. Bei der Verwendung von Sperrholz sollte die Verbindung verleimt werden. Zum Schluss den Baum mit Leinöl oder Lackfarbe streichen und ein Teelicht in die Spitze setzen.

Jona im schwimmenden Fisch

ULRICH MERKEL

Material:

Tonkarton
Babynahrungsglas mit Deckel
Kreppapier
Pfeifenputzer
Papp-/Styropor- oder Holzkugel
Wolle
Filz
Moosgummi und Sprühlack

So wird's gemacht:

Fisch: Auf Tonkarton 2 × den Fisch aufzeichnen und ausschneiden, Größe: ca. 20 cm lang; eventuell noch bemalen.

Babyglas mit Krepppapier (in der Farbe des Fisches) bekleben, einschließlich Deckel. Den Boden jedoch nicht bekleben, damit man reinschauen kann.

Die beiden Pappfische außen parallel an das Glas kleben.

Jona wird aus einem Pfeifenputzer (ca. 14 cm lang) geformt.
Arme: 5 cm,
Restkörper: 9 cm,
Kopf: Pappkugel anleimen, Haare aus Wolle ankleben,
Kleid aus Filz herstellen.

Jona in den »Fischbauch« (Glas) legen und schon ist alles fertig.
Nimmt man Moosgummi für die Fische und lackiert das Glas (Sprühlack), so schwimmt der Fisch auch im Wasser

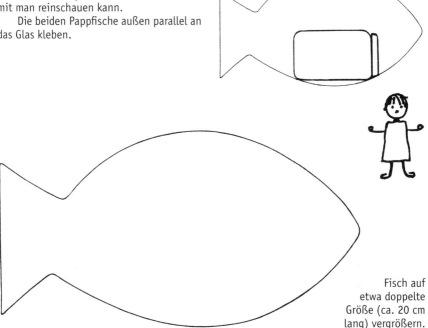

Fisch auf etwa doppelte Größe (ca. 20 cm lang) vergrößern.

Papierschnitt (mit Geschichte) zur Passion

ANGELIKA PORFERT

Diese Erzählung eignet sich in Verbindung mit dem Faltschnitt als Rahmenhandlung, um Kindern das Kreuzigungsgeschehen nahezubringen.

In der Zeit der Christenverfolgung durch die Römer wurde eines Nachts ein Familienvater gefangengenommen und zum Tode verurteilt.

Ein Gefängnisaufseher, der von seiner Begabung als Faltschnittkünstler gehört hatte, versprach ihm die Freiheit, wenn es ihm bis zum nächsten Morgen gelingen würde, das Kreuz, Symbol seines Glaubens, mit einem einzigen Schnitt fertigzustellen.

Der Künstler erhielt Papier und Schere und arbeitete fieberhaft, faltete und schnitt – immer wieder. Die Nacht verging, fast alles Papier war zerschnitten – es wollte nicht gelingen. Der Gefangene war verzweifelt.

Der Morgen graute, die Aufseher klapperten bereits mit ihren großen Schlüsselbunden, verzweifelt fiel unser Mann auf die Knie und betete, legte Gott noch einmal seine ganze Not hin und faltete bei der aufgehenden Sonne sein letztes Blatt – und schnitt.

Faltanleitung:

Ausgangspunkt ist ein weißes Blatt Papier im Format DIN A 4. Zuerst wird die obere linke Ecke diagonal zur rechten Seite gefaltet, so dass die Oberkante des Papiers an der rechten Papierkante anliegt. Danach wird die stehengebliebene obere rechte Ecke ebenfalls diagonal zur linken Blattkante hin gefaltet. Das Faltergebnis sieht aus wie ein Haus (siehe Zeichnung).

Dieses wird nun in der Mitte von rechts nach links gefaltet.

Die neu entstandene Form wird nochmals in der Mitte von links nach rechts gefaltet.

Zuletzt wird dieses Stück in der Mitte von oben nach unten durchgeschnitten.

Wichtig ist, dass bei allen Faltungen die Kanten exakt aufeinander zur Deckung gebracht werden.

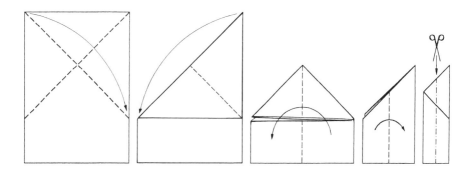

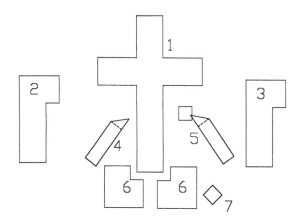

1 Kreuz
2 Verurteilter, der sich Jesus zuwendet
3 Verurteilter, der sich abwendet
4 Speer
5 Stock mit Essigschwamm
6 Jesu Gewand
7 Würfel

Wir basteln uns 'nen Flummi

Marit Buschbeck, Sylke Rössner-Ulrich

Material:

Luftballons
Sand-Mehl-Gemisch (ca. 2 Teile Sand und 1 Teil Mehl)
Trichter
Sekundenkleber
Wackelaugen
Folienstifte
Korken
Wolle
alte Kleidung (für die Kinder)

So wird's gemacht:

Zunächst den Luftballon kurz aufblasen (er dehnt sich dann besser aus). Dann mit Hilfe eines Trichters Sand-Mehl-Gemisch einfüllen, bis der Luftballon sich gut kneten lässt. Anschließend den Ballon mit Knoten verschließen.

Für das Gestalten des Flummis sind der eigenen Phantasie keine Grenzen gesetzt:
— Wackelaugen aufkleben (gibt es in verschiedenen Größen)
— mit Folienstiften bemalen
— Korken in Scheiben schneiden als Mauseohren, Fischflossen . . .
— Wolle als Haarfrisuren

Hinweis:

Sekundenkleber wurde von uns gewählt, da er in kürzester Zeit fest ist und auch eine sehr gute Haltbarkeit erreicht wird. Heißkleber zerstört den Ballon!

Beim Basteln mit Kindern ist jedoch bei der Verwendung von Sekundenkleber äußerste Vorsicht geboten, sonst besser auf herkömmliche Kleber zurückgreifen.

Rezept (und Geschichte) für einen Fühlsack

HEINZ SCHEUERMANN

Material:

Ein Sweatshirt, das nicht mehr gebraucht wird;
ein Stück Tuch (ungefähr so breit und doppelt so lang wie das Sweatshirt);
zwei Reißverschlüsse (ungefähr so breit wie der Bund des Sweatshirts).

So wird's gemacht:

Das Tuch faltet man in der Mitte und näht links und rechts die beiden offenen Seiten zu bis auf je eine Öffnung unterhalb des Stoffbruchs. Diese beiden Öffnungen sollen so groß sein wie die Armausschnitte des Sweatshirts.

Einen Reißverschluß näht man in die untere, noch offene Seite des Tuches ein, den anderen in den Bund des Sweatshirts. Die Kopföffnung des Sweatshirts mit einigen Stichen verschließen.

Zum Schluß zieht man den Stoffsack in das Sweatshirt ein und zwar so, dass Armöffnung auf Armöffnung kommt. Diese näht man innen aneinander.

Dann ein Stofftier nach Wahl reinlegen – fertig! Viel Spaß damit!

*

Die Blinden und der Elefant

In einer großen Stadt waren alle Leute blind. Eines Tages besuchte ein König dieses Gebiet und lagerte mit seiner Armee in der nahen Ebene. Er besaß einen großen Elefanten, der seinem Pomp diente und allseits Furcht einflößte und der auch in die Schlacht mitgenommen wurde.

Da wollten die Leute diesen riesigen Elefanten sehen, und eine Anzahl der Blin-

den machte sich auf – wie Narren – und jeder eilte hin, seine Gestalt und Form festzustellen. Sie kamen hin, und da sie ja nicht sehen konnten, tasteten sie ihn mit ihren Händen ab.

Jeder berührte eines seiner Glieder und gewann so eine Vorstellung von einem seiner Teile; folglich machte sich jeder auf solche Weise eine völlig irrige und unzureichende Vorstellung von dem Elefanten und glaubte aber doch an die Richtigkeit und Wahrheit seiner Einbildung.

Als sie in die Stadt zurückkehrten, versammelten sich die Zurückgebliebenen erwartungsvoll um sie und fragten nach dem Aussehen und der Gestalt des Elefanten. Und dann vernahmen sie, was jene ihnen erzählten.

Einer, dessen Hand das Ohr des Elefanten betastet hatte, sagte, als er gefragt wurde: »Er ist ein großes, schreckliches Wesen, breit und rauh und flach wie ein Teppich.«

Ein anderer, dessen Hand den Rüssel betastet hatte, sagte: »Ich fand, er ist lang und innen hohl, wie ein Rohr; ein furchtbares Wesen und ein Mittel der Vernichtung.«

Und der, der die dicken, festen Beine des Elefanten betastet hatte, sagte: »Soweit ich erkennen konnte, ist seine Gestalt aufrecht wie eine aufgerichtete Säule.«

Jeder hatte eines seiner Glieder betastet, und alle lieferten eine unzutreffende Beschreibung des Elefanten. Keiner erkannte das Ganze! . . . Wie die Toren hatten sie nur Einbildungen.

Ebenso kennt der Mensch das Wesen der Gottheit nicht und die Gelehrten können darüber nichts in Erfahrung bringen!

(Islamisch, 12. Jahrhundert)

Und er stellte ein Kind in ihre Mitte

Aus dem Schlussgottesdienst

Klage und Lob

Gemeinsam stehen wir vor Gott mit unserem Leben, in dem nicht alles so geschieht, dass es ihm gefällt. In der Klage bringen wir es vor ihn und bitten um Veränderung:

Gott, du wohnst unter uns.
In einem kleinen hilflosen Kind
und in einer ärmlichen Behausung bist du zu uns gekommen.
Aber wir halten uns an die sicheren Häuser von glänzenden Konzepten
und wohlklingenden Programmen.
An die wichtig erscheinenden Persönlichkeiten.
Wir vergessen, dass du uns einen anderen Weg gezeigt hast.
Das beklagen wir und singen gemeinsam:

»Mein Gott, das muss anders werden . . .«
(LJ 598 / MGR 107 / MKL 24 / ML B 81)

Jesus, du stellst ein Kind in die Mitte der Jünger,
als sie sich um die ersten Plätze streiten.
Auch wir halten uns lieber zu denen in den ersten Reihen.
An die, die das Sagen haben und die es gut drauf haben.
Wir vergessen zu schnell, dass du nicht den Platz in der ersten Reihe gesucht hast
und uns damit zu einem anderen Verhalten ermutigt hast, als wir es tun.
Das beklagen wir und singen gemeinsam:

»Mein Gott, das muss anders werden . . .«

Heiliger Geist, du baust dein Haus mit Kindern,
das Haus deiner Zuneigung und Freude, das Haus deiner Kirche.
Wir halten uns an die Könner, die Klugen und Reichen.
Sie wollen wir besonders gerne in deinem Haus haben.
Kindern geben wir in deiner Kirche oft nicht das gleiche Wohnrecht
wie den Erwachsenen. Das beklagen wir und singen gemeinsam:
»Mein Gott, das muss anders werden . . .«
Aber wir wollen nicht nur klagen, sondern dich auch loben und preisen.
Gott, du willst mitten unter uns wohnen.
Diese Zusage gibt unserem Leben eine tragfähige Basis und eine gute Zukunft.
Wir loben dich:

»Ehre sei Gott auf der Erde . . .« (EG 615 Kehrvers)

Jesus, du hast Grenzen abgebaut und Kindern etwas zugetraut.
Das soll uns anregen, es auch so zu machen. Wir loben dich:

»Ehre sei Gott auf der Erde . . .«

Heiliger Geist, du weckst in uns das Kindsein,
so dass wir manches Große in unserem Leben verabschieden
oder klein werden lassen können. Wir loben dich:

Meditation: Begegnungen
Mit dem Kind in mir den Kindern begegnen

Bleib in der Stille.
So wie du es eben im Gebet vielleicht erlebt hast.
Still bist du geworden.

Bleib in der Stille.
Lass das Äußere.
Auch deine innere Welt ist ein schöner Teil von dir.

Hol die Murmel hervor, die du am Eingang erhalten hast.

Schau sie dir an,
befühle sie, betaste sie,
halte sie ins Licht,
nimm ihre Farben wahr.

Schenke deine Aufmerksamkeit ganz deiner Murmel.

Mit Hilfe der Murmel kannst du in deine Kindheit reisen:
Stell dir vor, du bist da, wo du aufgewachsen bist.
Gehe in deinen Gedanken zurück – in deine Kindheit.
Schaue dir eine Situation an, in der du spielst,
allein – oder mit Freundinnen und Freunden.
Vielleicht hast du mit Murmeln gespielt . . .
Sieh hin!
Fühlst du dich wohl in dieser Situation?
Rieche die Gerüche – warme Erde, Gras . . .
Oder ist es der Gestank eines Hinterhofes, Abgase . . .
Höre die Geräusche: das Klickern der Murmeln,
die Rufe deiner Freundinnen und Freunde . . .
Oder ist es der Lärm von Autos, Flugzeugen . . .
Spüre die Sonne auf deiner Haut.
Es macht Spaß zu spielen.

Es gab auch andere Situationen:
Als du eine Murmel verloren hattest,
als jemand ungerecht zu dir war oder etwas anderes.

Schau auf beides.
Aber bleibe bei einem Erlebnis, das gut für dich war.
Sieh dir als Kind zu.
Unbeschwert, spielerisch, verträumt . . .
Lächle dem Kind in dir zu. Verweile dabei.

Ich bitte dich nun, mit deiner Wahrnehmung wieder zurückzukommen.
Lass dir Zeit dabei.
Du bist nicht mehr das Kind von damals . . .
und doch: ein Teil davon lebt noch in dir.
Lass es zu, lebe damit.
Lächle dem Kind in dir immer wieder zu.
Die Murmel kann dir dabei helfen.
Sie ist ein Erinnerungszeichen an deine Kindheit,
an das Kind, das in dir lebendig ist.
Mit dieser Erfahrung kannst du anders auf Kinder zugehen.
Du wirst sie besser verstehen.
Die Murmel soll dir dabei helfen.
Sie gehört zu dir. Sie gehört dir.

»Und er stellte ein Kind in ihre Mitte«

Anspiel zu Markus 9,33–37

Personen:

Ruth	1. – 3. Erwachsener
Salome	(weitere mit Sprechtext nur als Zwischenrufe)
einige Kinder ohne Namen	Mutter (von Ruth)
	Anwalt der Kinder

1. SZENE

(Ein paar Kinder spielen Murmeln vor dem »Haus«. Ruth kommt atemlos zu Salome gelaufen.)

Ruth:	Schalom, Salome! Stell dir vor, gestern war Jesus bei uns zu Besuch! Die Kinder hören auf, Murmeln zu spielen.
Salome:	Jesus? Kenn' ich den?
Ruth:	Na klar, *der* Jesus, der, von dem alle reden!
Salome:	Was! *Der* Jesus war bei euch? Und wir haben es nicht gewusst! Wie schade.
Ruth:	Ja, so ist es vielen Leuten gegangen. Dafür laufen sie uns heute die Türen ein. Was meinst du, wie viele Leute heute schon bei uns waren, nur um meine Mutti auszuquetschen. »Was hat er gesagt? Was hatte er an? Wie sieht er aus? Was hat er gemacht?« Tausendmal dieselben Fragen.

Salome:	Und deine Mutter?
Ruth:	Na, du kennst sie doch, die blüht voll auf. Erzählt andauernd dieselbe Geschichte und zeigt den Leuten die Stelle, wo Jesus gesessen, und den Teller, von dem er gegessen hat. Fast kriegt sie sich nicht mehr.
Salome:	Ich will auch wissen, wie er so ist. Hast du ihn auch gesehen? Komm erzähl, ich will es von dir hören, nicht von deiner Mutter!
Ruth:	Dann komm, wir gehen zu mir und ich erzähl' dir alles ganz genau wie es war, jedes Wort, das ich verstanden habe.

2. SZENE

(Auf dem Weg zu Ruths Haus haben sich noch ein paar Kinder angeschlossen. So kommt eine ganze Gruppe bei dem Haus an. Einige Erwachsene verstellen aber die Eingangstür, so dass Ruth sich hindurchzwängen muss.)

Ruth:	Macht doch mal Platz, lasst mich durch.
1. Erwachsener:	Was fällt dir ein, mir auf den Fuß zu treten. *(Packt sie am Arm.)* Du freches Ding, mach, dass du fort kommst!
Ruth:	He, lassen Sie mich sofort los. Ich wohne hier schließlich! *(schreit)* Muttiiiii!!!
Mutter:	*(zu 2. Erwachsenen)* Und dann hat er mir so in die Augen geschaut. So! Ganz schummerig ist es mir geworden, ich sage Ihnen, dieser Jesus.
Ruth:	*(unterbricht lautstark, während sie sich durch die Erwachsenen drängelt.)* Muttiiiii, jetzt hör mal mir zu!
Mutter:	Kind, ich habe hier ein paar ganz wichtige Leute, jetzt geh mal schön raus zum Spielen und lass deine Mutter mit den Leuten reden. Ich muss denen unbedingt alles von Jesus erzählen.
Ruth:	Mutti, aber da sind noch andere Kinder, die wollen auch …
Mutter:	*(unterbricht die Tochter)* Wirst du jetzt artig sein? Los, geh zu den anderen Kindern!
Ruth:	*(nörgelnd)* Och menno … *(Hebt die Arme und Schultern und lässt sie resigniert fallen, schleicht sich dann mit hängenden Armen nach draußen. Salome und die anderen Kinder nehmen sie draußen in Empfang, trösten sie und gehen ein Stück weg.)*

3. SZENE

(Der Anwalt der Kinder kommt wie von weit her und befragt die Kinder.)

Anwalt:	Schalom Kinder. Ihr könntet mir vielleicht helfen. Ich suche Jesus, den Mann aus Nazareth. Er müsste dieser Tage hier gewesen sein. Oder ist er noch nicht durch dieses Dorf gekommen?
Salome:	Doch, schon gestern. *(Sie deutet auf die traurige Ruth.)* Er war bei ihrer Mutter zu Besuch und heute laufen sie ihr die Bude ein.

Anwalt:	Und euch will man da wohl nicht dabei haben? *(Mehr zu sich selbst.)* Eigenartig, wenn sonst Jesus in einem Haus war, dann ist alles ganz anders, dann sind die Kinder fröhlich und stehen im Mittelpunkt. Jeder will ihnen Gutes tun.
Ruth:	*(patzig)* Sieht das hier vielleicht danach aus, he? Nee, meine Mutter hat mich richtig rausgeworfen. Alles dreht sich nur noch um sie. *(äfft den Tonfall ihrer Mutter nach:)* »Und hier hat er gesessen und da hat er gegessen . . .«
Anwalt:	*(zu Ruth)* Und darüber bist du noch ganz schön wütend! *(Zu allen)* Ich mache mal einen Vorschlag: Ihr nehmt mich mit zu diesem Haus. *(zu Ruth)* Was hältst du davon, wenn wir gemeinsam zu dir gehen? Dann schauen wir nach, was da los ist. Einverstanden? *(Die Kinder und Ruth nicken.)*

4. SZENE

(Mutter geht auf den Anwalt zu, ist aber von seinem Aussehen leicht verwirrt.)

Mutter:	Schalom, und Sie? Sie sehen aber nicht so aus, als wollten Sie hören, was Jesus gestern zu mir gesagt hat.
Anwalt:	So? Wie sehe ich denn aus, Ihrer Meinung nach?
Mutter:	*(leicht verwirrt)* Wieso . . . ich habe das Haus voll . . . was wollen Sie denn? *(Die anderen Erwachsenen, die bis jetzt nur mit verfolgt hatten, was da geredet wurde, schalten sich in das Gespräch ein.)*

Zwischenrufe der Erwachsenen:
Ja, wer sind Sie. – Wie kommen Sie dazu, hier hereinzuplatzen. – Still, lasst ihn reden, vielleicht weiß er noch mehr von Jesus. – Werft ihn raus. – Nein, ich will wissen, was er will. –
(Und ähnlich kontrovers. Der Anwalt versucht, sie mit Handbewegungen zur Ruhe zu bringen.)

Anwalt:	Ihr lieben Leut, lasst mich doch bitte reden. Ihr wollt etwas von Jesus erfahren? Ich habe da ein ganz einfaches Beispiel direkt vor Augen. *(Er holt die Kinder an seine Seite.)* Jesus und die Kinder: – Wo sind bei euch denn die Kinder? Ich habe sie irgendwo da draußen kennengelernt, abseits und traurig, weil sie sich beiseite geschoben vorkamen. Aber Jesus und die Kinder, das ist wie ein Luftsprung und wie Leichtigkeit, wie Lust und Leben und Licht und – und – und Liebe! Jesus und die Kinder . . . – da fällt mir ein, was Jesus einmal gesagt und gemacht hat, ist noch gar nicht so lange her, ein paar Tage vielleicht, nicht weit von hier. Du . . . *(deutet auf Ruth, dann auf die anderen Kinder, mit denen er hergekommen ist)* Geht doch mal in die Mitte, denn da ist euer Platz. Jesus hat die Kinder gern in den Mittelpunkt gerückt. Einmal hat er ein Kind, so wie jetzt, in den Mittelpunkt gestellt und gesagt: Wer eines von ihnen

aufnimmt in meinem Namen, der nimmt mich auf! Und wer mich aufnimmt, der nimmt den auf, der mich gesandt hat. Versteht ihr, was das heißt?

1. Erwachsener:
Na ja, irgendwie schon.

2. Erwachsener:
Erklären Sie uns das doch bitte genauer.

Mutter: Ich habe ihn jedenfalls aufgenommen.

Anwalt: Ja schon, aber jetzt ist er weitergezogen und all die Beschwörungen seiner gestrigen Gegenwart können ihn heute nicht zurückholen. Jesus ist nicht in dem, was er angefasst hat, oder dort, wo er gesessen hat. Der Glanz, in dem Sie sich gerne sonnen würden, ist kahler Prunk und kalte Pracht. Dabei hätte er Ihnen in seiner Herrlichkeit die ganze Zeit so nahe sein können, wenn Sie sich selber nicht so wichtig gemacht hätten. Die Kinder haben gestört und mussten raus. Dabei . . . *(deutet auf Ruth und die anderen Kinder)* Sie verstehen? . . . wer ein solches Kind aufnimmt, der . . . nimmt . . . mich . . . auf *(spricht jedes Wort einzeln und ganz langsam).*

3. Erwachsener:
(wiederholt ergänzend) . . . und den, der mich gesandt hat. Ja, das ist so eine Redensart von Jesus. Immer wieder sagt er das so ähnlich: . . . und den, der mich gesandt hat.

Erwachsene:
(mehr zueinander) Er scheint Jesus ja wirklich gut zu kennen. – Ja, er hat ihn sicher schon viel öfter gehört und gesehen. – Wir sollten ihn noch mal fragen . . .

Salome: Wir wollen auch noch mehr hören von Jesus, ich bin ganz neugierig.

Ruth und die anderen Kinder:
Ja, erzählen Sie uns mehr!

Mutter: Jetzt bedrängt mal diesen Fremden nicht so.

Anwalt: Nein, liebe Frau, es ist schon recht, was die Kinder fordern. Ich meine, Kinder haben ein Recht darauf, Jesus kennenzulernen. *(er wendet sich an die Mutter.)* Sie haben doch auch seine Güte und Tiefe, seine Liebe und Zuwendung erlebt. All das gehört doch den Kindern ganz genauso! *(wendet sich an alle Umstehenden)* Also, lassen Sie die Kinder an den Platz, den Jesus ihnen gegeben hat. *(wendet sich an die Zuschauer)* Spielt und singt, erzählt, lacht, weint miteinander, teilt euer Leben! Und vertraut seinem Wort: In den Kindern wohnt Gott mitten unter uns!

Segen

Hol die Murmel noch einmal hervor.
Mit ihrer Hilfe bist du in deine eigene Kindheit gegangen
und hast dem Kind in dir zugelächelt.
Nimm die Murmel mit.
Wenn es wieder sehr ernst wird in dir oder um dich herum,
nimm die Murmel in die Hand.
Wenn es wieder mal so unendlich erwachsen zugeht, wo immer du auch bist,
dann nimm die Murmel, fühle sie und erinnere dich an deine Kindheit
und lächle dem Kind in dir zu.

So segne und behüte dich der allmächtige und barmherzige Gott:
Gott Vater, der als Kind in unsere Welt kam,
Jesus Christus, der das Kind in die Mitte stellte
und der Heilige Geist, der Gemeinschaft schenkt
auch zwischen Erwachsenen und Kindern. Amen.

Mögen sich die Wege

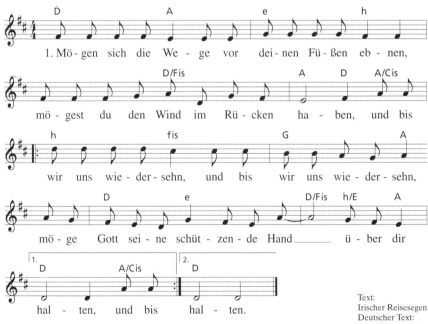

1. Mö-gen sich die We-ge vor dei-nen Fü-ßen eb-nen,
mö-gest du den Wind im Rü-cken ha-ben, und bis
wir uns wie-der-sehn, und bis wir uns wie-der-sehn,
mö-ge Gott sei-ne schüt-zen-de Hand____ ü-ber dir
hal-ten, und bis hal-ten.

Text:
Irischer Reisesegen.
Deutscher Text:
mündlich überliefert.
Melodie:
Günter Schwarze.
Rechte beim Autor.

2. Möge warm die Sonne auch dein Gesicht bescheinen,
Regen sanft auf deine Felder fallen, und bis wir ...

Da helfen wir doch gerne

Die Kollekte der Gesamttagung für Slowenien und Tschechien

Die Kollekte beim Schlussgottesdienst der Gesamttagung ergab 14040,– DM und war bestimmt für zwei Projekte:

● Neuerstellung von Arbeitsmaterialien für den schulischen und gemeindlichen Unterricht mit Kindern in der evangelischen Kirche in Slowenien.

Die sehr kleine Diasporakirche benötigt dieses Material dringend, muss es aber komplett neu erstellen, weil es bisher nichts Entsprechendes gibt.

● Um- und Ausbau des ehemaligen Pfarrhauses in Tachov zu einem Haus für Kinder und Jugendliche.

Tachov gehört zur Kirchengemeinde Marienbad, einem bekannten Kurbad in Tschechien. Seit vielen Jahren veranstaltet das Pfarrerehepaar Kinder- und Jugendfreizeiten mit etwa 35/40 Kindern und 20/25 Jugendlichen, die meisten aus nichtchristlichen Familien. Der bisherige Freizeitort wurde ausgebaut und ist finanziell nicht mehr erschwinglich. Deshalb sollen die Freizeiten und auch wöchentliche Gruppenstunden und Angebote für Kinder und Jugendliche in Tachov stattfinden. Auch die übrige Gemeinde soll das Haus dann nutzen können. Es liegt sehr günstig am Rand des Stadtkerns. Kirche, Krankenhaus, Einkaufsmarkt und das Stadtzentrum sind in wenigen Minuten erreichbar.

Das Bemerkenswerte, ja Aussergewöhnliche an dieser Arbeit ist die Regelmäßigkeit und die erreichte Zahl von Kindern und Jugendlichen in einem sehr unkirchlichen Umfeld. Seit 1997 werden zwei Freizeiten angeboten, eine für die Kinder und eine für die Jugendlichen, weil diese weiterhin nach diesen Angeboten fragen. Damit wird eine Aufbauarbeit ersten Ranges von der Gesamttagung mitgetragen.

Mit der Kollekte wird in diesem Jahr der Umbau und die Renovierung weit vorangehen können. »Das Wichtigste für uns ist, dass wir das Dach vor dem Winter fertig bekommen«, sagt Vladimira Belinkova, die Pfarrerin. »Ich danke allen, die uns bisher geholfen haben und bitte, dass sie uns weiterhelfen. Ohne ihre Unterstützung müssten wir diese Arbeit einschränken oder ganz damit aufhören.«

Ein Dach für Tachov – das haben wir geschafft. Aber es braucht noch neue Böden, Heizung, Leitungen, Fenster und Türen, Küche, Betten.

▶ Sie können diese Arbeit weiterhin unterstützen mit Geldspenden auf das Konto des Landesverbandes für Kindergottesdienst bei der Spar- und Kreditbank Nürnberg Nr. 3 507 408, BLZ 760 605 61; Stichwort: Tachov.

Wir werden Ihre Spenden weitergeben. Eine Spendenquittung können Sie anfordern.